Sii te stesso, Cambia il mondo

(È ora il momento?)

Sii Te Stesso, Cambia il Mondo
Titolo originale dell'opera: Being You, Changing the World
Copyright ©2011, 2012 Dain C. Heer

Traduzione: Alice Gabrielli e Igor Andreotti
Editing dell'edizione italiana: Nicoletta Seeber
Correzione bozze: Graziano Dominici
Impaginazione: Alessandro Pallavicini
Supervisione per l'edizione italiana: Kass Thomas

Editor: Katarina Wallentin
Cover design: Katarina Wallentin
Cover photo: Carola Gracen
Interior design: Anastasia Creatives

Foto Supereroe, 4° copertina © Andrew Rich istockphoto
Foto Tarassaco, 4° copertina © khalus iStockphoto

ACCESS CONSCIOUSNESS PUBLISHING COMPANY, LLC
San Diego, California
www.accessconsciousnesspublishing.com

Stampato negli Stati Uniti d'America
Stampa internazionale nel Regno Unito e in Australia

Stampato da Lightening Source

Library of Congress Numero di Controllo: 2011906512

ISBN: 978-1-939261-20-5

SII TE STESSO,
CAMBIA
IL MONDO

(È ORA IL MOMENTO?)

DAIN HEER

ACCESS
CONSCIOUSNESS®
PUBLISHING

*"Potresti pensare che io sia un sognatore, ma non sono l'unico.
Spero che un giorno ti unirai a noi... e il mondo diventerà un tutt'uno."*
—John Lennon

ഔ ഔ ഔ

"Sii il cambiamento che vuoi vedere nel mondo"
—Mahatma Gandhi

ഔ ഔ ഔ

"Sii te stesso e Cambia il Mondo"
—Gary M. Douglas

Cosa hanno detto alcune persone di questo libro...

"Con questo libro hai stravolto il mio mondo. Accadono cose magiche. SONO CON-SAPEVOLE che ogni singolo aspetto della mia vita si sta trasformando... Ho 62 anni e davvero, non riesco a ricordare un momento della mia vita in cui, in un modo o nell'altro, non fossi consapevole o non ricercassi quello di cui parli. Sì, questo per me è il momento. Di tutte le esperienze che ho avuto il privilegio di avere, questa sembra essere la ciliegina sulla torta. Sono semplicemente molto grata."

- Ann

"Grazie mille per aver scritto questo libro. TUTTO ciò che hai detto risuonava con leggerezza nel mio cuore e per la prima volta nella mia vita sento che qualcuno mi capisce. Negli ultimi 52 minuti, mentre ascoltavo la lettura del primo capitolo, il senso del mio valore è cambiato. Non potrò ringraziarti mai abbastanza..."

- Stefanie

"Sono molto grata per te ed il tuo nuovo libro. L'ho comprato per mio figlio, che ha avuto dei momenti difficili nella sua vita. (Soffre di sindrome da deficit di attenzione, ha assunto Ritalin per un anno, è diventato uno "zombie" e non voleva più vivere, è stato cacciato da scuola e non sembrava adeguarsi ad alcun sistema). Ha adorato il tuo libro, l'ha letto in una notte. Mi ha detto che improvvisamente ha capito un sacco di cose della sua vita. Ha addirittura comprato della roba da disegno e ha ricominciato a disegnare."

- Caro

"Grazie infinite per aver scritto questo libro e per averlo fatto in questo formato. È diventato il mio miglior amico in tutti quei momenti in cui non riesco ad avere chiarezza in varie situazioni ed è fantastico vedere come posso usarlo per potenziarmi nel vivere con più facilità, gioia e gloria. Sono intensamente grato che tu sia stato così coraggioso da farlo a modo TUO. Per me funziona veramente. Senza tutte le pause e i piccoli paragrafi, sarebbe stato quasi impossibile per me usarlo per quello che è veramente, ovvero il "Il Prontuario Magico della Saggezza Pragmatica Trasformativa"

- Jason

"Era solo il primo capitolo e mi hai fatto ridacchiare come una bambina, ho pianto lacrime di sollievo e di gioia ricordando chi sono veramente."

- Cheryle

GRATITUDINE

Quando hai così tante persone fenomenali nella tua vita, una pagina non basta per esprimere loro la tua gratitudine.

Mi piacerebbe iniziare ringraziando Gary Douglas, il fondatore di Access Consciousness®. Come fai a ringraziare qualcuno, non solo per averti salvato la vita, ma per averti anche dato gli strumenti per crearne una completamente nuova? Lui potenzia tutti coloro che incontra a scegliere veramente per loro stessi. (Come è diventato così fortunato il mondo?)

Un ringraziamento all'editor e co-creatrice di questo libro, Katarina Wallentin. Senza i suoi instancabili sforzi, questo libro non sarebbe mai potuto esistere. La sua capacità nel prendere una serie apparentemente infinita di trascrizioni delle classi di Sintesi Energetica dell'Essere (ESB) e fonderli in un manoscritto iniziale, è uno sforzo immane che lei ha reso quasi semplice. (Inoltre lavorare con me può non essere facile, ma lei ha fatto in modo che lo fosse).

Mi piacerebbe anche ringraziare tutti i partecipanti delle classi di Access Consciousness® e di Sintesi Energetica dell'Essere, che insieme sono stati disposti ad andare dove nessun uomo, donna, o bambino sono mai stati prima e senza i quali la maggior parte del materiale presente in questo libro non ci sarebbe stata.

Vorrei ringraziare mia Madre, che mi ha sempre permesso di essere tanto strano e tanto "sognatore" quanto sono, non importa quale aspetto avesse. Non posso dire che dono sia stato per la mia vita, il permettere a me e alle mie scelte di essere quello che sono.

Grazie anche alla squadra di Access Consciousness® lo staff: Blossom, Claudia, Cynthia, Diva, Fiona, Heather, Katarina, Simone, Stella, Stephen e Suzy e i molti validi facilitatori di Access in tutto il pianeta che stanno contribuendo a creare un mondo con possibilità più grandi per tutti noi.

Grazie anche agli straordinari traduttori ed editor di tutto il mondo, che sono parte della trasformazione energetica di questo libro attraverso le parole di una lingua diversa. Grazie a Kass Thomas che contribuisce affinché questo diventi una realtà.

Per questa edizione italiana vorrei ringraziare in modo particolare lo straordinario gruppo italiano: Alice Gabrielli, Igor Andreotti, Nicoletta Seeber, Graziano Dominici, Alessandro Pallavicini. Siete tutti dei doni meravigliosi! Grazie.

Per ultimo, ma non meno importante, grazie a TE, per essere qualcuno che desidera qualcosa di più grande ed è disposto a sceglierlo. Insieme, sono sicuro, possiamo creare un mondo ancora più grande di quello che attualmente ognuno di noi possa immaginare.

INDICE

Bellissimo Te,

In qualche modo questo libro è finito nelle tue mani.

Come può essere ancora meglio di così?

È ora il momento?
Sei disposto ad essere te e a cambiare il mondo?

Se è così, mio coraggioso amico, prima di iniziare a leggere,
ripeti cinque volte ad alta voce ciò che è scritto qui sotto.

Sì, ad alta voce.

Tutto è l'opposto di quello che sembra,
Niente è l'opposto di quello che sembra.

Tutto è l'opposto di quello che sembra,
Niente è l'opposto di quello che sembra.

Tutto è l'opposto di quello che sembra,
Niente è l'opposto di quello che sembra.

Tutto è l'opposto di quello che sembra,
Niente è l'opposto di quello che sembra.

Tutto è l'opposto di quello che sembra,
Niente è l'opposto di quello che sembra.

Ora sei sufficientemente pronto.
Gira pagina e inizia il viaggio nella **stranezza.**

INTRODUZIONE

Non ho scritto questo libro per tutti. L'ho scritto per pochi: le persone che sanno che questa realtà nella sua forma attuale, non sta funzionando per far emergere il "noi" più grande che è davvero possibile. L'ho scritto per i "sognatori", quelli che sanno che qualcosa di diverso, e più grande, dovrebbe essere possibile e che dovremmo essere in grado di averlo.

Voi "sognatori" siete la mia gente. Siete coloro che possono veramente cambiare il mondo, se solo vi date il permesso di farlo. Se riusciste ad uscire dall'idea che questa realtà, così com'è, vi basta. Se semplicemente iniziaste a comprendere che OGNI LIMITAZIONE che avete mai pensato di avere, era semplicemente una grandezza che non avete mai potuto riconoscere.

Se tu stessi essendo te stesso, chi saresti?

Come sarebbe se tu, Essendo veramente te, fossi tutto quello che serve per cambiare OGNI COSA? La tua vita, chi ti circonda e il mondo? Come sarebbe se tu, essendo te, fossi il pezzo mancante per avere ogni cosa che hai sempre desiderato o voluto creare e cambiare nel mondo? Come sarebbe se essere te stesso significasse ricevere ogni cosa, essere ogni cosa, sapere ogni cosa e percepire OGNI COSA?

Sai che è venuto il momento di "svegliarsi"? Questo è quello che questo libro intende fare. Non è come tutti gli altri libri di crescita personale che hai letto. Non è la solita roba spiritual/psicologica rimasticata, scritta con parole diverse. Non è il tipo di libro che leggi e poi ti giudichi perché ti senti inadeguato. No, questo è un libro per autorizzare te stesso a cambiare i molti modi in cui ti stai giudicando, ti stai rendendo sbagliato e sentendo inadeguato.

È un libro su come uscire dal giudizio di te e dall'idea che, in qualche maniera, sei sbagliato. Forse potrebbe addirittura invitarti a sapere che molto altro è possibile. Immagina come sarebbe... non doversi sentire sbagliati in nessun modo, per nessuna ragione, mai più. Come sarebbe se tu fossi la differenza che la Terra richiede? È arrivato il momento di fare un passo in avanti?

Allora, cosa ci vorrebbe per essere veramente te stesso? Sei disposto a provare qualcosa di completamente diverso?

Non ha niente a che fare con l'avere successo. O fare meglio qualcosa. Si tratta di ESSERE TE, essere l'ENERGIA di te, qualsiasi cosa sia.

Qualcuno ti hai mai chiesto di mostrarti per come sei? Semplicemente te stesso, esattamente come sei?

Mi piacerebbe invitarti a fare questo: a essere l'energia che sei.

Inizia leggendo e USANDO gli strumenti in questo libro. Potrebbero sembrare molto semplici, ma ti prego, non svalutarli per questo. Se sceglierai di usarli, la tua vita cambierà e il tuo investimento in questo libro sarà valso molto più del prezzo che l'hai pagato.

Non devi nemmeno fare un massiccio lavoro sugli esercizi descritti nel libro. Tutto ciò che è richiesto è leggerli ed essere disponibile a cambiare. Solo essere disponibile. Non devi sapere come avverrà il cambiamento. Il "come" è compito dell'Universo. Usa questi strumenti e lascia che l'Universo lavori per te.

Se potessi riuscire a capire qualcosa della tua vita solo pensandoci, se potessi capire mentalmente come essere te, non l'avresti già fatto? Se potessi risolvere i problemi solo attraverso il pensiero, non avresti già generato una realtà completamente diversa? Voglio dire, davvero, non è da una vita intera che stai cercando con la testa una via d'uscita dalla scatola dei tuoi limiti?

Se sarai disponibile, questo libro può darti consapevolezza e ricordarti cosa significa essere TE STESSO al di là della mente logica e cognitiva. Ti darà anche gli strumenti per scegliere TE.

Procedendo con la lettura ti chiederò di osservare le cose da una prospettiva diversa. Perché? Perché guardare le cose sempre dalla stessa angolazione ha creato quella che è la tua vita attuale. E se questo ti fosse bastato, non staresti leggendo questo libro.

Saresti disposto a scoprire chi sei veramente?
Saresti disposto a esigere che il tuo vero sé si mostri?
Saresti disposto a sapere cosa è veramente vero per TE?

Permettimi di dirti qualcosa sulle regole del gioco...

La prima parte del libro analizza le cose che ti impediscono di essere te stesso. Esploreremo le limitazioni di quella scatola che tu chiami "la tua vita" e che non sono più necessarie! Ti mostrerò alcune aree chiave dove potresti esserti bevuto un sacco di cose come vere che in realtà non lo sono. Esamineremo profondamente questa realtà, il cancro chiamato giudizio (come ci blocca e ci uccide in modi che non hai mai immaginato) il ricevere, la cura amorevole, le relazioni, l'amore, la famiglia, l'abuso e il tuo corpo.

Ti verranno inoltre presentati alcuni strumenti che potranno assisterti nel cambiare tutto questo. Cos'altro sarebbe possibile se tutto ciò che questa realtà considera importante e di valore... fosse un'illusione? E se non fosse importante e di valore PER TE?

Nella seconda parte esploreremo cosa c'è oltre tutto questo.. Quali sono le INFINITE possibilità? Come sarebbe se tu fossi magia? Come sarebbe se tu fossi il leader della tua vita? Come sarebbe se vivessimo nel "Regno del Noi", invece di trincerarci nell'artificioso "Regno del Me"? Come sarebbe se la Terra non avesse bisogno di essere salvata? E... come sarebbe se tu, essendo te stesso, fossi il regalo che è richiesto per cambiare il mondo?

Lungo la strada ti darò molte cose su cui riflettere. Ti offrirò la possibilità di cambiare molte cose ADESSO. Per favore, tieni presente che è sempre una tua scelta. E finché sceglierai non avrò punti di vista su quello che scegli. Per favore, continua semplicemente a scegliere. Per te. Per tutti noi.

Noi, specialmente noi "sognatori", passiamo un'enorme quantità di tempo cercando di aggiustare quello che ci sembra sbagliato in noi, piuttosto che creare e generare un mondo diverso, un mondo con quelle possibilità che ci piacerebbe poter scegliere. Mentre esploreremo i diversi modi con cui hai continuato a tenerti bloccato, ti segnalerò alcune possibilità completamente diverse e modi differenti di osservare le cose che forse prima non hai mai considerato e tanti altri che probabilmente hai considerato ma non sapevi che potevi scegliere o mettere in atto.

Sempre con l'invito: "Ti piacerebbe scegliere qualcosa di diverso qui?" Perché anche quando non sai come quella diversa realtà sarà creata, la tua scelta è sempre il primo passo per raggiungerla.

Tu non devi sapere "come" quella scelta si mostrerà. La tua scelta <u>che</u> si mostri cambia il mondo, in modo da cominciare a permettere che quella cosa accada. Il lavoro dell'Universo è soddisfare. Devi solo scegliere di andare in quella direzione e continuare a muoverti. Se lo fai, niente e nessuno potrà mai fermarti.

Come suggerisce il titolo, questo libro è scritto dalla consapevolezza che tu, essendo te stesso, cambierai veramente non solo la tua vita, ma il mondo. Infatti, la gente straordinaria che è stata disposta ad essere sé stessa e disposta a scegliere in base a quello che sapeva, senza dare importanza alle critiche, ai giudizi o al punto di vista degli altri, è stata l'unica che abbia mai cambiato il mondo.

Questo non è un libro di risposte!
Io non sono un guru.
Non sono perfetto e non ho alcuna risposta per te.
Ho solo domande.
Questo libro riguarda le possibilità: le possibilità per un modo completamente diverso di esistere nel mondo.

Nel 2000 manifestai un'esigenza che cambiò la mia esistenza. Per tutta la vita sono stato uno di quei sognatori. Facevo qualsiasi cosa possibile per rendere felice chi mi circondava. Facevo tutto quello che pensavo potesse contribuire a rendere migliori le vite delle persone. Frequentai il college per chiropratici per imparare nuovi modi di creare "miracoli" nei corpi e nelle vite delle persone, perché SAPEVO CHE ERA POSSIBILE.

Eppure questa realtà e i suoi problemi mi pesavano così tanto che persi la speranza che qualcosa sarebbe mai cambiato. Avevo la maggior parte delle cose che si suppone siano importanti in questo mondo, ma erano davvero poche quelle che lo erano.

Iniziai a svegliarmi depresso e infelice, all'epoca all'insaputa della mia famiglia. Iniziai a odiare il mio lavoro perché sentivo che tutto quello che facevo non era abbastanza. Era come se le persone non avessero gli strumenti necessari per creare veramente dei cambiamenti nelle loro vite. Peggio ancora, mi sentivo l'unico che veramente volesse una realtà diversa. Nessuno sembrava "capirmi". E pensare di essere l'unico della mia specie era quasi insopportabile.

E poi, con mia somma sorpresa, trovai un modo per uscirne... una via d'uscita. Un modo per cambiare tutto ciò che pensavo non potesse cambiare. Mi fu dato nuovamente accesso alla mia vita, accesso al desiderio di VIVERE e al godermela appieno, al sapere che ero un contributo e al SAPERE che qualcos'altro era possibile. E, più importante di tutto, al sapere che tutto quello che avevo sempre creduto fosse vero, lo era veramente.

Al meglio delle mie capacità, questo è quello che condividerò con te mentre esploreremo *Sii Te Stesso, Cambia il Mondo*.

❧ ❧ ❧

Perché' IO?
Perché ho scritto questo libro?

Nel 2000, arrivai a un punto nella mia vita in cui ne avevo abbastanza di questa realtà; sebbene avessi tutto quello che si desidera, niente di tutto quello aveva valore per me. Se le cose non fossero cambiate ero deciso a farla finita. Nel profondo sapevo che qualcosa di diverso era possibile. Lo sapevo.

Come lo sai anche tu.

Feci una richiesta all'Universo: *'O la mia vita cambia completamente o mi faccio fuori'*. Avevo persino fissato una data: sei mesi. Diedi una scadenza all'Universo.

Esattamente una settimana più tardi, trovai qualcosa che cambiò tutta la mia vita: Access Consciousness® ("Access" in breve). Durante la mia prima sessione, sperimentai quel senso e quella consapevolezza di pace e di spazio che avevo cercato per tutta la vita, da allora non ho mai più contemplato il suicidio. Con questo libro spero di poterti donare lo stesso regalo. A partire da quel momento la pace e lo spazio hanno continuato a CRESCERE, a differenza di quello che mi era accaduto con qualsiasi altra tecnica provata precedentemente.

Gli strumenti che condividerò con te in questo libro fanno parte di Access e dal momento in cui ne sono venuto a conoscenza hanno continuato ad espandere la mia vita e la mia consapevolezza ogni momento di ogni giorno. Access è la modalità più strana, strampalata, bizzarra che abbia mai incontrato e funziona. Semplicemente funziona.

Un modo per descrivere Access è dire che è una modalità di trasformazione dell'energia che unisce saggezza atavica, conoscenza antica e strumenti pratici per il cambiamento altamente contemporanei. Il suo obbiettivo è creare la possibilità che ci sia un mondo di consapevolezza ed unità.

Mi stai chiedendo cos'è la consapevolezza? La consapevolezza include tutto e non giudica nulla. Include tutte le possibilità che possono esistere. Senza giudizio su niente o su di te. Somiglia a un mondo dove ti piacerebbe vivere? Se è così, continua a leggere! (Se non è così, forse è venuto il momento di passare questo libro a uno dei tuoi familiari o amici *strani*).

Oggi viaggio in tutto il mondo per facilitare le persone con gli strumenti di Access Consciousness®. Ho sviluppato una modalità unica nel suo genere per lavorare simultaneamente con i gruppi di persone, con le energie e i corpi. L'ho chiamata *Sintesi Energetica dell'Essere (ESB)*.

La maggior parte delle cose che condividerò con te in questo libro le ho apprese esplorando cos'altro è possibile insieme agli straordinari partecipanti alle classi di ESB. Gli spazi e le possibilità che le persone sono disponibili a vedere e ad esplorare mi esaltano, letteralmente, ogni volta. Le persone sono molto più eccezionali di quanto si rendano conto e molto più capaci di quanto credano.

Durante una classe di ESB vieni invitato ad accedere e ad essere quell'energia che non hai mai saputo fosse disponibile. E lo fai insieme all'intero gruppo. Nello spazio che si genera in questa classe, inizi a sincronizzarti con il tuo essere, il tuo corpo e la Terra in un modo che crea una vita più conscia e un pianeta più consapevole. Essendo queste energie, essendo te stesso, cambi tutto: il pianeta, la tua vita e tutti coloro con i quali entri in contatto.

Tu stai essendo Te stesso, e stai cambiando il Mondo

Inoltre, sono stato molto fortunato ad avere come mio migliore amico il più fenomenale dei facilitatori e dei co-creatori, il fondatore di Access Consciousness®, Gary Douglas. Come sono diventato così fortunato?

Vorrei precisare una cosa: questi strumenti, queste prospettive e processi hanno cambiato la vita a migliaia di persone nel mondo! Questa è la ragione per cui ho scritto questo libro. Se ti sei mai detto: "Ci deve essere qualcosa di più di questo!", questo è il mio modo per dirti: Sì! Sì. C'è. Ci sono persone che lo stanno sperimentando proprio adesso!

Questo è un sentiero che porta a un modo completamente diverso di esistere nel mondo, che ti condurrà ad avere una vita consapevole e a essere la differenza che la Terra richiede.

Funzionerà per te? Questo libro ti guiderà ad ESSERE TE STESSO? E questo davvero cambierà il mondo?

Solo tu lo sai, amico mio. Solo tu puoi scegliere per te stesso.
Quindi, cosa sai?

È possibile che questo sia l'invito che hai aspettato da sempre?
È ora il momento?

Farò tutto quello che serve per mostrarti le possibilità. Il tuo compito è di uscire dal giudizio e dalle conclusioni abbastanza a lungo da vedere se queste possibilità sono qualcosa che ti piacerebbe scegliere. Vuoi venire con me? Vuoi giocare?

Sei pronto? Andiamo!

Strano

Conosci il significato originale della parola strano (*weird*) in inglese?

Strano: dello spirito, fato e destino.

Ti descrive?

Giusto un pochino?
Saresti disposto a lasciare andare l'illusione che sei nella media,
normale e reale… e come chiunque altro?

*Saresti invece disposto ad essere così strano, meraviglioso e
SBALORDITIVO come sei veramente?*

Da adesso?

Bravo libro!

Dal momento che questo libro è progettato per creare cambiamenti, probabilmente qualche volta ti confonderà o ti infastidirà. Se non capisci qualcosa o se ti sembra incompleto, capiterà diverse volte che le informazioni di cui hai bisogno ti verranno presentate un po' più avanti rispetto a dove stai leggendo.

Come può essere ancora meglio di così?

Inoltre, molte parti di questo libro sono pensate per far sì che tu ti chieda cosa è vero per te, invece che presentarti un punto di vista che dovresti prendere per vero.

Quelle parti potrebbero sembrarti incomplete ma sono state lasciate così di proposito, in modo che tu possa giungere al tuo sapere mentre le valuti. Quindi, se ti ritroverai a farti delle domande o a riflettere, questo piccolo libro sta facendo il suo lavoro.

Bravo libro! Bravo libro!

PARTE PRIMA

Sii te stesso...

"Passiamo la nostra intera esistenza cercando di dimostrare che non siamo quello che non siamo mai stati fin dall'inizio"

—*Mel C.*

Come sarebbe se cominciassi ad abbracciare la realtà, così come la intendi tu? Come sarebbe se la tua realtà fosse qualcosa di... completamente diverso? Come sarebbe se una realtà completamente diversa fosse esattamente ciò che è richiesto?

È ora il momento?

Distruggi, S-crea, Libera la Tua Realtà.

Se osservi questo libro sembra solido, vero? Eppure la scienza afferma che il 99,999 % di esso è vuoto. Ma sembra solido. Non è strano? Eppure il 99,999% è spazio. È solo che le molecole sono posizionate in maniera tale da farlo sembrare solido e impenetrabile.

Come sarebbe se le limitazioni nella tua vita e nel tuo corpo, ognuna di esse, fossero esattamente la stessa cosa? Come sarebbe se sembrassero veramente solide e questa fosse l'unica maniera in cui sei stato in grado di vederle fino ad ora?

So che sembra strano... tuttavia, il mio invito sarà, se sei disposto a riceverlo, ad avere la consapevolezza che queste cose non sono necessariamente solide, non lo sono mai state e non devono esserlo mai più.

Mi piacerebbe invitare te, e l'energia che sei, a ritornare nel punto dove hai preso tutte queste molecole e le hai sistemate in maniera tale da farle diventare solide, anziché lo spazio, la flessibilità e la mutevolezza, e poi disfarle in modo che possano essere lo spazio che in realtà sono. Così tu puoi essere lo spazio che sei veramente.

Questo è quanto. E c'è ancora molto altro!

Per poterci arrivare, più avanti in questo libro ti chiederò di rinunciare a qualcosa. A dire il vero potrei chiederti di distruggere e s-creare.

Al momento potrebbe sembrarti folle.

Perché mai dovrei chiederti di fare questo? Perché ogni volta che sei disposto a distruggere e s-creare e a lasciare andare qualcosa che ti sta limitando, automaticamente e istantaneamente si apre lo spazio affinché qualcosa di meno limitato, o addirittura illimitato, possa mostrarsi. Ha senso per te tutto questo? Lasciando andare le limitazioni, finalmente l'illimitato trova spazio per esistere.

Ora, per favore, fermati un attimo e chiediti:
"Sono disposto a farlo?"

Se ricevi un sì, cos'hai da perdere?

Tutto quello che sei disponibile a lasciar andare, s-creare e distruggere, apre nella tua vita una possibilità totalmente diversa.

Non puoi mai lasciar andare quello che Sei veramente. Il tuo vero Essere è indistruttibile.

Puoi solo lasciare andare, s-creare e distruggere, quello che sta definendo, limitando e tenendo bloccato te e il tuo essere e ciò farà in modo che si crei spazio per qualcosa di diverso e di più grande.

Se ti va, dopo ti suggerirei vivamente di aggiungere questa frase di pulizia:

Giusto e Sbagliato, Bene e Male, POD e POC, Tutti e 9, Shorts, Boys e Beyonds* (POD e POC in breve). Questo è quello che faccio.

Questa frase chiede alla tua consapevolezza di tornare indietro al punto di creazione (o punto di distruzione) ancor prima che tu piantassi il seme di quella limitazione e invita il seme a dissolversi.

La cosa strana e divertente è che... semplicemente lo fa.
Funziona. Come per magia.
Come sarebbe se la magia fosse quello che tu sei realmente?

Come sarebbe se tu potessi considerare questa frase di pulizia come la tua bacchetta magica, un modo per cambiare QUALSIASI parte della tua vita che ti piacerebbe cambiare?

Fuori le bacchette, si va!

*Se ti piacerebbe saperne di più sulla frase di pulizia, per favore, leggi alla fine del libro.

Fai una Domanda….
Non Cercare le Risposte

Riesco già a immaginare quello che stai pensando.

Le rotelline stanno girando:
Pensa, pensa, pensa.
Tick, tock, tick, tock.
Giusto, sbagliato, giusto, sbagliato.

Può VERAMENTE funzionare?

Non ne hai avuto ancora abbastanza di quella maledetta macchina chiamata mente e della sua incessante ricerca della risposta GIUSTA?

Permettimi di fornirti il modo per uscire dall'universo della risposta giusta:

FAI UNA DOMANDA

È davvero semplice.

Ecco come funziona: la maggior parte di noi sta percorrendo la strada della sua vita e ha già un punto di vista riguardo a dove si sta dirigendo e qual è la dannata direzione in cui sta andando. Questo è quanto. Basta, fine!

Siccome abbiamo già deciso la direzione, è come se avessimo eretto dei muri intorno a noi, a destra e a sinistra, che ci impediscono di vedere oltre, ci impediscono di guardarci intorno e ci impediscono di guardare attraverso.

La nostra unica opzione è di dirigerci nella direzione che abbiamo deciso di prendere.

Senza fare una domanda, è come se girovagassimo nelle stanze del labirinto che abbiamo creato, come se quelle fossero le nostre uniche possibilità di scelta nella vita.

Se fai una domanda, improvvisamente a destra e a sinistra si aprono una serie di porte, mostrando luce e spazio dietro esse, svelando stanze diverse e altri passaggi verso nuove possibilità. Li apri ed è come se dicessi: *"Wow! Ci sono delle possibilità che non ho mai considerato prima."*

La domanda è la chiave per aprire altri passaggi a nuove possibilità. Se non fai una domanda non vedrai mai quelle porte e non saprai mai che esistono, figuriamoci se sarai in grado di aprirle.

Quando sei in dubbio, fai una domanda.

Ecco alcune grandiose domande che puoi fare per aprire più possibilità nelle diverse situazioni della tua vita:

1. *Come può essere ancora meglio di così? (chiedi questo quando succede qualcosa di "buono" o quando succede qualcosa di "cattivo").*

2. *Cosa c'è di giusto qui che non sto vedendo?*

3. *Cosa ci vorrebbe per cambiare questo?*

4. *Cos'altro è possibile?*

5. *Cosa ci vorrebbe affinché questo risulti meglio di quanto avrei mai potuto immaginare?*

6. *Chi sono oggi e quali fantastiche e gloriose avventure avrò?*

E, ti prego, non cercare le risposte!

Ecco come funziona solitamente in questa realtà:
Facciamo una domanda ed entriamo nella mente:
"È questa la risposta giusta? È questa la risposta giusta? È questa risposta giusta?"

È come prendere un piccolo seme, piantarlo, annaffiarlo e il
giorno dopo tornare e raccoglierlo dal terreno per vedere se sta già
crescendo e dire: *"No! Stupido seme, non sei ancora germogliato!"* Così lo
ripianti, lo innaffi di nuovo e torni il giorno dopo, lo raccogli e dici:
"Sei cresciuto? Ehi, c'è nessuno?" È colpa del seme? No. Non gli hai dato
tempo per germogliare e mettere radici.

Ho un piccolo suggerimento per te:
Letteralmente, quando fai una domanda: CHIUDI IL BECCO.

Quando dico questo ad alcuni potrebbe sembrare scortese quindi,
chiedo scusa.
E semplicemente taci! Va bene?

Poni la domanda e quietati per un momento... un'ora... un giorno... un
mese... e lascia che l'energia pervada il tuo universo.

Non una risposta giusta, **un'energia.**

Quell'energia sarà il risultato della domanda che hai appena fatto.
Ogni volta che fai una domanda "sale su" un'energia. Si presenta, si
fa riconoscere. L'energia è la ragione per cui hai fatto la domanda fin
dall'inizio.

Questo è il motivo per cui hai formulato la domanda: aprire una
porta per ricevere l'energia che ti guiderà verso quello che hai chiesto.

Quindi, facciamo una domanda:

*Quale regalo può essere per te questo libro che, quando lo hai comprato,
preso in prestito, trovato, rubato o ti è stato regalato, non potevi neanche
immaginare?*

Ora, amico mio, zitto e leggi :)

Al di là di questa

Realtà

Che Cos'è l'Energia?

Hai mai abbracciato qualcuno e sentito come se potessi stare lì per sempre... come se ti stessi sciogliendo... come se stessi cadendo dentro la persona che stavi abbracciando? E, al contrario, hai mai abbracciato qualcuno e provato la sensazione di stare abbracciando una roccia con le gambe?

Sono diverse queste due esperienze? Allora sai cosa intendo quando parlo di energia. Queste sono due esperienze energetiche completamente diverse, due "energie" totalmente differenti.

È molto semplice.

(Ad un altro livello può anche essere infinitamente complesso, in parte lo esploreremo insieme in questo libro)

Immagina di camminare in una foresta fitta fitta. Non ci sono strade, ma solo sentieri tracciati dalle fate e dagli elfi. Il tetto di foglie tinge di verde i raggi del sole.

Stai camminando su questa Terra vivente ed è soffice sotto i tuoi piedi. C'è un picchio solitario che bussa gentilmente al tuo cuore mentre respiri nel profumo dell'estate...

Ora chiudi gli occhi e rimani fermo per un secondo, qui nella foresta.

Come ti senti?

La foresta non ha giudizi su di te e non ha realtà da legittimare. È uno di quei luoghi dove Essere viene facile.
Ora chiudi di nuovo gli occhi e immagina di camminare lungo la strada

principale della tua città, o fino all'ufficio dove lavori, o di salire le scale che portano a casa dei tuoi genitori.

C'è una differenza in come ti senti?

Che cos'è? Come sarebbe se la tua città e chiunque la abita ti ricevesse senza giudizio, come fa la foresta? Chi, e come, potresti *scegliere* di essere allora?

Tutto ciò che ti impedisce di scegliere questo ora, per favore,
distruggerai e s-creerai tutto? Giusto e Sbagliato, Bene e Male,
POD e POC, Tutti e 9, Shorts, Boys e Beyonds.™

— Capitolo 1 —

La Tua Realtà e
l'Universo del Libero Arbitrio

Prima di procedere, definiamo la REALTÀ...

Quello che intendo con realtà, fondamentalmente è il modo comune, normale e ordinario in cui tutti su questo pianeta imparano a funzionare; le cose che tutti abbiamo in comune e le cose che PENSIAMO siano REALI, senza nemmeno stare a pensarci. È tutta quella roba che diamo talmente per scontata che spesso non la mettiamo nemmeno in discussione.

Per creare una realtà devi avere due o più persone che si allineano o sono d'accordo su un punto di vista. In altre parole, una realtà viene creata ogni volta che due o più persone concludono che: "Questo è come deve essere", anche se non lo fanno in maniera cognitiva. Questo è il modo in cui una realtà viene creata. Lo sapevi?

Quindi, quando dico questa realtà, sto parlando di tutto quello che ti è stato passato quando sei nato: le regole e le norme della tua famiglia, le regole e le norme della società, le regole e le norme del pianeta, tutte le leggi fisiche della realtà, tutta quella roba lì.

Per esempio, le regole di queste realtà dicono che non puoi spostare istantaneamente il tuo corpo da qui alle Fiji. Io mi chiedo: "Perché no? Cambiamolo! Non sarebbe molto più divertente?"

Potremmo non riuscirci oggi, ma proseguiamo in quella direzione e vediamo cosa si presenta. Come mi disse uno speaker motivazionale che, quando ero alle superiori, cambiò la mia vita: 'Spara alla luna! Se la manchi e colpisci le stelle, non è così male".

Noi invece stiamo cercando di far funzionare bene tutte le parti di questa realtà così possiamo essere felici, anziché creare quello che vorremmo davvero, anche se è qualcosa di completamente diverso da questa realtà. Pensiamo che se tutti la stanno scegliendo e tutti ci stanno dicendo che è giusta, in questa realtà ci deve essere qualcosa di giusto. Voglio dire, deve essere giusta, giusto?

Lo scenario che abbiamo sempre in testa è qualcosa del tipo: 'Giudicare deve essere giusto. La mia famiglia deve avere ragione. La scuola deve avere ragione. I soldi devono avere ragione. Probabilmente io sono l'unico che non capisce e l'unico che continua a sentirsi sbagliato". Ma come sarebbe se tutte le cose che si suppone debbano essere "giuste", fossero sbagliate per te?

Come sarebbe se ci fosse un modo completamente diverso di guardare tutto questo?

Ecco una possibilità da prendere in considerazione:
La realtà che ti hanno rifilato non funziona. Non devi più sceglierla, se non vuoi. Con questa consapevolezza, che tipo di vita ti piacerebbe davvero scegliere?

Se sapessi che questo è veramente un UNIVERSO del LIBERO ARBITRIO, cosa inizieresti a scegliere, da adesso?

Come Sarebbe se Tu Fossi il Padrone del Tuo Universo?

Hai mai sentito dire che viviamo in un universo del libero arbitrio? Ci è stato detto che questa è una delle leggi dell'universo, uno dei modi in cui questo posto strano e bizzarro funziona.

La mia domanda è: se questo è vero, perché le nostre vite sono così?

Perché il mondo è così?

Se è un universo del libero arbitrio, allora perché continuiamo a credere che non possiamo scegliere di cambiare? Cambiare la nostra situazione finanziaria? O il modo in cui si sente il nostro corpo? O le relazioni che continuiamo a creare con lo stesso tipo di persone ma solo con corpi diversi?

E perché continuiamo a scegliere il trauma e il dramma, la povertà, l'infelicità, la separazione, la rabbia, l'odio e il giudizio? Perché sembra che non siamo capaci, o disponibili, a cambiare tutto questo?

Potremmo essere carini, ma decisamente non siamo tanto svegli. Il mio punto di vista è che non stiamo cogliendo qualcosa riguardo l'idea che questo sia un universo del libero arbitrio.

Quello che mi piacerebbe fare è prendere quest'idea del libero arbitrio e invitarti a riconoscerla. In altre parole, usiamo il tuo potere di scegliere e il tuo potere di cambiare. Usiamoli per cambiare il passato limitato e che non ha funzionato e creiamo un presente e un futuro diversi, dove tu **sei te stesso, e cambi il mondo.**

Non ti sembra divertente? Io penso di sì!

Sembra che tutti noi abbiamo l'idea, il punto di vista, di cosa dobbiamo fare esattamente per ottenere quello che vogliamo nella vita. Come sarebbe se fosse richiesto qualcosa di totalmente diverso? Deve essere così!

Se non stai vivendo nel mondo dove ti piacerebbe vivere, se non stai avendo la vita che vorresti avere, allora quello che pensavi di dover fare per ottenerli... deve essere inesatto.

Ha senso per te?

Fino a quando staremo incollati al punto di vista che il cambiamento potrà avvenire solo nell'unico modo che abbiamo deciso (e che non sta funzionando) cercheremo sempre la fonte del cambiamento nella direzione sbagliata. Tutti noi!

Saresti disposto a lasciar andare, distruggere e s-creare, almeno per il tempo necessario a leggere questo libro, tutte le proiezioni, le aspettative, le separazioni, le decisioni, le conclusioni, i giudizi, le repulsioni e i punti di vista che hai bevuto su cosa ci vorrebbe per cambiare la tua vita (e il mondo?) Giusto e Sbagliato, Bene e Male, POD e POC, Tutti e 9, Shorts, Boys e Beyonds.[TM]

Grazie. Cos'altro si può mostrare ora? Voglio dire, davvero, cos'hai da perdere?

∽ ∽ ∽

Scoprire l'Universo del Libero Arbitrio (O, almeno, come ho iniziato a scoprire il mio)

Sai, ero solito avere un sacco di risposte o, almeno, facevo finta di averle.

Dieci anni fa, lavoravo da due anni come chiropratico e avevo anche qualche paziente. Facevo quasi abbastanza soldi per pagare l'affitto: oh che gioia! Avevo una ragazza e tutti dicevano che era la persona giusta per me. Avevo tutto quello che dovrebbe renderti felice, eccetto un sacco di soldi, ma per me non erano così importanti. Avevo provato qualsiasi modalità riuscissi a trovare per raggiungere la pace interiore, ma dentro stavo ancora morendo.

Così dissi all'universo: *"Ti do tempo sei mesi o mi uccido. Sono stato qui a lavorare per te, cercando di dare consapevolezza alle persone, cercando di cambiare la loro vita e i loro corpi e cercando di cambiare le cose in meglio per il pianeta e non ho avuto nulla in cambio. Odio alzarmi al mattino! Se è così che deve essere, va bene: Ma io mi ucciderò. O le cose cambiano o mi chiamo fuori".*

E non intendevo fuori dalla mia relazione o da Santa Barbara, intendevo fuori da questa vita.

"Ci deve essere un posto più felice, un altro corpo, un'altra vita. Tornerò come uno zingaro, un nativo delle isole del Pacifico che gironzola per le isolette tutto il giorno. O forse potrei tornare come un Rockefeller e avere soldi a palate. Deve esserci qualcosa di diverso. Deve esserci qualcosa di meglio. Forse qualche altro pianeta...???"

Volevo farla finita perché ero arrivato al punto in cui quello che c'era non era abbastanza. Lo sapevo, e questo mi diede la capacità di essere in grado di non considerare di valore quello che nel passato avevo deciso che era di valore.

Tutto ciò che avevo deciso che era di valore ce l'avevo. Ma non valeva niente. Capisci cosa intendo? Sei mai arrivato a quel punto, anche solo per un attimo? Se è così, probabilmente questo libro avrà molto senso per te.

Esattamente una settimana dopo che manifestai quest'esigenza, lessi un piccolissimo annuncio sul giornale. Diceva:*"Access, tutto nella vita mi viene con facilità, gioia e gloria"*, accompagnato dal numero di una ragazza.

La mia reazione fu: *"Pollyanna ha messo un annuncio sul giornale!"* Ero furioso. *"La mia vita è dolore, sofferenza e agonia! Di che parli? Facilità, gioia e gloria. Che cos'è?"* Accartocciai letteralmente il giornale e lo gettai via. Dovete sapere che a Santa Barbara questo giornale esce una volta alla settimana e la settimana seguente vidi di nuovo l'annuncio: *"Access, tutto nella vita mi viene con facilità, gioia e gloria"*.

AARGHHHHH!

Ammetto che molto tempo prima di vedere questo annuncio, avevo chiaro che quando fai resistenza a qualcosa, forse lì c'è qualcosa per te, anche se ancora non sai cosa sia.
Quindi, dato che volevo uccidere la persona che aveva messo l'annuncio, la chiamai e fissai un appuntamento...

Chiamala ispirazione divina, chiamala pazzia, chiamala aggrapparsi a una scialuppa, un attimo prima che il Titanic che era la mia vita sprofondasse negli abissi... Quella telefonata mi diede letteralmente accesso alla mia vita e da allora non mi sono mai più ricacciato in quella scatola che ero diventato. Sono molto, molto grato.

Feci una sessione con quella ragazza, una sessione di Access Bars, un semplice processo che consiste nel toccare alcuni punti sulla testa della persona. Dopo quella sessione provai un senso di pace come non mi era più capitato da quasi tre anni. Fu la prima volta di cui mi ricordo dove sapevo che tutto era OK, lo era sempre stato e lo sarebbe sempre stato... <u>e non ho più contemplato il suicidio.</u>

Uno strumento, una cosa, un processo che richiese circa un'ora... da qualcuno che non avevo mai incontrato prima... e questo cambiò l'energia di tutta la mia vita e di quello che sapevo essere possibile.

Questo è ciò che spero di condividere con te in questo libro: la consapevolezza energetica che un'energia diversa è possibile anche per te.

Perché è l'energia della tua vita che stai cercando di cambiare.

Avevo provato un sacco di cose, di modalità spirituali e pensavo: *"Voglio cambiare questo e quest'altro..."* ma anche se le cose cambiavano l'energia rimaneva sempre la stessa.

Capisci cosa intendo?

La Vibrazione di Te

Quando cambi l'energia, le situazioni esterne della tua vita cambiano come per magia. Per esempio, ti sei mai accorto che la gente sembra muoversi più lentamente quando hai una fretta terribile? Hai mai notato che quando decidi, per le più svariate ragioni, che non sei più in ritardo, la gente si velocizza di nuovo? Questo perché hai cambiato la tua energia.

Sei mai entrato in una stanza e hai cambiato la sua energia senza nemmeno provarci? O hai mai incontrato un amico che stava avendo una brutta giornata e dopo aver parlato con te, o dopo averlo abbracciato, si è rasserenato? Cosa è stato a creare quel cambiamento? È stato quello che hai detto, qualche tecnica psicologica, **o la tua vera essenza?**

È stato il tuo essere a cambiarli. È l'energia che tu sei... la vibrazione di te... l'essenza di te, che è veramente la totalità di te, quella cosa che esiste al di là di tutto ciò che puoi pensare. Sei tu, mentre abbracci il mondo intero.

Una delle cose che ho scoperto essere vere è che quando cominci ad essere qualcosa, semplicemente diventi quell'energia. Quell'energia invita tutti quelli che sono intorno a te a diventarlo, se sono disponibili ad esserlo.

Se non sono disposti ad esserlo, quell'energia finisce comunque nel loro mondo in modo tale che possano attingere ad essa quando saranno pronti. Quando loro saranno pronti. Potrebbe succedere tra vent'anni, tra un milione di anni. A chi importa?

Stai semplicemente cominciando a *essere* qualcosa. Avere una nuova consapevolezza di qualcosa e poi sceglierla permette a *chiunque altro* sulla terra di averla, perché tu sei disposto ad esserla.

Quando cominci a essere qualcosa di diverso, crei uno spazio che prima non c'era, affinché quella cosa possa esistere.

Mi piacerebbe invitarti alla consapevolezza della vibrazione energetica dell'essere, l'essere che sei e che non sei mai stato disposto a vedere prima.

L'energia che sei.

La vibrazione che sei.

E, probabilmente, è qualcosa di completamente diverso da quello che hai mai pensato potesse essere. Completamente diverso.

È qualcosa che quando le permetterai semplicemente di essere, permetterà alla facilità che hai sempre voluto nella tua vita di mostrarsi. La gioia può mostrarsi, le possibilità possono mostrarsi; non dallo sforzo, dal pensiero, ma solo perché stai essendo te stesso con così tanta presenza che non può essere distrutta. Da quello spazio, che non è lo spazio per come lo conosci, crei le cose. Cambi le cose.

Saresti disposto a scoprire chi sei veramente? Saresti disposto a esigere che il tuo Essere si mostri? Saresti disposto a riconoscere cos'è realmente vero per te, come l'Essere che sei?

Chiedilo. Proprio ora.

Così facendo aprirai la porta a un mondo diverso di possibilità.

Non devi capire come!

È compito dell'Universo mostrarti come succederà.

Tutto ciò che devi fare è esigerlo! Poi continua semplicemente la tua vita e la tua esistenza e vai dove l'universo ti conduce. Abbastanza facile, vero? Parleremo ancora del "come" più avanti…

Un'altra cosa… SO CHE PUOI FARCELA!

Scoprire l'Energia di Me

Ricevetti questo fantastico dono 10 anni fa quando Gary Douglas, il fondatore di Access Consciousness®, entrò nel mio studio e mi chiese una sessione. All'epoca praticavo una tecnica chiropratica che aveva tre "livelli di cura" e avevo appena iniziato le Classi di Access.

Quando entrò, Gary disse: "*So che in quello che fai ci sono tre livelli. I primi due con me non funzionano. Mi spiace. Dovrai utilizzare direttamente il terzo livello*".

Nella mia testa stavo dicendo: "*Oh merda, non ho idea di cosa fare con questo tizio*". Avevo solo dei clienti sui quali lavoravo a livello uno e due e non avevo idea di come trattare qualcuno a livello tre.

Mentre pensavo a cosa fare, lui disse: "*Senti, chiedi semplicemente al mio corpo cosa desidera. Segui l'energia, saprai cosa fare.*"

Una parte di me concluse: "*Cosa? Saprò cosa fare? Ma sai chi sono? Sono il professionista più patetico sulla faccia della Terra! Sono il più grande idiota che tu abbia mai incontrato! Sono quello che ha uno studio grande come un armadio. Non so nulla*". Un'altra parte di me si chiese: "*Lo so?*"

Quando cominciai a lavorare su di lui entrai in uno spazio completamente diverso, *sapevo cosa fare*. Non cognitivamente e nemmeno in una maniera che allora avrei potuto descrivere. Ma il mio essere sapeva. In me c'era una conoscenza.

In quel momento, entrai in uno spazio dell'essere che prima non sapevo esistesse. Andai verso l'essere me. In quello spazio ebbi accesso a me stesso e al mio sapere. Non c'era pensiero, solo conoscenza.

A un certo punto, mentre stavo lavorando su di lui, mi ritrovai a circa 4 metri di distanza, dall'altro lato della stanza e lui sbatacchiava sul lettino come un pesce. Io muovevo le mie mani in aria, semplicemente perché "sentivo" che era la cosa giusta da fare. Ogni volta che muovevo la mia mano a destra la sua testa si girava a destra e ogni volta che muovevo la mia mano a sinistra la sua testa si girava a sinistra. Ed era a faccia in giù! Non poteva in alcun modo vedermi.

Quella prima seduta che feci con lui fu la primissima sessione di ciò che ora chiamo Sintesi Energetica dell'Essere (ESB). Fu l'inizio di un modo completamente diverso di lavorare con i corpi, usando l'energia del corpo unita a quella dell'essere per cancellare le limitazioni, in molti casi anche in maniera permanente.

Ora viaggio per il mondo facilitando le persone con il lavoro dell'ESB. Uno dei più grandi regali che ricevo sono le testimonianze e le lettere di gratitudine dalle persone le cui vite sono cambiate.

Per favore, sappi che TUTTI NOI abbiamo la capacità di fare del mondo un posto migliore, per noi stessi e per gli altri, semplicemente essendo disposti ad ESSERE NOI e ad essere tanto diversi quanto in realtà siamo. Dobbiamo solo scoprire cosa significa tutto questo per noi ed essere disponibili a sceglierlo. Il mondo ha bisogno di te. Cosa stai aspettando?

Cosa sai che stai facendo finta di non sapere o stai negando di sapere a proposito di chi e cosa sei veramente? Io non ho riconosciuto ciò che sapevo finché non lo sono diventato. Cosa potresti diventare se permettessi a te stesso di "mollare, fidarti ed essere"?

Scoprire l'Energia di Te

Se nessuno ti ha mai insegnato come essere te stesso, come puoi entrare nella consapevolezza di cosa sia essere te stesso?

Una cosa che può tornarti utile è cercare nel tuo passato tutte le volte che hai scelto di essere veramente te stesso. Quelli erano momenti in cui non avevi pensieri, non avevi giudizi, provavi pace totale e gioia semplicemente perché eri te stesso, senza punti di vista. Ah sì, probabilmente provavi anche un senso di esuberanza e di possibilità. Quelli erano i momenti in cui eri te stesso.

Lascia che ti faccia un esempio personale, che potrebbe aiutarti.

Un anno, mi iscrissi come volontario per California AIDS Ride. È una gara ciclistica di circa 1000 chilometri, percorsi in una settimana da San Francisco a Los Angeles.

La ragione per cui lo feci fu perché l'anno precedente, al mio ultimo anno di college come chiropratico, feci il volontario per assistere i partecipanti di quell'evento. Tutti i soldi raccolti dai ciclisti finiscono in un fondo per assistere i malati di HIV o AIDS. Noi aiutavano i ciclisti durante la settimana. Come chiropratici volontari, eravamo in prima linea per trattare chi aveva disperatamente bisogno dei nostri servizi.

Durante la settimana di quell'evento, diverse volte fui commosso dal coraggio dei ciclisti che ebbi la fortuna di trattare. C'erano nonne, nonni, fratelli, sorelle, compagni, genitori e amici che partecipavano perché i loro cari erano affetti da HIV o stavano morendo di AIDS.

C'erano persone con l'HIV che gareggiavano per dire alla malattia: "Tu non mi avrai! Potrai forse uccidermi, ma non oggi e non senza che io lotti!" Il coraggio di queste persone e la loro mancanza di giudizio e il senso di comunione che tutti condividevano, mi ispirò a partecipare l'anno successivo.

Questa corsa è uno dei pochi luoghi nei quali c'è un enorme gruppo di persone e nessuno giudica nessuno. Fu una delle prime volte in assoluto, dove sperimentai che ognuno era lì per assistere e dare forza agli altri. In questo c'era una grandezza che percepii come possibile e mi dissi *"Sai una cosa? L'anno prossimo farò anch'io questa dannata corsa, contribuirò anch'io!"*

Sebbene non fossi più salito su una bici dall'età di 16 anni, manifestai l'esigenza di averne una e di imparare ad andarci. La comprai da uno studente di chiropratica che era stato un ex ciclista. Iniziai molto lentamente e mi allenai per diversi mesi. Feci qualsiasi cosa per poter raggiungere la quota di 2500 dollari richiesta per partecipare alla corsa. Trovai alcune persone incredibilmente generose che mi fecero una donazione e mi aiutarono a perseguire quel sogno.

Finalmente, dopo mesi di preparazione, di raccolta fondi e dopo aver imparato di nuovo a salire su una bicicletta, ero alla California AIDS Ride! Correvo al fianco di persone che non sarebbero state in grado di percorrere 1000 chilometri, eppure erano lì perché per loro significava tantissimo. Come successe l'anno precedente, la corsa aprì il mio essere a una consapevolezza totalmente nuova di cosa noi, come persone che lavorano insieme, siamo in grado di fare.

Sulle lunghe salite, diverse persone sembravano dire: *"Non penso di potercela fare, penso che morirò prima"*. Su molte di quelle salite, pedalavo fino in cima e riscendevo, incitando le persone e poi risalivo la stessa salita, ancora incitandoli e gridando: *"Ciclisti, potete farcela! Questa collina non può fermarvi! La state prendendo a calci in culo! Forza ciclisti!"*

Questa fu la prima volta nella mia vita da adulto che mi fu chiaro, senza ombra di dubbio, che stavo essendo un contributo per gli altri. Quando queste persone videro che qualcuno si stava interessando a loro tanto da incitarli (e percorrendo due volte quell'incredibile lunghissima salita per farlo) trovarono la forza per continuare.

Una signora, che forse ricordava il numero sulla mia pettorina e la mia bici, a un punto di ristoro mi si avvicinò e mi disse che quel giorno il mio andirivieni lungo la salita e il mio incitarli, l'aveva ispirata a continuare a pedalare. Disse che era quasi esausta e aveva chiesto a Dio di aiutarla e 20 minuti dopo io ero lì a pedalare e a incitare gli altri come un pazzo. Disse che rise e pianse e continuò. A quel punto iniziai a piangere, ci abbracciammo e io capii che regalo tutti noi possiamo essere per gli altri, se scegliamo di esserlo.

In quel donare, stavo anche simultaneamente ricevendo così tanto contributo che trovo difficile esprimerlo a parole. Quindi, spero tu stia cogliendo l'energia che cerco di trasmettere. Questo è uno degli esempi presi dalla mia vita di ciò che si sente quando stai essendo veramente te stesso, senza giudizi, senza punti di vista, ma anche con un senso di esuberanza e di possibilità.

Pedalando su e giù per quella salita non potevo più negare l'energia di cosa volesse dire essere me. *Quanta energia hai usato contro di te per negare l'energia di cosa significa essere veramente te stesso? Tutto ciò che è, lo distruggerai e s-creerai tutto e, per favore, pretenderai di riconoscere quanto in realtà sei incredibile? Giusto e Sbagliato, Bene e Male, Tutti e Nove, POD e POC, Shorts, Boys e Beyonds.* ™ *Grazie.*

Quella settimana cambiò tutta la mia vita e da allora sono diverso. In parte è anche per questo che ho avuto il coraggio di rimanere vivo sebbene avessi deciso di uccidermi. Da qualche parte sapevo che quell'energia e quella possibilità dell'essere esistevano, perché dopo l'esperienza alla California AIDS Ride non ho più potuto negarla. Sapevo che era lì. Semplicemente non riuscivo ancora ad accedervi.

Perché ti ho raccontato quest'episodio della mia vita? Per far sì che tu guardi alla tua. Quando sei stato così dinamicamente, al di là di ogni dubbio, te stesso, con l'esuberanza, la pace e il non giudizio che sai di essere veramente?

Non tutti possono partecipare alla California AIDS Ride, quindi permettimi di darti un altro esempio leggermente diverso. Quando avevo sei anni, mia madre mi portò in Idaho per far visita ai miei parenti. Una delle cose più belle di quegli anni era che in una piccola cittadina un bambino poteva andare nei negozi da solo.

E questo è quello che feci! Andai al negozio con tutti i soldi che avevo ricevuto per il mio ultimo compleanno (soldi che avevo risparmiato in previsione di questo viaggio) e li usai per comprare delle scatoline di lucida labbra per mia nonna e ogni zia e zio ai quali avrei fatto visita.

Mi diede così tanta gioia poter consegnare ogni mio piccolo dono! Apparentemente ne diede anche a loro. Sorrisero e la maggior parte di loro pianse, specialmente quando mia madre, a mia insaputa, spiegò che avevo usato tutti i miei soldi, che ero andato al negozio da solo e avevo comprato quelle cose perché volevo far loro un regalo.

Questo è un altro esempio che mi è stato utile per capire cosa significasse essere me. Penso alla generosità che ha avuto quel bambino di sei anni e la sua disponibilità a spendere fino all'ultimo centesimo per far contenti gli altri. Ripenso a questo ogni volta che mi sento strano a proposito dei soldi o quando mi sto giudicando. In qualche modo, mi ricorda che ho a disposizione qualcos'altro da poter scegliere.

Qui la domanda veramente importante è... Quale altra scelta è disponibile per te... che non hai scelto... forse da tantissimo tempo?

Tutto ciò che non ti permette di essere ogni cosa che in realtà puoi essere, lo distruggerai e s-creerai tutto ora? Giusto e Sbagliato, Bene e Male, Tutti e Nove, POD e POC, Shorts, Boys e Beyonds.™ *Grazie.*

Vivere la tua realtà non ha nulla a che fare con gli altri, né ha a che vedere con i punti di vista altrui e non dipende nemmeno da qualcun altro che tu possa averla. Puoi averla adesso! (Se lo esigi.)

Saresti disposto a esigere che di più della tua vita si mostri ora? E tutto ciò che non permette a questo di mostrarsi, lo distruggerai e s-creerai tutto ora? Giusto e Sbagliato, Bene e Male, Tutti e Nove, POD e POC, Shorts, Boys e Beyonds.™ *Grazie.*

Per favore, vorresti ripercorre la tua vita e cercare tre momenti in cui SAPEVI che stavi essendo veramente te stesso e scriverli qui sotto, aggiungendo alcuni dettagli per allenare la tua memoria e la tua consapevolezza? Quelle volte dove non eri nel giudizio, avevi pace totale, gioia nell'essere vivo e probabilmente avevi anche un senso di esuberanza. Spero che gli esempi che ti ho fornito possano aiutarti. Non pensarci su troppo, metti giù i primi tre esempi che ti vengono in mente. E se ne ha di più di tre, ti prego, scrivili! Sentiti libero di usare un altro foglio se lo spazio qui sotto non è sufficiente.

1. _____

_____

_____

_____

2. _____

_____

_____

_____

3. _____

_____

_____

_____

Se userai questi tre esempi che hai appena scritto, avrai la consapevolezza di cosa significa essere veramente te stesso, così avrai qualcosa a cui mirare, qualcosa a cui far riferimento dell'energia che sei e qualcosa da chiedere all'universo affinché te ne doni ancora di più. Questi esempi ti diranno cosa si prova quando stai essendo veramente te stesso. Quella sensazione, quell'energia, sono il tuo nuovo punto di partenza.

Per i prossimi tre giorni, ogni volta che ti verrà in mente, richiama uno dei tre momenti in cui eri veramente te stesso e fai questa domanda: "Cosa ci vorrebbe affinché più di questo si mostri ora?"

Sei già sulla strada che ti porterà ad avere più di te stesso! Come può essere ancora meglio di così?

Ottenere l'Esistenza che Davvero Desideri: Tu, l'Universo e la Bolla di Energia

Alla maggior parte di noi è stato detto che per creare qualcosa, affinché si crei, dobbiamo lanciare il nostro desiderio "là fuori". Io ho scoperto che è esattamente il contrario. Ho scoperto che invitare nella tua vita ciò che vorresti è molto più efficace. Vuoi provare? (Per favore, tieni presente che NON È una visualizzazione. Si tratta di creazione attraverso una richiesta fatta all'Universo. È un modo di chiedere e ricevere dall'Universo in cui viviamo e che dona infinitamente, parlando la sua stessa lingua, quella dell'energia.)

Pronto per qualcosa di diverso???

Eccolo: richiama l'energia di ciò che ti piacerebbe veramente avere nella tua vita. Se potessi chiedere e avere qualsiasi cosa, cosa sarebbe? Se nel tuo mondo non ci fossero ASSOLUTAMENTE LIMITAZIONI riguardo il tempo, i soldi, la capacità creativa e generativa, cosa chiederesti?

Se avessi una bacchetta magica in grado di far diventare realtà qualsiasi cosa per te ora, cosa sceglieresti? Adesso, percepisci come ti sentiresti se tutte queste cose si manifestassero per te.

Non pensarci troppo: chiedi, qualsiasi cosa sia.

Ti piacerebbe vivere in una casa carina con un'energia particolare? Non sto dicendo di visualizzare una casa con quattro camere e tre bagni... *No, percepisci che sensazione ti darebbe avere un posto dove ameresti vivere.*

Ti piacerebbe poter viaggiare? Ti piacerebbe fare un lavoro che ti dia gioia? Che, qualunque esso sia, fosse eccitante, gioioso, nuovo e sempre diverso e che ti desse più di te stesso ogni singolo giorno? Sarebbe eccitante per te? Percepisci come sarebbe tutto questo.

Ti sto dando solo alcune possibilità, puoi aggiungere tutte quelle che desideri.

Quindi, percepisci come ti sentiresti, metti quest'energia di fronte a te, in una specie di bolla di energia se preferisci. Ora, che tipo di relazioni e/o che tipo di sesso ti piacerebbe avere? Se in quell'ambito potessi avere qualsiasi cosa, come sarebbe averlo? Svegliarsi con quello, averlo nella tua vita, averlo intorno a te, con te?

Che tipo di rapporto avresti con la tua famiglia, con i tuoi amici, che tipo di rapporto avresti con il pianeta e con le piante? Con gli animali? Con gli oceani? Con la terra e il suolo sotto i nostri piedi? Che tipo di divertimento ti piacerebbe permetterti di avere ed essere? Percepisci come sarebbe.

Come sarebbe se potessi averlo quotidianamente? Metti anche questo nella bolla

Adesso tira energia dentro questa "bolla di energia" fatta di sensazioni da tutte le direzioni dell'Universo

Continua a tirare ∽ ∽ ∽ ∽ *Di più* ∽ ∽ ∽ ∽
Di più ∽ ∽ ∽ ∽ *Di più* ∽ ∽ ∽ ∽ *E ancora di più…*

L'Universo è enorme e desidera donarsi a te a piene mani, quindi... tira DI PIU'!

Ecco. Così!

Quello che dovrebbe succedere è che quando tiri energia dentro le cose che veramente vorresti, il tuo cuore si apre. L'universo è veramente enorme, non fermarti dove sei. ENORME Universo. Grazie.

Tira energia dentro questa bolla da tutto l'universo, continua a tirare, continua a tirare e continua a tirare fino a quando il tuo cuore si apre veramente.

Quando accade… stai con quell'energia per un momento… e poi… lascia che dei piccoli rivoli di energia escano e raggiungano chiunque e qualsiasi cosa nell'universo ti aiuterà a creare quella realtà che ancora non conosci.

La "bolla di energia" che hai creato basandoti su come ti sentiresti se nella tua vita si mostrasse quello che desideri, in realtà non è solamente basata sulle sensazioni, è basata sulla consapevolezza dell'energia che ci sarebbe se veramente avessi quello che hai chiesto. "Sensazione" è solo la maniera più facile per descrivere tutto questo.

Quindi, cerca quella "sensazione" perché troverai l'energia dell'esistenza che ti piacerebbe creare. Dopotutto, tu l'hai scelta. Creiamola! *Tutto ciò che non permette a questo di mostrarsi, lo distruggerai e s-creerai, per favore? Giusto e Sbagliato, Bene e Male, Tutti e Nove, POD e POC, Shorts, Boys e Beyonds.*™.

Tutte le proiezioni, le aspettative, le separazioni, i giudizi e le repulsioni che hai riguardo a cosa deve essere la vita, che non permettono alla tua esistenza di essere quello che potrebbe essere, le distruggerai e s-creerai tutte, per favore? Giusto e Sbagliato, Bene e Male, Tutti e Nove, POD e POC, Shorts, Boys e Beyonds.™

Questo è un modo per avere un'energia da poter seguire per generare l'esistenza che desideri. Quando qualcosa si mostra e ha quell'energia (in altre parole, quando provi la stessa sensazione che quella "bolla di energia" ti ha dato) puoi scegliere di seguirla.

Per esempio, se stai decidendo tra due lavori diversi e uno dei due ha un po' più di quell'energia, scegli quello. Oppure, se vuoi uscire con due persone diverse e in una di queste persone percepisci un'energia più simile a quella della bolla, esci con quella. E così via... con il cibo, le macchine, i viaggi, le case, i corsi da frequentare, i libri da comprare, ecc. Così facendo saprai se una persona, un corso o un libro contribuiranno alla vita che vorresti veramente, prima ancora di sprecare tempo o denaro! Come può essere ancora meglio di così?

Ora, potrai avvicinarti a quell'energia della tua esistenza o potrai allontanartene, ma potrà essere SEMPRE una consapevolezza di cosa significa scegliere per te stesso.

Puoi usare questo come una cartina tornasole per qualsiasi cosa dovrai scegliere:

Sembra la sensazione che ho provato con la bolla di energia? Mi avvicinerà a ciò che desidero? Mi darà più di me stesso? Mi avvicinerà ad avere più di me o mi allontanerà?

Così almeno lo saprai, **tu sai!** Può essere una linea guida per ogni singola scelta che farai da qui in avanti.

L'energia di te, l'energia della tua esistenza.

Leggero = Vero. Tu SAI.

Senti l'energia delle parole in questo libro.
Come si posano su te? In modo leggero o pesante?

Tieni presente che quello che è vero ti fa sempre sentire più leggero.
Una bugia ti fa sempre sentire più pesante.

Se ti fa sentire più leggero significa che è vero per te, per quanto
strane le parole ti possano sembrare. Forse non sarà vero per nessun
altro, ma è vero per te.

Lascia che lo ripeta ancora:

Qualcosa che per te è vero ti farà sempre sentire più leggero.
Una bugia ti farà sempre sentire più pesante.

Sì l'ho detto due volte. Ma due volte potrebbe non essere
abbastanza perché tu mi creda. Vedi, una delle regole
di queste realtà è che non dovresti essere in grado di sapere.

Eppure è una delle tue capacità di base.

Questo è un modo per sapere tutto quello che è giusto per te
e tutto ciò che è "sbagliato" per TE. Siccome ci hanno
insegnato che non possiamo SAPERE, passiamo tutta la vita
a cercare di capire tutto.

Come sarebbe se semplicemente tu SAPESSI? Come sarebbe se fosse
molto più semplice e *molto più veloce* che cercare di capire?
Cos'è più veloce: pensare o sapere? Sapere, giusto?
Come sarebbe se quello che è vero per te ti facesse semplicemente

sentire leggero e quello che non lo è no? Non hai desiderato tutta la tua vita un modo facile per avere la consapevolezza di quello che è vero per te? Non renderebbe la tua vita MOLTO più semplice? Dunque, te lo ripeto:

La verità ti rende sempre più leggero. Una bugia ti rende sempre più pesante.

Quindi, anche se quello che stai leggendo qui va contro ogni cosa che hai pensato prima di aprire questo libro, se ti fa sentire più leggero, probabilmente per te è vero.

Se ti fa sentire più pesante allora è una bugia. Quindi, se leggi qualcosa in questo libro che ti appesantisce: o non è vero per te, o entra in conflitto con qualcosa che in passato hai deciso che era vero. Se non è vero per te, NON BERTELO! Puoi comunque continuare a ricevere tutte le altre parti di questo libro che sono vere per te.

La cosa strana è questa: alcune delle più grandi limitazioni che creiamo, sono le cose che abbiamo deciso che sono vere... ma che in realtà non lo sono.

Mettiamo che tu abbia deciso che tua madre ti odia profondamente. O diciamo che hai deciso che c'è una mancanza di cura amorevole o di amore nel mondo. Fai una prova. Ti fanno sentire più leggero? Se è così, è vero. Se ti fanno sentire più pesante, è una bugia.

Per favore, tieni presente: bersi il punto di vista di qualcun altro, anche se è vero per loro, ti farà sempre sentire più pesante, perché non è vero per te. Non è il tuo punto di vista, caro, dolce, bellissimo te.

Quello che è vero per te ti farà sempre sentire più leggero. Sempre. Se è pesante, o è una bugia o non è il tuo punto di vista. Punto. Veramente. Sul serio.

In questo libro esamineremo diverse cose che potresti esserti bevuto come vere, anche se non lo erano e anche se non ti sono più utili.

Saresti disposto a scegliere qualcosa di completamente diverso ora? Come? Ecco come iniziare:

Per favore, mentre leggi questo libro usa questo strumento! Ancora, ancora e ancora, fatti la domanda, *leggero o pesante?*

Anche se non pensi di sapere cosa sia o cosa si prova. Quando farai questa domanda (che consiste nell'applicare uno strumento molto semplice, ma estremamente dinamico) riceverai la consapevolezza di quello che significa questa cosa del leggero e pesante.

Come disse una donna durante un corso: *"Stavo chiedendo se le cose erano leggere o pesanti, pensando che tanto non avrei percepito nulla. Poi un giorno, tre settimane più tardi, semplicemente SAPEVO. Ho fatto una domanda e <u>SAPEVO</u>! E questa conoscenza invece di lasciarmi, ha continuato a crescere. Certo, alcune volte lo nego (soprattutto quando voglio fare una scelta che so che non funzionerà per me) ma questo strumento ha cambiato TUTTO. Grazie!"* (L.H., Denver, Colorado, USA)

Ecco un altro modo di usare questo strumento: se qualcosa, quando ne senti parlare o pensi di farla, è leggera per te, quella leggerezza solitamente sarà il risultato che si creerà nella tua vita se la sceglierai. Se quando pensi di fare quella cosa percepisci pesantezza, quello solitamente sarà il risultato che si creerà.

Per esempio, diciamo che sei al bar e stai bevendo il tuo caffè triplo macchiato caldo, con quattro zollette, aggiunta di caramello e doppia panna montata e inizi a conversare con un uomo molto attraente. Anche se pare che critichi la tua scelta di caffè, mentre lui ordina il suo tè alle erbe, senza latte, senza teina, senza zucchero, ti chiede di uscire. Tu non sai perché, ma mentre lui fa la sua domanda percepisci una strana pesantezza. Quella pesantezza e un'indicazione di ciò che succederà se accetterai di uscire. Perché? Perché nel momento stesso in cui ti viene chiesto di uscire, puoi vedere cosa accadrà nel futuro se dirai sì o no. TU SAI, ecco come funziona.

Tu sai, anche se non desideri sapere che sai queste cose. Ma se ti guardi indietro, non hai sempre saputo? Non sei sempre stato consapevole di quando le cose non si stavano mettendo bene per te? In questo esempio, non devi nemmeno andare all'appuntamento per ricevere le informazioni su come sarà il futuro. Qualcosa che tu percepisci leggero si trasformerà in leggerezza, per te.

Nel caso dell'appuntamento menzionato sopra, potrebbe essere che l'uomo attraente in realtà non fosse solo attraente, ma che giudicasse anche le scelte altrui in fatto di cibo, o forse giudicasse in generale.

Nel caso non l'avessi ancora capito, uscire con la gente che giudica non è divertente. Quando vieni giudicato, per qualsivoglia motivo, è sempre pesante. (Una cosa carina da sapere: a meno che non si tratti di familiari, puoi scegliere di non uscire con la gente che giudica, se non vuoi.)

Un'altra cosa: se vuoi avere una vita divertente, scegli quelle cose che ti rendono leggero quando le pensi, perché sono le cose che ti condurranno ad altra leggerezza quando le sceglierai.

Oltre il
Giudizio

I Re e le Regine del Giudizio

Perché su questo pianeta le persone più limitate vincono sempre?

Perché rinunciamo sempre alla nostra realtà e alla nostra consapevolezza e ci ritraiamo di fronte alle persone con il punto di vista più limitato e che giudicano di più?

Perché dici: *"Oh, visto che mi stanno giudicando così duramente, devono aver ragione"* oppure: *"Oh, visto che sono così stronzi, devono aver ragione"*.

Il fatto che ti giudichino così duramente non significa che hanno ragione, mio bellissimo amico.

Significa solo che sono i re o le regine del giudizio.

— Capitolo 2 —

Io Sono.
Quindi Sono Sbagliato.
Giusto?

Conosci qualcuno nella tua vita che assolutamente non ti giudica? Almeno una persona?

Se hai una persona che non ti giudica, ti rendi conto di quanto sia nutriente e benefico stare al suo fianco? Come dopo soli 10 minuti in sua compagnia il tuo intero essere e il tuo corpo si rilassano?

Come sarebbe se tu fossi quella persona?

Per te stesso?

Come saresti percepito se qualcuno fosse disposto a percepire tutto di te senza giudizio? Come percepiresti te stesso se percepissi tutto di te senza giudizio?

Non hai desiderato questo per tutta la vita?

In ogni caso tu metti sempre delle clausole. Di solito dici: *"Posso averlo solo se… Sono perfetto."* O *"Posso averlo solo se… coincide con quello che tutti gli*

altri pensano sia possibile." O "Posso averlo solo se… finalmente mi libererò da
tutto quello che ho deciso che è sbagliato in me." O "Posso averlo solo se…posso
finalmente rendere felici i miei genitori (o chiunque altro sia importante per me)".

Come sarebbe se invece dicessi: *"Bene, sceglierò ed esigerò di smetterla di*
giudicarmi e inizierò a percepire, sapere, essere e ricevere tutto di me, senza giudicarmi".

Tutto ciò che non permette a questo di mostrarsi, per un dioziliardo di volte, lo
distruggerai e s-creerai tutto, per favore? Giusto e Sbagliato, Bene e Male, Tutti e
Nove, POD e POC, Shorts, Boys e Beyonds.™ Grazie.

Come sarebbe se questo fosse possibilile? Potresti considerare di
averne di più? Anche se nessuno ti ha mai insegnato come? Per me è
un aspetto essenziale dell'essere te: percepire, sapere, essere e ricevere
te stesso senza giudicarti. A mio avviso, una delle cose più tristi in
questo mondo è che nessuno ci insegna quanto questo sia di valore,
figuriamoci come fare ad esserlo.

Le persone ti insegnano come adeguarti a questa realtà. Ti insegnano
come giudicare. Ti insegnano come separarti dagli altri e come renderti
sbagliato, come cercare di vincere e come non perdere e in apparenza
"a cavartela". Ma non ti insegnano come Essere. Ti insegnano come
pensare, come superare i test, come guidare, come leggere, come fare
matematica. Ma non ti insegnano mai come Essere.

Quando parlo di quest'idea di essere, non è qualcosa che impari. Ma è
qualcosa che puoi scegliere di Essere. Spesso da parte nostra richiede
DIS-imparare. Come sarebbe se Essere fosse completamente diverso
da quello che pensavi?

Come Sarebbe se Non ci Fosse Niente di Sbagliato in Te?

Ti sei mai accorto di quanto sia risanante e nutriente stare vicino a dei
bambini? Sai perché? Perché non vieni giudicato. Loro ti vedono senza

punti di vista, come un essere. In realtà permetti a te stesso di essere te senza giudizio.

I bambini non hanno il punto di vista che dovresti essere diverso da quello che sei in quel momento, ai loro occhi non sei sbagliato. Quanta della tua vita hai passato credendo di essere sbagliato?

OK, questa è una cosa che so:
Non c'è nulla di sbagliato in te.
Non sei sbagliato.
Sei una delle giustezze più grandi che l'Universo abbia mai visto.

Ci è stato insegnato a creare le nostre intere vite attraverso il giudizio, tranne in quei rari momenti di spazio che abbiamo nella vita. Nel 99,999999999999% della tua vita funzioni dal giudizio.

Ora, la cosa interessante, è che persino nel leggere la frase qui sopra hai pensato:

"Oh mio Dio! Sono proprio cattivo! Sono proprio sbagliato per averlo fatto!"

Questo, mio bellissimo amico, è giudizio. Di te stesso. Di nuovo.

Se non ci fosse nulla di sbagliato in te e nulla da disfare, da dove inizieresti? Da dove cominceresti? Che cosa sceglieresti?

La maggior parte di noi sta cercando di disfarsi dell'erroneità ancor prima di cominciare. Sappiamo che in noi deve esserci qualche erroneità innata, perché riusciamo a sentircela nelle ossa. Questa è la cosa di cui tutti siamo sicuri.

Allora pensi: "Se solo riuscissi ad avere la relazione giusta, o abbastanza soldi, o i figli più carini di questa terra, allora smetterei di sentirmi sbagliato". Poi ottieni tutte queste cose e ti senti ancora sbagliato. Sai perché? Perché l'idea che ci sia qualcosa di sbagliato in te è una bugia e non puoi cambiare una bugia in una verità. Puoi solo avere la consapevolezza che è una bugia e smettere di crederci!

Osserviamo per un attimo ciò che è di valore in questa realtà... Una delle cose a cui diamo più importanza in questa realtà è il giudizio, come se questo fosse la consapevolezza o come se fosse un modo per creare qualcosa.

Ogni volta che giudichi ti separi dalla persona o dalla cosa che stai giudicando, ma, per fare questo, non ti stai anche separando da te stesso?

Tutto quello che hai creato e istituito per separarti da te stesso, bevendo la bugia che il giudizio è reale e vero per te, lo distruggerai e s-creerai tutto, per favore? Giusto e Sbagliato, Bene e Male, Tutti e Nove, POD e POC, Shorts, Boys e Beyonds. ™ *Grazie.*

❧ ❧ ❧

La Tua Vita Ha Niente a Che Fare Con Te?

Una volta, mentre tenevo un corso a Montreal, incontrai un uomo che 10 anni prima aveva venduto la sua azienda e aveva fatto più soldi di quanti chiunque possa mai sperare di fare. Era "a posto per la vita". Aveva le macchine, aveva le case, aveva le donne, aveva la rendita e tutto ciò che riusciva pensare era: *"È tutto qui?"*

Questa realtà ci dice che se hai abbastanza soldi, se hai quel tipo di macchina, quel tipo di casa, quel tipo di relazione, allora sarai felice e soddisfatto. *Chiedi a te stesso: questo è vero per me?*

Non importa in quale ambito stai usando questa realtà come standard per una vita di successo, quando lo raggiungi, non è ancora abbastanza. Perché? *Perché tu non sei incluso.*

Molte persone con cui lavoro mi dicono: *"Ho avuto questa relazione, ma non ha niente a che fare con me."* Io chiedo: *"E quanto del resto della tua vita non ha niente a che fare con te?"* e loro si accorgono: *"Oh mio Dio. Niente."*

La maggior parte delle persone che stanno vivendo le loro vite normali, medie e ordinarie non lo capiscono. Ovviamente, va contro tutto quello che abbiamo imparato sul convalidare i punti di vista degli altri e il difendere questa realtà ad ogni costo.

Mi guardo attorno e vedo che la maggior parte delle persone cercano di dimostrare che quello che stanno scegliendo è giusto e cercano di comprovare la giustezza che hanno deciso di dover avere, mentre allo stesso tempo percepiscono nel loro universo che in qualche modo sono sbagliati. In altre parole, stanno cercando disperatamente di fare la cosa "giusta", quando invece, in un modo o nell'altro, si sentono terribilmente sbagliati. Questo punto di vista finisce col guidare la loro vita. Non sanno nemmeno *perché* sono sbagliati. Sanno solo *che* sono sbagliati.

Qualsiasi sia la ragione e la giustificazione, li allontana dal vedere sé stessi. Li allontana dall'avere quello che veramente vorrebbero generare e creare nella vita. Impedisce loro di provare la vera pace o la vera felicità. È anche il tuo caso? *Non deve essere per forza così.*

Il motivo principale per cui 11 anni fa stavo contemplando di uccidermi, era perché ero stanco dell'incessante sensazione che pervadeva la mia vita che ci fosse qualcosa di sbagliato in me che non potevo cambiare. Io e le migliaia di persone con le quali ho lavorato in questi ultimi 11 anni, siamo le prove viventi che non deve necessariamente essere così. Può cambiare! È per questo che ho scritto questo libro, in modo che tu sappia che il livello di cambiamento che hai chiesto, esiste.

Quindi, se ti sei sentito sbagliato o se hai mai creduto che non puoi cambiare ciò che desideri disperatamente cambiare, riconosci semplicemente che è dove ti trovi ora. La disponibilità ad avere quella vulnerabilità con te stesso può cambiare tutta la tua vita.

Poi chiediti:
Cos'altro è possibile?

(Ti sei accorto che anche questa è una domanda?)

Mister DeMille, Sono Pronta Per il Mio Primo Piano!
(n.d.t.: citazione dell'attrice Gloria Swanson nel film Sunset Boulevard)

Quante volte nella tua vita ti sembra solo di stare interpretando un ruolo? *"Perché sto interpretando questa parte? Io non la voglio. Dov'è la mia scelta?"* Nella tua vita a un certo punto hai deciso che ruolo avresti interpretato, quindi hai scelto il personaggio, il costume e il contributo a questo ruolo nelle diverse situazioni. Perché? Semplicemente perché l'hai fatto.

D'altro canto, è come se stessi vivendo la vita di qualcun altro o il punto di vista di qualcun altro, eppure continui a interpretare quel ruolo come se fosse la somma totale di te e l'unica scelta che hai.

Ci sono alcune donne che ricoprono il ruolo di protagonista. Ovunque si trovino e qualsiasi cosa facciano, sono protagoniste. Entrano in una stanza e tutti pensano: *"Ecco, è arrivata la star"*.

Come succede questo? Come facciamo a saperlo? Perché è il ruolo che hanno scelto.

Anche se il personaggio che rappresentano è diverso in ogni momento e situazione, loro sono sempre le star. Il tuo ruolo potrebbe essere: *"Sono quello più emotivo"* o *"Sono quello più ricco"* o *"Sono la star del sesso"* o ancora *"Sono una povera vittima"*. Oppure potrebbe essere qualcosa di completamente diverso. Solo tu lo sai.

Per esempio, alcune persone decidono: *il mio ruolo è essere uno spazzino e sentirmi come un mucchio di rottami. Quindi, come potrò svolgere questo ruolo con la mia famiglia? Ah sì, sceglierò una famiglia dove tutti sono ricchi e io non trovo il modo per fare soldi, così posso sentirmi un mucchio di ciarpame tutto il tempo. Come potrò farlo in una relazione? Sceglierò qualcuno a cui non piaccio e che me lo dica continuamente! Come lo farò al lavoro? Ci sono! Lavorerò al McDonalds© e non lo lascerò mai.*

Quando interpretano il loro personaggio, non ti sembra che la maggior parte delle persone parlino dalla loro biblioteca di nastri registrati?

Questo è il nastro numero 27:

"Come stai oggi? Sono andato a vedere un bellissimo film. È stato stupendo. Cosa ne pensi di Barack Obama? Avverrà davvero il cambiamento? Io non credo. Che cosa mi dici di John McCain? Anche di lui non so niente. Forse è un politico. Repubblicano, da quello che ho sentito."

Ci sono le mogli di Stepford, i figli di Stepford, gli uomini Stepford *(n.d.t.: dal romanzo: "La fabbrica delle mogli" di Ira Levin, dove una moglie sospetta che i suoi perfetti vicini di casa, in realtà siano dei robot creati dal marito)*
Sono il nastro numero 27, nastro numero 432, nastro numero 37. *'Oh, hai risposto con il nastro numero 30, il numero 31, il numero 31A. Hai risposto con il nastro numero 36, ti risponderò con il nastro numero 36A".*

Così è come la maggior parte della gente comunica. La maggior parte delle persone non sono presenti. Tutto quello che fanno è mettere su quel nastro, quello successivo e quello dopo ancora. È come se fossero in un vorticoso parlare di niente.

Funziona veramente per te?

O, quando il nastro numero 31 ricomincia, ti sembra che tutta la tua vita sia stata una bugia?

Credo che la maggior parte di noi lo abbia provato. Qualcuno di noi si sente così per tutta la vita. Altri si sentono così soltanto per il 90% delle loro vite. La gente che è veramente felice si sente così solo l'85% della sua esistenza.

Ma quanti di noi pensano e dicono: *"Sai una cosa? Ho la sensazione che la mia vita non abbia niente a che fare con me".* Invece continuiamo a dire: *"No, devo farla funzionare. Devo farla funzionare. Devo controllarla. Devo farla funzionare. Devo controllarla.. Deve funzionare. Devo controllarla. Ho solo bisogno di cambiare quella cosa e poi potrò farla funzionare..."* Anziché osservarla e dire: *"Sai una cosa? mi sembra di averla resa così fo****mente sbagliata che non voglio che nessuno sappia quanto l'ho resa sbagliata, me incluso."*

Vedi, questa è una cosa che devi capire: spesso ti sembra più reale escluderti dall'equazione della tua vita piuttosto che essere presente in essa.

Come sarebbe se tu fossi così presente e conscio di quello che desideri che sia la tua vita, che nessuno potrebbe allontanarti da essa, perché non convalideresti più la realtà di nessun altro, ma invece saresti totalmente consapevole della tua realtà e imperturbabile nell'esigere di crearla?

Tutto ciò che non permette a questo di accadere, saresti disposto a distruggere e s-creare tutto ora, per favore? Giusto e Sbagliato, Bene e Male, Tutti e Nove, POD e POC, Shorts, Boys e Beyonds.[TM]

Sarebbe strano, eh?

Saresti disposto ad avere molto più di questo? Come sarebbe se tutto quello che non funzionava nella tua vita fosse stato semplicemente perché avevi scelto e interpretato quei ruoli che non funzionavano per te?

♋ ♋ ♋

Come Sarebbe se Potessi SCEGLIERE Che Ruolo Interpretare?

Saresti disposto a provare qualcosa di diverso? Non sto dicendo di gettare via i tuoi ruoli, i tuoi personaggi e i tuoi costumi. Sto dicendo di diventarne consapevole ed essere consapevole quando li stai scegliendo. Come sarebbe se invece di credere che sei il tuo ruolo, potessi scegliere il tuo ruolo e generare una vita che senti realmente vera per te?

È perfettamente normale rivestire un ruolo quando è necessario. Sarebbe insensato aspettarsi che tu possa gettarli tutti via. Perché dovresti? Hai dei ruoli che devi interpretare perché nella tua vita la gente si aspetta delle cose da te.

Riconosci semplicemente quando stai interpretando un ruolo e scegli di interpretarlo quando è necessario. In questo modo sei tu che possiedi il ruolo e puoi usarlo per creare una vita migliore, piuttosto che farti possedere da lui e far condurre la tua vita dal pilota automatico.

Ecco alcune domande che puoi usare la prossima volta che dovrai fare una scelta, per dare a te stesso delle scelte e delle possibilità diverse:

1. In questa situazione sto interpretando un ruolo? In questa situazione, se fossi davvero me stesso, cosa potrei scegliere? *Tutto ciò che non permette a questo di mostrarsi, lo distruggerai e s-creerai tutto ora, per favore? Giusto e Sbagliato, Bene e Male, Tutti e Nove, POD e POC, Shorts, Boys e Beyonds.*™

2. Se adesso non stessi scegliendo questo ruolo, cos'altro potrei scegliere? *Tutto ciò che non permette questo di mostrarsi, lo lascerai andare tutto ora, per favore? Giusto e Sbagliato, Bene e Male, Tutti e Nove, POD e POC, Shorts, Boys e Beyonds.*™

3. Se avessi delle opzioni più grandi di quelle che ho considerato nel passato, cosa sceglierei? *Tutto ciò che non permette a questo di mostrarsi, lo lascerai andare tutto ora per favore? Giusto e Sbagliato, Bene e Male, Tutti e Nove, POD e POC, Shorts, Boys e Beyonds.*™

4. Se ora potessi scegliere qualsiasi cosa volessi, cosa sceglierei? *Tutto ciò che non permette a questo di mostrarsi, lo lascerai andare tutto ora per favore? Giusto e Sbagliato, Bene e Male, Tutti e Nove, POD e POC, Shorts, Boys e Beyonds.*™

5. Se avessi una bacchetta magica che potesse trasformare questa situazione come vorrei, cosa si mostrerebbe? Poi USA LA TUA BACCHETTA MAGICA! POC E POD a tutto quello che non permette a questo di mostrarsi subito. *Giusto e Sbagliato, Bene e Male, Tutti e Nove, POD e POC, Shorts, Boys e Beyonds.*™

Per Tutti Coloro Che Non Si Sentono di Questo Pianeta

Eccoci arrivati a qualcosa di un po' strano. Puoi saltare questa parte se vuoi. Innanzitutto controlla se è leggera per te...

Vedi, sembra che esistano due diverse tipologie di persone, quasi come se su questo pianeta ci fossero due specie diverse. Noi affettuosamente diamo loro due nomi, ma iniziamo col chiamarli **persone-mucca** e **persone-cavallo**, va bene?

Le persone-mucca sono quelle che sanno di avere ragione. Vedi come le mucche sono disposte a rimanere nel loro campo a ruminare aspettando di diventare hamburger e tutto questo per loro va bene? Non vogliono mai muoversi troppo velocemente. Non vogliono cambiare nulla e sono molto più felici se rimangono sedute nel loro posticino, senza muoversi più di tanto, senza fare più di tanto... e senza mai cambiare nulla...

Ora, la cosa importante è che le persone-mucca sanno sempre di avere ragione. Loro sono sempre giuste e tu sei sempre sbagliato. Non si interrogano, non ne hanno bisogno perché sanno di essere nel giusto.

Stanno consumando il pianeta a una velocità impressionante, senza chiedersi nulla e vogliono solo ottenere la loro fetta prima che il pianeta venga divorato e prima che chiunque altro ottenga la propria.

Quello che una persona-mucca potrebbe dire è:

"Sai una cosa? Dovresti davvero smettere di fare tutte quelle stro***te strane che stai facendo! Perché continui a cercare e a fare cose strane? Non puoi farla finita? Non puoi finalmente essere felice standotene seduto sul divano come una patata lessa, a fare zapping e a bere birra? Ah, tra l'altro, la storia del riscaldamento globale non è vera." Questo è il punto di vista di una persona-mucca.

L'altro tipo di persone invece, le persone-cavallo, chiedono sempre: *"Cos'altro è possibile?"*

Tu sai quanto ai cavalli piaccia correre e saltare e giocare e fare sesso e mangiare e correre e saltare e fare sesso e correre e saltare e giocare e fare sesso e mangiare e chiedersi:

"Cos'altro posso fare? Mi chiedo se posso saltare quell'ostacolo! Oh mamma, l'ho fatto! Hai visto? Andiamo, dai un'occhiata e saltalo! È stato troppo divertente! Cos'altro possiamo saltare? Dove altro potremmo andare? Cos'altro è possibile?"

Questo è il punto di vista di una persona-cavallo.
Se sei una di quelle persone che ha passato tutta la vita cercando qualcosa di diverso, sei una persona cavallo.

Io ti chiamerei umanoide.

Persone-cavallo: umanoidi. Persone-mucca: umani.

Non importa quale di questi due sei tu.

La mia ipotesi è che dal momento che non hai ancora gettato questo libro fuori della finestra, probabilmente sei un umanoide.

Ti prego, tieni presente questo: potrei ancora irritarti immensamente. Immensamente!

Saresti Disposto a Essere Tanto Diverso, Quanto Sei in Realtà?

La maggior parte degli umanoidi si è giudicata per tutta la vita, chiedendosi perché non riesce ad adeguarsi, perché non è contenta di fare lo stesso lavoro alla catena di montaggio per vent'anni, per poi ricevere un orologio di plastica, andare in pensione e morire. Se ti sei mai chiesto: *"Perché questo non funziona per me quando funziona per tutti gli altri?"* allora sei un umanoide.

Quello che devi capire è che gli umani non desiderano cambiare. Non desidereranno mai cambiare fino a quando gli umanoidi (tu) capiranno che in realtà essere diversi è prezioso.

Allora gli umani sceglieranno una possibilità diversa perché vogliono essere come tutti gli altri. Questo è il loro punto di vista. In questo momento tutti giudicano, sono meschini, scortesi, si separano dagli altri e cercano di consumare tutto. Sul pianeta questa è la maggioranza.

Quindi, indovina un po'? Fino a quando non comincerai a essere la differenza che tu sei: quello che non giudica, la gentilezza, la cura amorevole, la gioia, la pace, la connessione e la consapevolezza di una possibilità diversa, gli umani non avranno alcuna motivazione per cambiare.

Non sto dicendo che gli umanoidi sono migliori o che gli umani sono cattivi o inferiori, quello che sto dicendo è che sono diversi. **Tu sei diverso!**

Quanto spesso senti di non appartenere?

Perché pensi che sia così? Perché sei un tipo di persona diverso, forse addirittura una specie diversa. Non ti adatti a nessuno status quo, mai, e, se lo fai, resisti e reagisci come un pazzo perché in realtà tu detesti adeguarti, anche se ti comporti come se lo desiderassi.

Ho ragione?

Stop!

Alcuni di voi hanno iniziato a sentirsi a disagio. Alcuni stanno pensando: *"Sta giudicando gli umani. Sta giudicando tutte le persone con le quali* sono cresciuto, che vivono ancora nella stessa città, nella stessa via e che fanno lo stesso lavoro da quando sono usciti dalle superiori".

Questa è una di quelle cose che non si fa: giudicare qualcun altro...
Certo, tu sei perfettamente felice quando stai giudicando te stesso. Sei assolutamente disposto a permettere alle stesse persone che non giudicheresti mai, di giudicarti. Lo fai senza sosta un giorno sì e l'altro pure. Ma non giudicheresti mai qualcun altro... Perché non sarebbe carino.

Come sarebbe se tutta questa conversazione non riguardasse il giudicare gli umani? Come sarebbe se servisse per farti uscire dal giudizio che hai di te stesso perché sei diverso? Come sarebbe se fosse solo per riconoscere la differenza di come le persone scelgono di funzionare? Tutto qui.

Come sarebbe se semplicemente riconoscessi: *"Va BENE essere me stesso. Sono solo diverso. E allora?"*

∽ ∽ ∽

Facciamo un Test: Pensi di Essere Una Persona Che Giudica?

Quante volte nel corso della tua vita, o anche mentre stai leggendo questo libro, hai avuto il piccolo pensiero strisciante che potresti essere davvero MOLTO giudicante? Una persona cattiva ed enormemente giudicante.

Lascia che ti dica una cosa (e per favore imprimitelo nel cervello):

Se hai MAI pensato di essere giudicante, NON lo sei.

Chi giudica non pensa mai che sta criticando, sanno semplicemente di avere ragione.

Quindi, tutto quello che hai fatto per credere alla bugia che sei giudicante, quando l'unica persona che realmente giudichi sei tu, distruggerai e s-creerai tutto ora, e inizierai ad uscire fuori dal giudizio di te stesso, per favore? Giusto e Sbagliato, Bene e Male, Tutti e Nove, POD e POC, Shorts, Boys e Beyonds.^{TM} *Grazie.*

Mettiamo il caso che tu stia camminando di fianco a qualcuno che ha giudizi sul proprio corpo. Lo guardi e percepisci tutti i giudizi che questa persona sta infliggendo al suo corpo e a sé stesso e per il fatto che puoi percepirli, pensi che questi giudizi siano i tuoi. A questo punto pensi: *"Oh, critico così tanto il corpo delle persone. Non posso credere di stare giudicando il corpo di qualcuno in questo modo!"*

Stai veramente giudicando il loro corpo o sei consapevole dei giudizi e delle proiezioni che le persone hanno sul proprio corpo? Questo significa che sei critico o significa che sei veramente consapevole? Tieniti pronto a praticare l'*allowance* (per la spiegazione si veda più avanti nel libro). Hai mai incrociato una persona obesa e giudicato la loro taglia? Poi ti sei giudicato per essere stato così critico?

Ecco un'altra cosa a cui normalmente non hai mai pensato: hai mai visto qualcuno che pensavi fosse davvero sexy e con il quale avresti voluto fare sesso? Ovvio, vero? Ti sei mai chiesto: "È un mio punto di vista o sto percependo la proiezione di ciò che loro vogliono che io (e di solito anche tutti gli altri) pensiamo di loro?"

Prova. Sarai sorpreso nell'accorgerti che la maggior parte delle persone proietta quello che vogliono che tu pensi di loro e dei loro corpi.

Una donna mi disse: "Mi chiedevo come potessi essere così critica quando in realtà mi prendevo cura delle persone. È stato così fino a quando ho iniziato a farmi questa domanda e ho capito che, lungi dall'essere giudicante, sono in realtà molto consapevole."

Ma forse per te questo non è vero. Forse sei davvero giudicante come pensi di essere.

(Ti ha fatto sentire più leggero o più pesante? Stai cominciando a capire come questa cosa del leggero/pesante funziona???)

Quindi, lasceresti andare tutto quello che hai fatto per bere la bugia che sei critico perché puoi percepire, e hai sempre percepito, le limitazioni dalle quali le persone funzionano? Come quando guardi qualcuno e pensi: *"Questa persona fa il superiore. Quello è egoista. Quest'altro è scortese con le persone"*. E poi pensi: *"Oh mio Dio, sto giudicando!"* No, è molto probabile che tu NON stia giudicando. È più probabile che tu stia avendo la consapevolezza di come loro stanno scegliendo di funzionare nella loro vita.

Qualcuno mi ha chiesto: *"E se fosse semplicemente quello che voglio sentire? E questo spiegasse perché mi sembra leggero?"* Lascia che ti faccia un altro esempio.

Diversi anni fa la madre del mio amico Gary era in ospedale, prossima alla morte. Un giorno a pranzo lui ebbe una strana sensazione e pensò che forse sua madre era passata oltre. Guardò l'orologio e vide che erano le tredici e quaranta. Quando mentalmente si chiese se la madre fosse morta, sentì più leggerezza sul "sì".

Alcune ore più tardi sua sorella lo chiamò per fargli sapere che sua madre era morta alle tredici e quaranta, esattamente alla stessa ora in cui Gary ebbe quella sensazione. Sebbene non fosse qualcosa che necessariamente avrebbe voluto sentire, quando si chiese se sua madre fosse morta, lo fece sentire più leggero.

Questo è il livello di consapevolezza che puoi raggiungere quando vai oltre il giudizio. Dato che Gary non aveva alcun giudizio se fosse una cosa buona o cattiva che la madre fosse morta, non c'era carica emotiva e riuscì ad avere quella consapevolezza con un senso di leggerezza.

Il Torto: la Nuova Ragione?

Uno dei più grandi regali che puoi farti è la disponibilità ad avere torto, senza doverti giudicare per questo. E finalmente puoi smettere di cercare invano di dimostrare che sei perfetto dovendo sempre aver ragione.

Ecco, proviamolo per un momento. È uno strumento che ho ricevuto dal mio amico Gary. Dillo ad alta voce per 10 volte.

Tu hai ragione. Io ho torto.

Tu hai ragione. Io ho torto.

Tu hai ragione. Io ho torto.

Tu hai ragione. Io ho torto.

Tu hai ragione. Io ho torto.

Tu hai ragione. Io ho torto.

Tu hai ragione. Io ho torto.

Tu hai ragione. Io ho torto.

Tu hai ragione. Io ho torto.

Tu hai ragione. Io ho torto.

Ti senti più leggero o più pesante? Il 99% delle persone, quando lo hanno fatto, si sono sentite più leggere. Perché? Perché è così bello essere disposti ad avere torto e non dover sempre dimostrare di avere ragione.

Una donna che aveva usato gli strumenti di Access per un po' di tempo, andò a far visita a sua madre. Solitamente la loro routine era che la madre faceva continuamente aspre critiche alla figlia per tutte le cose che lei non faceva bene (come andare in chiesa, sposarsi, avere bambini e tutte quelle cose lì). Chiamò Gary chiedendogli cosa avrebbe potuto fare. Gary le rispose: "Dille, hai ragione mamma, io ho torto". Per tre volte.

La donna rispose che non poteva, dato che non aveva fatto nulla di sbagliato. Gary le disse: "Lo so che non hai fatto nulla di sbagliato. Dillo e vedi come vanno le cose".

La donna lo fece. Chiamò Gary entusiasta. Aveva fatto come Gary aveva suggerito e dopo la terza volta sua madre l'aveva abbracciata dicendo: "Non hai torto, cara. Hai solo fatto un errore".

La donna disse che, non solo quella fu la prima volta in 10 anni in cui fu piacevole andare a far visita a sua madre, ma che quando lei ripartì la madre le diede un assegno di 5000 dollari! Questo è il potere della disponibilità ad aver torto.

Puoi anche usare questo strumento fenomenale per cambiare le tue relazioni. Quando hai fatto qualcosa che sai che ha causato un dispiacere a qualcuno a cui tieni, puoi dire: "*Hai ragione. Io ho torto. Cosa posso fare per riparare il danno fatto?*" Se lo dici con vulnerabilità, presenza e totale sincerità, può essere il catalizzatore per creare una possibilità completamente diversa nella tua relazione e potrà sciogliere l'erroneità percepita da entrambi.

L'unico modo in cui la maggior parte delle persone è disposta a cambiare qualcosa, è quando credono che quello che stanno scegliendo è sbagliato. Sono molto impegnati a cercare di dimostrare che non hanno torto, perché credono già di avere torto. Quindi, non cambieranno nulla, perché se lo cambiassero, significherebbe che ciò che hanno scelto nel passato era sbagliato; ma non sono disposti ad avere torto anche se si sono considerati sbagliati in ogni momento della loro vita.

Questo sembra folle anche a qualcun altro? Nell'universo non esiste qualcosa come "giusto" o "sbagliato". Esso è un flusso costante di ricevere e donare. In questa realtà non è così. Questa realtà cerca di farti giudicare sbagliata ogni cosa che è grandiosa in te, così puoi adattarti ed essere non più grande del "normale".

Come sarebbe se ci fosse una grandezza che tu sei, nascosta dietro ogni erroneità che stai cercando di nascondere? Come sarebbe se tutto ciò che è sbagliato in te, o di te, non fosse sbagliato? Come sarebbe se in realtà fosse una potenza che hai e che non corrisponde a questa realtà, ma nessuno è mai stato in grado di mostrartelo?

Sei disposto ad esigere di mostrare veramente tutto ciò che per te è vero, sebbene possa essere diverso da quello che è vero per tutti gli altri? Qualunque cosa sembri? Qualunque cosa serva? Tu sei l'unico che può farlo.

Essere diversi è strano. Ma come sarebbe se fossi divertente?

Come sarebbe se non fosse un'erroneità, ma semplicemente una differenza?
Come sarebbe se la Terra ti avesse lasciato venire qui proprio per quella differenza?
Come sarebbe se la Terra ti avesse *fatto* venire qui proprio per quella differenza?
Come sarebbe se *tu* avessi fatto in modo di venire qui proprio per quella differenza?
Come sarebbe se, contemporaneamente, tutto fosse sbagliato in te e niente fosse sbagliato in te?

Come sarebbe se tutto quello che hai pensato fosse sbagliato in te, fosse lo spazio e la possibilità che sei disposto ad essere e che va <u>oltre questa realtà</u>?

Come sarebbe se fosse la gentilezza, la cura amorevole, la dolcezza, la gioia e la consapevolezza di qualcosa di diverso che tu sei e che nessun altro ha mai colto e che hai deciso che non avrebbe potuto essere e non avrebbe potuto esistere e che non era importante e che l'unica cosa importante era solo questa realtà limitata?

Come sarebbe se tu potessi iniziare ad essere totalmente diverso ora? Semplicemente essendo te?

Tutto ciò che non permette a questo di mostrarsi, lo distruggerai e s-creerai tutto ora, per favore? Giusto e Sbagliato, Bene e Male, Tutti e Nove, POD e POC, Shorts, Boys e Beyonds.™

Tutti i cambiamenti che hai evitato di scegliere perché avrebbe significato che in qualche modo eri sbagliato per quello che avevi scelto nel passato, distruggerai e s-creare tutto, per favore, e permetterai a questi cambiamenti di mostrarsi ora con facilità? Giusto e Sbagliato, Bene e Male, Tutti e Nove, POD e POC, Shorts, Boys e Beyonds.™ Grazie.

Come Lo Sai?

Come sai se stai giudicando o stai semplicemente
essendo consapevole?

Domanda da un milione di dollari, vero?

Analizza queste frasi: *"È un uomo molto attraente"*
Potrebbe essere un giudizio, vero? Oppure una consapevolezza.

"È una donna cattiva"
Anche questo potrebbe essere un giudizio. Oppure una
consapevolezza.

Allora, qual è la differenza?

Qual è?

La maggior parte delle persone pensa che se quello che stanno
percependo è "negativo", allora stanno giudicando. Se quello che stanno
percependo è "positivo", allora non stanno giudicando. In realtà, la
differenza tra un giudizio e una consapevolezza è la carica energetica
che ha per te quell'argomento, la vibrazione del tuo punto di vista.

È la carica elettrica del giudizio che ti blocca nella polarità del giusto
e sbagliato, nella conclusione e nell'indisponibilità a fare domande e a
cambiare.

Se è una consapevolezza, non ha carica!

Sei disponibile a cambiare punto di vista in qualsiasi momento, non
devi difenderlo, trattenerlo o motivarlo.
In nessun modo. È semplicemente qualcosa di cui tu sei consapevole,
in questi 10 secondi. *Come può essere ancora più leggero di così?*

A Chi Appartiene Questo?

Quante volte hai percepito l'erroneità negli altri, dove credono di essere sbagliati, dove percepiscono di essere sbagliati, quante volte puoi solo ricevere solo la loro erroneità e sapere che sono sbagliati senza ombra di dubbio?

Quanto tempo della tua vita hai passato pensando che il senso di erroneità che percepivi fosse davvero tuo, quando in realtà era ciò di cui eri consapevole del mondo intorno a te?

Quindi, verità, è tuo o di qualcun altro? O di TANTISSIMI altri?

Sembra che sia tuo. Il tuo stomaco inizia a contorcersi, senti toccare quei tasti che sono i tuoi punti deboli dove ti senti sbagliato e vuoi essere nel giusto e questa persona è sbagliata e tu lo percepisci come se riguardasse te…

Questo è il momento di chiedersi:

A CHI APPARTIENE QUESTO?

È mio o di qualcun altro? *Se improvvisamente ti senti leggero, è perché non è tuo.* Non è tuo, dolce bellissimo te. Non è tuo! Puoi rimandarlo al mittente.

Sì! Rimandarlo al mittente. Rispedirlo indietro. Liberatene. Lasciarlo andare… è il giudizio di qualcun altro.

Ricorda: non puoi occuparti di un problema che non è tuo. Non puoi cambiare un pensiero, una sensazione o un'emozione che non è tua. Ma puoi fare qualcosa di molto più semplice. Puoi semplicemente rimandarlo a chiunque appartiene, anche se non sai chi è.

Non devi farci nulla. Puoi semplicemente rimandarlo al suo creatore originale, ANCHE SE NON HAI IDEA DI CHI SIA. Rimandalo semplicemente al mittente.

Se non è tuo, mandalo indietro, con la consapevolezza attaccata.

Tu pensi sempre: *"Oh mio Dio, sembra proprio che sia mio"*.

Sai perché? Perché la tua consapevolezza è molto brillante, grande e intensa. Ti sembra SEMPRE che sia tuo, altrimenti non te lo saresti mai bevuto come se fosse tuo.

Per favore, tieni presente questo: il 98% delle tue emozioni, delle tue sensazioni e dei tuoi pensieri non ti appartengono! Sono di qualcun altro. Ma ciò di cui sei consapevole ti fa pensare che sia tuo, anche se non è così.

L'unico modo per capire la differenza è chiedere:

A CHI APPARTIENE QUESTO?

Chiedilo e se si alleggerisce, non è tuo.

Tu, quando stai essendo te stesso, sei leggero.

Tu, quando stai cercando di esser qualcun altro, sei pesante.

Oltre, Molto Oltre il Tuo

Corpo

Saresti Disposto a Provare Questo?

Appoggia le tue mani sul tuo viso.
Chiudi gli occhi.

Senti le tue mani sul tuo viso.
Senti il tuo viso nelle tue mani, le tue mani sul tuo viso.

Inspira profondamente.

Percepisci quello che si prova ad essere presente con il tuo corpo.

Connettiti con il tuo corpo e dì:
"Grazie per essere te. Quanto divertimento possiamo avere oggi?"

— Capitolo 3 —

Il Tuo Corpo Sa

Come sarebbe se tu fossi un essere infinito? Un essere che ha la capacità di percepire, sapere, essere e ricevere tutto?

Ti fa sentire leggero?

Anche a me.

Di solito mi arrabbiavo molto quando nell'ambito dei percorsi spirituali, la gente mi diceva che ero un essere infinito. Lo dicevano come se fosse stata la soluzione a tutti i problemi che avevo. Era FRUSTRANTE! Pensavo: *"Se sono un essere infinito, perché niente mi va bene? Se sono un essere infinito, perché devo lottare ogni mese per fare abbastanza soldi per pagare l'affitto?"*

Come sarebbe se semplicemente non ti avessero dato gli strumenti giusti?

Come sarebbe se tutti quanti noi ci fossimo sintonizzati con una realtà che non funziona?

Come sarebbe se questa fosse la prima volta in cui hai la possibilità di rivendicare e riconoscere te stesso?

Come l'essere infinito che realmente sei.
Sei disponibile?

Tutto ciò che impedisce questo, lo distruggerai e s-creerai tutto ora, per favore? Giusto e Sbagliato, Bene e Male, POD e POC, Tutti e Nove, Shorts, Boys e Beyonds.^{TM}

 formanformanforman

Un Sassolino nell'Oceano

Ogni volta che ti senti dinamicamente, estremamente, intensamente influenzato da qualcosa, non stai occupando abbastanza spazio. Quando cerchiamo di capire qualcosa, ci avviciniamo molto ai nostri corpi. Troppo.

Se ti espandessi di 100.000 o 200.000 chilometri in tutte le direzioni e rimanessi lì, invece di provare ad avvicinarti al tuo corpo per capire tutti i pensieri, le sensazioni e le emozioni, questi sarebbero come dei sassolini nell'oceano.

Un sassolino ha un'influenza molto esigua sull'oceano, giusto? Ma se getti un sassolino in un ditale avrà un impatto enorme. Sfortunatamente, quello che stai facendo è renderti energeticamente come un ditale, piuttosto che scegliere di essere come l'oceano.

Questa è una delle cose principali che facciamo per limitare continuamente noi stessi: ci comportiamo come se fossimo piccoli... quando in realtà siamo molto, molto GRANDI.

Iniziamo chiarendo una cosa una volta per tutte:

Tu non sei il tuo corpo.
Tu sei un essere infinito, non un corpo.
Tu sei molto più grande del tuo corpo.

Vuoi che te lo dimostri?

Proprio ora, prenditi un momento, chiudi gli occhi, espanditi e raggiungi i bordi esterni di te stesso.
Non i bordi del tuo corpo, ma del tuo essere.

Ora espanditi di 100 metri in tutte le direzioni.

Sei anche lì?

Ora espanditi di 100 chilometri in tutte le direzioni.

Sei anche lì?

Ora espanditi di 1000 chilometri in tutte le direzioni.

Sei anche lì?

Ora espanditi di 100.000 chilometri in tutte le direzioni.

Sei anche lì?

Ti sei accorto che ovunque io ti chiedessi di espanderti, tu eri lì?

Un essere così grande potrebbe mai essere contenuto in un corpo così piccolo come il tuo?

Indizio: NO!

Quindi, potresti prendere in considerazione una possibilità completamente diversa?

Tu non sei il tuo corpo. Tu sei un essere infinito. Il tuo corpo è il tuo corpo. Tu sei tu. Dovresti avere una connessione con esso (una grande connessione in realtà). Ma tu non sei la stessa cosa del tuo corpo.

Se cerchi di schiacciare un essere così grande in un corpo così piccolo, fa male.

Stai creando dolore e sofferenza nel tuo corpo perché stai cercando di comprimerti dentro di esso, perché pensi di essere grande solo quanto il tuo corpo? Stai convalidando la realtà degli altri pensando di essere solamente grande così?

Distruggerai e s-creerai tutto questo ora, per favore? Giusto e Sbagliato, Bene e Male, POD e POC, Tutti e Nove, Shorts, Boys e Beyonds.™

Come sarebbe se ci fosse un modo totalmente diverso di essere con il tuo corpo?

 споспоспо

Il Tuo Corpo Ha i Suoi Punti di Vista. Tu Hai i Tuoi.

Questa può sembrare una cosa strana: il tuo corpo ha una sua consapevolezza.

La scienza ci dice che ogni molecola e ogni atomo hanno consapevolezza. Quando le raggruppi nella forma di un corpo, conservano la loro consapevolezza.

Tutto quello che hai fatto per negare e ignorare completamente il fatto che il tuo corpo ha i suoi punti di vista, la sua consapevolezza, la sua coscienza e la sua abilità di cambiare le cose, a prescindere dai tuoi tentativi di metterti in mezzo, lo abbandonerai, distruggerai e s-creerai tutto, per favore? Giusto e Sbagliato, Bene e Male, POD e POC, Tutti e Nove, Shorts, Boys e Beyonds.™

Il primo passo per sviluppare veramente una possibilità diversa con il tuo corpo è cominciare a comunicare con lui. Inizia facendo domande al tuo corpo per ogni cosa che lo riguarda.
Sei mai stato in una relazione dove vi ignoravate a vicenda e non vi parlavate? Era divertente? Quando quella persona ti chiedeva un favore, volevi farglielo o no?

È la stessa cosa con il tuo corpo!

Quindi, per favore, permetteresti a te stesso di sviluppare una relazione grandiosa con il tuo corpo? Come? Inizia a fare domande al corpo su ogni cosa che lo riguarda. Quando dai al corpo quello che vuole, sente facilità e pace. E quando lo farai, lui ti darà quello che desideri. Davvero.

Se vuoi cambiare qualcosa, chiedi al corpo: "Cosa ci vorrebbe per cambiare questo?". Quindi, invece di dire: "*Oh mio Dio, non posso credere che il mio culo sia così grosso!*" chiedi: "*Corpo, cosa ci vorrebbe per avere quel culetto sodo, bellissimo e petit che mi piacerebbe avere? Corpo, cosa possiamo fare per cambiare questo?*"

Il tuo corpo te lo dirà. Certo, potresti anche distruggere e s-creare tutto quello che non permette a questo di cambiare, ma sarebbe troppo semplice. Le molte, moltissime persone che l'hanno già fatto hanno riportato che funziona veramente!

Continua a fare domande al tuo corpo su tutto ciò che lo riguarda.

Corpo, cosa ti piacerebbe mangiare?
Corpo, con chi ti piacerebbe mangiare?
Corpo, che tipo di movimento vorresti fare?
Corpo, che tipo di vestiti vorresti indossare?
Corpo, con che tipo di persona sarebbe divertente fare sesso?

Nutrimento Consapevole

Diamo uno sguardo alla prima domanda: *Corpo, cosa ti piacerebbe mangiare?*

Al ristorante, chiudi gli occhi, apri il menù, abbassa lo sguardo e riapri gli occhi. La prima cosa dove si poserà il tuo sguardo sarà quella che il tuo corpo vorrebbe mangiare. Come sai se avrai ordinato la cosa giusta? Sarà leggero quando la ordinerai e orgasmico quando la mangerai!

Poi mangia i primi tre bocconi di qualsiasi cibo con totale consapevolezza. In altre parole, sii pienamente consapevole dove e come si attiva ogni papilla gustativa della lingua.

Prenditi un attimo, metti il cibo in bocca e mangia solo ciò che è davvero orgasmico.

Questo è quello che piace al tuo corpo.

Una volta che l'avrai capito, lo saprai e sarà difficile mangiare qualcosa che al tuo corpo non piace, È possibile che ti incasinerai diverse volte e non capirai bene quello che è "giusto?" Molto probabile! Come sarebbe se tutto questo fosse OK?

∽ ∽ ∽

Fai Pratica nel Sussurrare al Tuo Corpo

Capire la comunicazione del tuo corpo è qualcosa che otterrai un po' alla volta. Richiede pratica. Stai letteralmente imparando un nuovo linguaggio energetico. La tua tendenza naturale è giudicarti sbagliato, cattivo e come se non ci riuscissi. Quindi, inizia a riconoscere i piccoli successi.

Durante una delle mie prime classi di Access provai questo esercizio. Ero a pranzo e chiesi al mio corpo quello che voleva mangiare. Ordinai un'insalata e la cameriera mi chiese se come condimento volevo una salsa rosa, la ranch, al gorgonzola, alla senape dolce o all'italiana.

Qualcosa mi disse "delizioso" sentendo la parola "senape dolce" anche se non potrei realmente descriverlo a parole. Diciamo che mi sentii leggermente più in pace. Ma il mio punto di vista era: "*A me piace la salsa ranch*", quindi ordinai quella.

Mi arrivò l'insalata che avevo ordinato, ma aveva la senape dolce. Apparentemente il mio corpo mi aveva scavalcato ed era andato direttamente al corpo della cameriera e aveva ottenuto quello che desiderava. La assaggiai e fu una delle cose più deliziose che avessi mai mangiato. Totalmente orgasmica! Salsa alla senape dolce!?!?!? E pensare che non mi piaceva! Ma il mio corpo sembrava dire: "A me sì! Sono io quello che mangia!!"

Quello che devi capire è che chi mangia, chi fa sesso, chi si muove, chi si veste, è il tuo corpo, **non tu**.

✆✆✆✆✆

Essere Totalmente Grato per Questo Tuo Bellissimo Corpo

Quanto spesso scegli di essere gentile, buono e delicato con il tuo corpo?

La difficoltà, ancora una volta, sta nel fatto che convalidiamo le realtà degli altri riguardo l'incarnazione, tu ignori il tuo corpo, lo butti sul marciapiede e torni a raccoglierlo quando sei pronto... oppure lo ignori e non gli parli mai.

Come sarebbe essere grato per il tuo corpo esattamente per come è ora? Che ne dici? Se ti piacerebbe cambiare qualcosa del tuo corpo, allora puoi dire: *"Corpo, non sapevo cosa significasse essere grato per te e mi dispiace e, da questo spazio, mi piacerebbe cambiare alcune cose. È possibile?"*

Percepisci qualche differenza? È per caso un rapporto completamente diverso da quello che la maggior parte delle persone hanno con il loro corpo?

Quante persone su questo pianeta sono contente del loro corpo? Proprio ora, se puoi, guarda fuori dalla finestra. Quante persone vedi là fuori che si stanno godendo il loro corpo? Non tante, sfortunatamente...

Hai Mai Criticato il Tuo Corpo? Solo un Pochino?

Ti sei mai alzato e hai iniziato la giornata con la litania del giudizio mentre stai di fronte allo specchio? Lo so che non ti piace ammetterlo, tu, essere conscio, spirituale, consapevole e tutto il resto, ma lo hai mai fatto? Così, tanto per sapere. Riguardo al tuo corpo **ottieni sempre di più di quello che giudichi sbagliato.**

"Queste stanno iniziando a scendere, Dio, pensavo ce ne fosse di più qui, e questi stanno iniziando ad ingrigirsi e queste sono troppo piccole e stanno cadendo e... non parliamo di quello!"

Ora, quante persone conosci che hanno un corpo "normale"? Esiste una cosa come un corpo normale? Davvero? Verità?

Lo standard di quello che cent'anni fa era normale e desiderabile era diverso da quello che è oggi. Per anni il corpo in versione grassottello è stato il più desiderabile. Significava che eri in salute, significava che avevi abbastanza cibo. Non eri uno di quelli "così magri che sembrava stessero per morire o che il vento se li potesse portar via" perché non aveva abbastanza cibo.

Nel corso degli anni gli standard cambiano. Che cos'è uno standard?

Giudizio: una serie ininterrotta di giudizi.

Saresti disposto a smettere di convalidare la realtà degli altri su come i corpi dovrebbero essere? Saresti disposto a iniziare a onorare il tuo punto di vista? Quello del tuo corpo? Tutto quello che non permette questo, lo distruggerai e s-creerai, per favore? Giusto e Sbagliato, Bene e Male, POD e POC, Tutti e Nove, Shorts, Boys e Beyonds.™ Grazie.

Tutto ciò che hai fatto per creare la litania del giudizio del tuo corpo come il modo per iniziare la tua giornata, lo distruggerai e s-creerai, per favore? Giusto e Sbagliato, Bene e Male, POD e POC, Tutti e Nove, Shorts, Boys e Beyonds™. Grazie

Come DESIDERA Essere il Tuo Corpo?

Il tuo corpo ha un punto di vista su come desidera essere. Se stai cercando di imporgli qualcosa basato sulle tue decisioni e sui tuoi giudizi, troverete mai un punto di accordo? Se il tuo corpo vuole apparire in un modo e si sta dirigendo in una direzione e tu vuoi che appaia in un altro modo e stai cercando di dirigerlo nella direzione opposta, cosa accade in mezzo a queste due direzioni? Lì è dove si crea lo spazio per il giudizio.

Come sarebbe se potessi far cadere il tuo punto di vista ed essere semplicemente grato per come è il tuo corpo? Cos'altro sarebbe possibile? Potrebbe diventare una fonte di maggior gratitudine per essere vivo? Per te? Per il tuo dolce corpo?

Tutto quello che non permette a questo di mostrarsi, lo distruggerai e s-creerai ora, per favore? Giusto e Sbagliato, Bene e Male, POD e POC, Tutti e Nove, Shorts, Boys e Beyonds.™Grazie.

❧ ❧ ❧

Una Valanga di Giudizi

Alcuni anni fa il titolo della copertina del *Time* riportava:
"Perché il DNA non determina il tuo corpo".

Aspetta un attimo! Ci avevano detto che il nostro DNA decide qualsiasi cosa! Come sarebbe se non fosse così? Come sarebbe se non fosse questo il caso? Come sarebbe se in realtà fosse qualcosa di completamente diverso?

Invece di non essere in grado di cambiare, come sarebbe se in realtà potessimo cambiare i nostri corpi funzionando in modo diverso energeticamente?

La tua vera natura e quella del tuo corpo è energetica.
Cosa intendo?

Prendiamo uno di quei giorni dove inizi la giornata giudicando. Sai cosa voglio dire, vero? È come quando ti svegli e senti che la tua testa è incastrata nella parte sud di un elefante diretto a nord e l'elefante sta seduto sulla tua testa.

Inizi a giudicarti ed è come un enorme palla di neve scura che cresce e cresce e cresce e ti fa sentire più pesante, sempre più pesante... Questa è un certo tipo di energia, giusto?

Ora, viceversa, hai mai avuto uno di quei giorni dove ti sei alzato e tutto era bellissimo, incantevole e fenomenale e non hai iniziato a giudicare? Dove hai cominciato con una domanda o una possibilità in mente? Una domanda del tipo: *"Wow, come può essere ancora meglio di così?"* o *"Cos'altro è possibile?"* Invece di ingrandire il giudizio hai iniziato a ingrandire le possibilità.

È un'energia diversa dal primo esempio? Certo.

Impariamo letteralmente a rafforzare il giudizio su noi stessi e sui nostri corpi. Come sarebbe se potessi alzarti e vivere la tua vita e creare il tuo corpo più dalla seconda energia che dalla prima? Come sarebbe se questa fosse una possibilità? Come sarebbe se semplicemente nessuno ti avesse mai detto che puoi funzionare da lì? Se lo scegliessi, il tuo corpo si sentirebbe diverso? E la tua vita? Quale delle due energie preferiresti scegliere?

Tutto quello che non ti permette di creare e generare una vita e un'esistenza piena della seconda energia (così come tutte le proiezioni, le aspettative, le separazioni, i giudizi e i rifiuti che ti fanno pensare che sia impossibile) li distruggerai e s-creerai ora, per favore? Giusto e Sbagliato, Bene e Male, POD e POC, Tutti e Nove, Shorts, Boys e Beyonds. ™ *Grazie.*

Anche la Scienza lo Sa....

Ecco un'altra cosa interessante che la scienza conosce da lungo tempo: **quando osservi una molecola o un atomo, li trasformi**. La tua consapevolezza interagisce con la consapevolezza degli atomi, delle molecole o delle particelle subatomiche e li fa cambiare.

E se l'idea che tu non puoi cambiare il tuo corpo, fosse semplicemente una bugia che ti è stata inflitta? Come sarebbe se fosse semplicemente una bugia che ti sei bevuto da qualcuno molto tempo fa e come sarebbe se non dovessi farlo più? Se tu puoi cambiare un atomo, non potresti cambiarne più di uno... come quelli nel tuo corpo?

Infatti, se sei veramente un essere infinito, allora tutto quello che ti concerne e che sembra una limitazione ha le sue radici in una bugia. Nessuna limitazione è l'infinito o, in altri termini, le limitazioni sono la finitezza. Ha senso?

෯෯෯

È Reale il Dolore?

Una delle ultime risorse che il tuo corpo ha per catturare la tua attenzione è creare dolore. Questa è una delle cose che lui sa che ascolterai. Ha provato con il sussurro, con il tocco lieve come una piuma e con la sensazione di una mano che ti accarezza il viso.

Alla fine dice: *"Ehi! Non sono riuscito a farmi ascoltare in altro modo. Non dai retta al piacere perché credi che non esista più. Non dai retta alle altre fantastiche sensazioni che ti ho fatto provare per farti capire che stava succedendo qualcosa. Ora prova il dolore. Vediamo se riesci a evitarlo! Stupido essere che pensava di essere veramente conscio, idiota patentato!"*

Vedi, il tuo corpo è un organismo sensoriale, sensibile e sensazionale, fatto per darti costantemente informazioni! Quando non riesce a farsi capire, inizia ad urlare e noi lo interpretiamo come dolore. È il tuo corpo che sta parlando. Il tuo corpo ne ha avuto abbastanza che non lo ascolti. Ha cercato di darti informazioni fin dal primo giorno e tu le interpreti sempre come: *"O mio Dio, mi sento così. Fa male!"*

Cosa puoi chiedere:

"Ehi corpo, cosa mi stai comunicando che non sto capendo? E, per favore, dimmelo in un modo che sia facile per me da capire, perché non sono tanto sveglio."

Ogni sensazione è una consapevolezza che non sei disposto ad avere.

"No, è una sensazione! Te lo giuro! È intensa!"

Certo che lo è. Hai ragione. È assolutamente reale. Come sarebbe se fosse un'intensità di consapevolezza? Come sarebbe se fosse intenso perché è una consapevolezza di cui sei davvero intensamente consapevole? È una possibilità?

Provaci. *Controlla, è leggero per te?*

∽∽∽∽∽∽

Tenetevi alla Sedia! Vi Confonderò un Po'.

Ci sono altre situazioni che ti richiedono di FARE UNA DOMANDA.

Ormai dovresti esserne consapevole: ci sono SEMPRE altre possibilità e più domande da fare. Come può essere ancora meglio di così?

(Per favore, non scagliare il libro dall'altra parte della stanza. Dolce, dolcissimo libro. Urla. Di solito funziona).

Come ho detto il 98% dei pensieri, delle sensazioni e delle emozioni non ti appartengono.

Ora senti questa: di tutto quello che succede nel tuo corpo, tra il 50 e il 100% non ti appartiene!

Chiedi: *"È mio, di qualcun altro o di qualcos'altro?"*

Una di queste per te sarà più leggera. È la consapevolezza della "risposta" che stai cercando. Ora, procedi con altre domande...

1. Se percepisci più leggerezza con "È mio?" chiedi:

Quale consapevolezza non sono disposto ad avere qui?
Poi stai zitto e ascolta.
Questo è abbastanza importante: **stai zitto e ascolta.**

Dai al tuo corpo la possibilità di dirtelo.
Quale consapevolezza non sei disposto ad avere?

2. Se percepisci più leggerezza con "È di qualcun altro?" per favore, rimandalo al mittente!

Chiedi semplicemente di "rimandarlo al mittente" e poi esigi di lasciar andare ovunque hai creduto che questo fosse tuo. E poi POD e POC a tutto. (POD e POC è la forma abbreviata di *Giusto e Sbagliato, Bene e Male, POD e POC, Tutti e Nove, Shorts, Boys e Beyonds.*™)

Perché? Perché se è di qualcun altro, non c'è niente che tu possa fare.

Tieni presente che il tuo corpo ti dirà tutto quello che sta succedendo nei corpi attorno a lui. Sempre.

Quindi, se la spalla comincia a farti male, quello che potrai chiedere è: *"Corpo, cosa sta succedendo? È mio? Di qualcun altro? o di qualcos'altro?"*

Ti faccio alcuni esempi:

Al lavoro

Una donna ha usato "a chi appartiene questo?" ed "è mio?" ogni volta che al lavoro aveva un forte desiderio di ciambelle. In sei settimane ha perso 9 chili, fino ad allora aveva mangiato ciambelle ogni volta che percepiva la fame dei suoi colleghi. Con questa domanda ha eliminato 9 chili smettendo di mangiare al posto degli altri.

Nella mia professione

Torniamo indietro all'inizio del 2000, quando per la prima volta venni in contatto con questo strumento che cambiò la mia vita e anche il mio lavoro di chiropratico. Usando questo strumento, ho scoperto che potevo creare un cambiamento del 50%-90% nei problemi del corpo delle persone dove prima non ne ero stato capace. Letteralmente. Infatti, questo strumento divenne così importante per il mio lavoro che mi scoprii ad usarlo nel 95% circa delle sessioni che facevo. Ha creato dei risultati che mi hanno sorpreso enormemente.

Venne da me una donna che accusava dolori tremendi al ginocchio sinistro. Era già stata operata a quello destro e venne da me perché si era fatta male al ginocchio sinistro e sperava in un sollievo dal dolore.

Dopo 20 minuti di lavoro, usando principalmente lo strumento "a chi appartiene?" il suo dolore diminuì dell'80%. Dopo altri 40 minuti di lavoro, riferì che il 99% del dolore era sparito. E non tornò mai più!

Non sto dicendo che questo riguarda tutti i dolori alle ginocchia, ma lo fu in questo caso particolare. Avere lo strumento e la disponibilità ad usarlo, salvò questa donna da un sacco di dolore e creò la consapevolezza che quello di cui si era convinta (di dover vivere con il dolore al ginocchio) non era necessariamente così.

Al supermercato.

Un uomo che aveva fatto un corso di Access e aveva ricevuto quest'informazione, stava camminando in un supermercato. Passò di fianco a un'anziana che gli chiese di raccoglierle dei rotoli di carta igienica perché la schiena le faceva male. Senza pensarci, le chiese: *"A chi appartiene?"*, *"A mio marito"*, rispose lei. E istantaneamente si piegò e raccolse i rotoli. Strano, ma vero.

In palestra
Ero solito andare in palestra ad esercitarmi tutto il tempo, perché avevo enormi giudizi sul mio corpo. Ho fatto tantissimo allenamento. Pesavo 10 chili più di adesso e avevo il 3% di grasso in meno. Ero ENORME. E non importava quanto mi allenassi, il mio corpo continuava a non piacermi.

Dopo aver iniziato Access, un giorno andai ad allenarmi. Mi sentivo davvero bene con il mio corpo e con me stesso, nel momento stesso in cui varcai la soglia della palestra, sentii nella mia mente tutti i punti di vista degli altri: *"O mio Dio, il mio corpo fa schifo, i miei bicipiti sono troppo piccoli, non ho fatto abbastanza, devo mangiare meglio, devo eliminare il grasso, devo smettere di mangiare Big Mac e CocaCola".* Pensai: *"Però, faccio schifo".*

Quindi feci la domanda:

A chi appartiene? È mio?
E sentii whoosh, sparito. Istantaneamente. Non era mio. Devo ammetterlo, anch'io pensavo che fosse strano! Pensavo anche che fosse troppo semplice! Ma il fatto è che funzionò. E mi sorprese completamente.

Tu sei come un enorme radioricevitore telepatico, raccogli la merda da chiunque sia intorno a te e tutti la raccolgono da chiunque altro e la condividono...

E se su questo pianeta ci fosse solo una persona che sta pensando e tutti gli altri stessero raccogliendo quel pensiero?

Quanto del dolore e della sofferenza che sono nel tuo corpo in realtà non sono tuoi? E invece è il tuo corpo che ti sta dando la consapevolezza del dolore, della sofferenza e del giudizio delle altre persone?

Saresti disposto a darci un'occhiata ora? Potresti per favore iniziare a chiedere:

"È mio, di qualcun altro o di qualcos'altro?"

Ed eccoci al numero tre.

3. Se percepisci più leggerezza con "è di qualcos'altro?" significa che è della Terra!

La Terra ti sta chiedendo assistenza per facilitarla. E, proprio come fa il tuo corpo, l'unico modo che la Terra conosce per richiamare la tua attenzione è facendoti provare dolore.

Tu (sì, TU!) hai la capacità di facilitare la Terra e anche il tuo corpo ha la capacità di facilitare la Terra. Se non usi questa capacità quando la Terra te lo richiede, il tuo corpo comincia a fare male.

Per fare un esempio, dopo il terremoto di Fukushima del 2011 e il suo conseguente spargimento di radiazioni, diverse persone mi telefonarono dicendomi che avevano problemi al petto. L'unica cosa che alleviava la tosse era fare queste domande e riconoscere che i loro corpi stavano contribuendo per cercare di cambiare i problemi che stavano accadendo alla Terra, agli oceani e alle persone affette da radiazioni.

Sì, ora puoi chiamare quelli della neuro. Chiamami matto, chiamami pazzo. Sorprese DAVVERO anche me quando usai quest'informazione e notai che FUNZIONAVA per cambiare i sintomi delle persone. So che molti potrebbero dire che si trattava di un "effetto placebo" oppure potrebbero etichettarlo come un trucco da quattro soldi.

D'altro canto, ci sono probabilmente molti di voi che mentre stanno leggendo questo libro riconoscono: *"O mio Dio, non sono pazzo! Qualcun altro ha messo in parole quello che sapevo da anni"*. È per quelle persone che è stato scritto questo libro. La gente ottusa non cambia il mondo.

Continua a perpetrare tutto quello che mantiene le limitazioni. La gente-mucca del mondo se l'è cavata per troppo tempo facendo sentire sbagliati il resto di noi.

Dal mio punto di vista è tempo che i sognatori come te, che desiderano veramente cambiare il mondo, abbiano uno strumento per poterlo fare, non importa quanto strano possa sembrare.

Quanti dolori, rigidità o sconnessioni hai attualmente nel corpo che in realtà sono della Terra o dei suoi abitanti, che stanno domandando o richiedendo la tua assistenza? Tutto quello che permette a questo di bloccarti, lo distruggerai, s-creerai e lascerai andare ora, per favore? Giusto e Sbagliato, Bene e Male, POD e POC, Tutti e Nove, Shorts, Boys e Beyonds. ™

La Terra ci ha donato per migliaia di anni. È arrivato il momento di iniziare a ricevere?

E donare a lei?

Allenati Con il Corpo

Sapere quello che il tuo corpo realmente desidera richiede allenamento.

Ricordarti di chiedere al tuo corpo richiede allenamento.

Anche scoprire cosa chiedere richiede allenamento.

Lo sai che per digerire il cibo è necessaria un'enorme quantità di energia? Il fatto che tu stia prendendo energia dal cibo è un po' una bugia. In realtà tu e il tuo corpo avete bisogno di molto meno cibo di quanto ci sia stato insegnato.

Per i prossimi due giorni saresti disposto a giocare a farti qualche domanda ogni volta che "senti" fame, senza preoccuparti di farlo bene?

Inizia con domande chiuse (sì o no) è più facile. Per favore, tieni presente che dove senti "leggero" è la risposta vera per il tuo corpo.

Ecco alcuni esempi:

Corpo...

Hai bisogno di qualcosa? Sì/No
È tuo o di un altro corpo?

Hai bisogno di cibo? Sì/No
Se sì, è tuo o del corpo di qualcun altro?

Hai bisogno di bere qualcosa? Sì/No
È tuo o di un altro corpo?

C'è qualcosa nel frigo che desideri? Sì/No
È tuo o di un altro corpo?

Hai bisogno di... broccoli...? Sì/No
(Aggiungi qualsiasi cosa stai prendendo in considerazione di
mangiare).
È tuo o di un altro corpo?

Ti piacerebbe qualcos'altro? Sì/No
È tuo o di un altro corpo?

Hai bisogno di movimento? Sì/No
È tuo o di un altro corpo?

Hai bisogno di essere toccato? Sì/No
È tuo o di un altro corpo?

Hai bisogno di sesso? Sì/No
È tuo o di un altro corpo?

Tieni presente una cosa: spesso mangiamo per evitare di ESSERE
LO SPAZIO e la leggerezza che in realtà siamo. Non riconosciamo
quello spazio come noi stessi, quindi lo percepiamo come una cosa
sbagliata e facciamo di tutto per ritornare alla pesantezza che ci è più
familiare. In questo caso mangiando.

Ma come sarebbe se quello che tu SEI fosse SPAZIO? E leggerezza?

*Tutto ciò che hai fatto per evitare di essere lo spazio che sei, o per
riempire quello spazio, mangiando o con ogni altro mezzo, per favore, lo
distruggerai e s-creerai tutto? Giusto e Sbagliato, Bene e Male, POD
e POC, Tutti e Nove, Shorts, Boys e Beyonds.*™ *Grazie.*

Iniziare a

Ricevere

Chiedi alla Sedia

Mi piacerebbe prendere un momento per mostrarti qualcosa...

Come sarebbe se proprio ora, chiedessi alla
consapevolezza della sedia sulla quale sei seduto di far sentire il tuo
corpo più a suo agio?

Chiedi.
È diventata più comoda?
Per la maggior parte delle persone sì.

È strano o cosa?
Stai desiderando che qualcuno te l'avesse detto prima?

La consapevolezza è parte di tutto. Sebbene normalmente non
desideri riconoscerlo, sei veramente connesso con ogni cosa.

Tu sei lo spazio tra le molecole (e gli atomi) del tuo corpo. La parte
dell'atomo che sembra solida è solo lo 0,0001% di tutto l'atomo.

Il resto è spazio, possibilità e consapevolezza...
Sei Tu...

Come sarebbe se lo spazio tra le molecole e la consapevolezza del tuo corpo
fosse lo stesso spazio che esiste tra le molecole della sedia?

Lo stesso spazio che si trova tra le molecole dell'aria?

Lo stesso spazio che si trova tra le molecole del muro?
Lo stesso spazio che si trova tra le molecole del palazzo?

Lo stesso spazio che si trova tra le molecole della strada, della
terra intorno a te, l'intero sistema solare, l'intera galassia
e l'intero universo?

Cosa significa?

Significa che sei molto più grande, molto più connesso, molto più in
connessione e in comunione con
qualsiasi cosa e hai molte più opzioni di quelle
che hai mai riconosciuto.

Molte di più.
E, se lo permetterai, quella connessione e comunione potranno
condurti a molta più facilità di quanto tu abbia mai immaginato fosse
possibile...

— Capitolo 4 —

Chiedi e Ti Sarà Dato

Qual è il tuo punto di vista di questo mondo? Ce n'è abbastanza per tutti? Abbastanza cibo? Abbastanza soldi? Abbastanza amore? Abbastanza spazio? Abbastanza gioia? O ce n'è una quantità limitata, di modo che se tu, per esempio, hai amore, qualcun altro deve farne a meno?

Puoi per favore osservare questo per un momento?

Il tuo punto di vista crea la tua realtà. La realtà non crea il tuo punto di vista. Quindi, se hai il punto di vista che viviamo in un universo di carenza e scarsità, quale realtà stai creando?

Il mio punto di vista e quello che so, è che viviamo in un universo di totale abbondanza. La Bibbia aveva ragione su una cosa: *Chiedi e ti sarà dato*. Non è strano? Semplicemente chiedi e ricevi.

Ma come? Se c'è un come, è semplicemente essere presente nella tua vita ed essere disposto a ricevere le energie di un'altra possibilità. Quando diventi la totalità del ricevere, abbassi tutte le barriere e ricevi tutto. Senza esclusioni. Con facilità, gioia e gloria, ricevi il buono, il brutto e il cattivo.

Ora arriviamo a una piccola difficoltà per molti di noi...

Se oggi chiediamo un milione di euro e non si manifesta domani, pensiamo: "*Oh, l'Universo non funziona, ho sbagliato, l'ho chiesto nel modo sbagliato*".

Ma quello che succede è che l'universo deve letteralmente riorganizzarsi affinché tu possa avere quello che hai chiesto. Questo è quello che accade nel momento in cui chiedi. Tuttavia, quando non accade immediatamente, pensiamo: "*Non sta accadendo*" ed ecco che si ferma, ovvio, perché abbiamo deciso e concluso così. Quel punto di vista crea la realtà che si mostra.

Abbiamo gridato all'Universo la nostra conclusione: "*Non sta accadendo!*" L'Universo ascolta e educatamente, gentilmente, obbedisce.

Invece potremmo fare di nuovo un'altra di queste dannate domande: "*Sta accadendo in maniera totalmente diversa da come io abbia mai immaginato? Come può essere ancora meglio di così?*"

Per favore, mio bellissimo amico, prendi atto di una cosa...

Sarà sempre diverso dal modo in cui pensavi che dovesse essere. Sempre!

Il modo in cui pensavi dovesse essere era basato su tutti i tuoi giudizi su come doveva essere, non era basato sulla consapevolezza di quello che poteva essere, perché sono stati i tuoi giudizi su come doveva essere che ti hanno impedito di essere consapevole di come potesse essere. E tutti quei punti di vista di come avrebbe dovuto essere, sono precisamente il motivo per cui non si è manifestato prima.

Ci sei? Vuoi rileggerlo ancora una volta?

Come sarebbe se TU iniziassi a ricevere? Sì, mio caro, tu.

Che cosa desideri? Essere visto? Essere sentito? Essere ricevuto interamente? Oh sì! Riesco a sentirti nella mia mente:

"Certo, che domanda idiota. Se mi ricevi, allora tutto andrà bene, sarò convalidato e sarò di valore. Allora, esisterò."

Ecco la mia domanda. Inizialmente la sussurrerò:

Che ne diresti di ricevere? Devo ripeterlo più forte?

CHE NE DIRESTI DI RICEVERE?

"Oh, ma io ricevo. Certo che lo faccio. Voglio dire, per me ricevere non è un problema. Se qualcuno vuole darmi qualcosa io ricevo, certo che lo faccio. Io amo ricevere, no, no, no, non ho problemi col ricevere".

Qualcun altro si sente un po' pesante? Su questo pianeta la maggior parte delle persone non riceve abbastanza. Te ne sei accorto? Che tu ci creda o no, questo vale anche per la maggior parte delle persone che stanno leggendo questo libro.

Dai un'occhiata a questo, per favore:

Sei sempre stato quello più capace e hai sempre cercato di dimostrare di non esserlo. Ma hai sempre saputo che nessun altro aveva tante capacità quanto te, quindi sei sempre stato disposto ad essere solo e fare tutto da solo, persino quando pensavi che avevi bisogno degli altri, il che capita raramente.

Questo non ti permette di ricevere molto. Ti porta ad avere tantissimo controllo e a fare notevoli sforzi per cercare di creare le cose nella realtà.

Ricevere è un gioco completamente diverso.

Per esempio, mettiamo che tu viva in un piccolo paesino nel Nord Europa. Per metà dell'anno è buio pesto e freddo da morire. Chiamiamo questo paese Svezia, così, per gioco.

Ora, in Svezia, immagina di svegliarti ed è il **primo giorno di primavera**.

Com'è?

Dopo sei mesi di oscurità, sei più vivo che mai in tutto il fottuto universo o cosa? Pensi: *"Oh, il Sole... Il Sole, wow!"*

Esci, il termometro segna 0°, bevi un cappuccino, con la faccia rivolta verso il pallido sole. Fa così freddo che riesci a vedere il tuo fiato... e chi se ne frega? Sei sopravvissuto a un altro inverno! Questa è la sensazione del: *"O mio Dio, sono vivo! Vai così! Sono un bollore!"*

Ora paragonalo a una **mattina di pieno inverno**.

Ti svegli e pensi: *"Perché devo stare qui? Posso spegnere la sveglia altre 27 volte? Posso darmi malato oggi? No, l'attività è mia. Il proprietario saprà che sto mentendo"*.

E quando esci di casa non vuoi che nessuno ti veda o ti parli. Stai avendo davvero una pessima giornata.

Hai notato che questi sono due modi totalmente diversi di stare al mondo? Quale dei due ti piacerebbe avere di più?

Il primo è il ricevere infinito. Con la prima energia puoi ricevere tutti i soldi, le persone, l'amore, il sesso e le relazioni che potresti mai desiderare.

Eppure l'altra energia è quella che tendiamo a scegliere molto più spesso, abbiamo il punto di vista: *"No, non riceverò niente da nessuno. Sono nella mia piccola bolla e questo è quanto. Rimarrò qui e alzerò una barriera qui e un'altra qui e poi isolerò completamente il mio corpo e la mia faccia. Qui sarò al sicuro"*.

In questa realtà non c'è molta energia del ricevere. Anzi, questa realtà è specializzata alla sua totale esclusione. Qui, tutto è basato su: *"Se ti do questo, cosa mi darai?"* e *"Se lo accetto, cosa devo darti?"*

Esiste un'alternativa. Come un essere infinito, ovvero ciò che sei in realtà, puoi ricevere tutto. Tutto! Lo senti leggero? La questione è che... devi SCEGLIERLO.

Tutto quello che non ti permette di sceglierlo, lo distruggerai e s-creerai tutto ora? Giusto e Sbagliato, Bene e Male, POD e POC, Tutti e Nove, Shorts, Boys e Beyonds.™

Ah, tra parentesi, non esiste qualcosa come il problema dei soldi. Tutti i "problemi di soldi" sono creati da quello che non sei disposto a ricevere.

Uno dei miei più grandi insegnanti

In questa realtà devi continuare a ricordare a te stesso di scegliere di ricevere. Non lo facciamo perché non ci è stato insegnato.

Lascia che ti racconti una storiella. Io ho un cavallo che è uno degli esseri più fenomenali che io abbia mai incontrato. Il suo nome è Playboy.

È un ex cavallo da corsa e apparteneva al mio amico Gary. Dato che all'epoca in cui incontrai Gary (e Playboy) non ero un buon cavaliere, non avevo mai pensato di poterlo cavalcare. Ciononostante Playboy correva in giro dove Gary teneva i suoi cavalli, si fermava di fronte a me e chinava la testa. Poi correva per un po', ritornava e chinava ancora la testa, proprio di fronte a me.

Gary aveva provato a venderlo diverse volte, ma non ci era riuscito. Poi, un giorno che eravamo andati a fare una passeggiata fuori pista, chiesi a Gary: "Posso cavalcarlo?"

Eravamo su un sentiero lontani dalla civiltà e di solito Playboy scappava via con chiunque lo cavalcasse. Dato il mio stato di cavaliere novello, Gary fu un po' esitante nel permettermi di cavalcarlo, ma alla fine cedette e acconsentì.

Lo montai e le redini finirono a terra, quindi non avevo assolutamente il controllo del cavallo.

Playboy alzò il suo sguardo verso me e sembrò pensare: *"Il mio uomo"* io lo guardai e pensai: *"Il mio cavallo"*.

Lo spronai al piccolo galoppo e cloppete, cloppete, cloppete, clop... era una galoppata armoniosa, dolce, calma e lui si stava prendendo totalmente cura di me. A un certo punto girò e io stavo per cadere di sella. Playboy mosse il suo sedere sotto di me in modo da non perdermi. Strabiliante cavallo. Strabiliante essere.

Da parte mia, le lacrime mi rigavano il viso mentre cavalcavamo. Era diverso da qualsiasi altra cosa avessi mai sperimentato prima e non sono sicuro di poterlo esprimere a parole.

Immagina di conoscere qualcuno di cui hai la massima fiducia, che scruta dentro la tua anima e accetta completamente ogni aspetto di te come essere, senza nessuna proiezione di giudizio. Era come essere amato totalmente, curato amorevolmente, riconosciuto appieno e talmente non giudicato che tutti i giudizi esplosero fuori dal mio mondo. Tutti i pensieri svanirono. Tutti i bisogni scomparvero.

So che quel giorno sperimentai l'Essere. Feci un'esperienza di Tutt'Uno, dove tutto esiste e nulla viene giudicato. Ma non erano solo lacrime e spazio. ERA DIVERTENTE! Era intenso! Era come cavalcare un razzo di non giudizio diretto verso un Universo dell'Essere, fatto di semplicità, intensità, spaziosità, non giudizio e gioiosità. Non so COME successe (e nemmeno mi interessa), so solo CHE successe.

Questo è quello che sono arrivato a capire che è possibile nelle nostre vite e in connessione con quelle cose nell'Universo che desiderano donarsi a noi. Tutto ciò che è richiesto è sceglierlo, essere disposti a riceverlo e poi lasciare che si mostri.

Tutto ciò che non permette a questo di mostrarsi a te, DA ORA, lo distruggerai e s-creerai tutto? Giusto e Sbagliato, Bene e Male, POD e POC, Tutti e Nove, Shorts, Boys e Beyonds.^{TM} Grazie.

Eppure, nonostante la comunione che io e Playboy provammo, e che tuttora abbiamo, per tantissimo tempo non fui disposto a ricevere da lui, almeno non totalmente. C'era sempre qualche parte di me che tenevo separata, come se fosse l'unica maniera per avere me nel modo in cui io definivo me stesso. Sono sicuro che tu non stai facendo lo stesso in nessuna parte della tua vita, vero?

Un paio di anni fa Playboy ebbe un cancro. A causa dei miei continui viaggi e del mio rifiuto a ricevere da lui, decise che avrebbe preferito morire piuttosto che continuare la vita che stava vivendo.

Devi capire che non permetterebbe a nessuno di cavalcarlo. Lui è il mio cavallo e io il suo uomo. Questo è quanto. Una volta, dopo che fu diventato il mio cavallo, Playboy lasciò che Gary lo cavalcasse per mostrarmi come cavalcare in una determinata maniera. Permise a Gary di fare il giro della pista tre volte e poi si fermò. Era come se stesse dicendo a Gary: *"Ora puoi scendere. Lascia risalire Dain"*.

Quindi, quando Playboy si ammalò di cancro, io e alcune altre persone gli chiedemmo: *"C'è qualcosa che possiamo fare?"* Rispose: *"Sì, mi piacerebbe moltissimo che Dain mi cavalcasse una volta a settimana. Ma lascerò che il trainer mi cavalchi una volta a settimana se Dain mi cavalcherà una volta al mese"*. *"Ok, siamo d'accordo"* io risposi.

Disse: *"Ah, un'altra cosa, devi iniziare a ricevere da me o io mi chiamo fuori"*. Solo che io all'epoca non sapevo esattamente cosa volesse dire. Quindi, avendo accesso agli strumenti che conosco, ne usai uno. **Visto che non ne avevo idea CHIESI CHE MI VENISSE MOSTRATO cosa intendeva.**

Poco tempo dopo partii per un viaggio in Europa. Facevo sessioni dopo sessioni, dopo meeting, dopo sessioni, dopo meeting, dopo classi, dopo classi, dopo meeting, dopo sessioni, dopo meeting e così via. Non stavo ascoltando il mio corpo e mi stavo ammalando. Di solito funziono come il sole, un bambino di sei anni e il coniglietto delle pile Energizer messi assieme, ma il fatto che puoi farlo non significa che sia la tua scelta ottimale.

Il mio corpo mi stava dicendo forte e chiaro quello che aveva bisogno. Dovevo iniziare a ricevere, abbassando tutte le mie barriere e ricevendo dal mio cavallo, dalla Terra, dalla gente e da tutto ciò che intorno a me era disponibile a donare a me e al mio corpo.

Disteso a letto, misi le mani sul mio corpo e parlai al mio cavallo. So che sembra molto buffo. Ma lo feci e fu una cosa come: *"Ok Playboy, ovviamente hai qualcosa da donarmi, che cosa ho rifiutato di ricevere?"* E poi dissi POC e POD a tutto quello che non mi permetteva di ricevere qualunque cosa fosse.

L'energia dell'essere, la presenza, la dolcezza, la cura amorevole, la gentilezza e la gioia dell'*embodiment* (incarnazione) riempirono il mio corpo e pensai: *"O m**da, questo è quello che ho rifiutato negli ultimi otto anni?!?!?"*.

Rifiutato.

Negli ultimi 10 anni avevo lavorato continuamente sul ricevere in tutte le cose che avevo fatto. Riguardavano tutte il ricevere di più, sapere di più, essere di più e percepire di più.

Eppure non avevo ancora capito quanto mi stavo rifiutando di ricevere.

È possibile che ci sia qualcosa (o diverse cose) che stai ancora rifiutando di ricevere?

Saresti disposto a smettere di rifiutare? Proprio ora?
Dall'Universo?

Dalle persone attorno a te che realmente desiderano donarti?
Da me?

Anche se non sai com'è o cosa serve affinché ciò avvenga?

Tutto ciò che non permette questo, lo distruggerai e s-creerai tutto? Giusto e Sbagliato, Bene e Male, POD e POC, Tutti e Nove, Shorts, Boys e Beyonds.™ Grazie.

L'Universo Ti Sostiene

Saresti disposto a iniziare ogni mattina chiedendoti:

*Chi sono oggi e quali grandi e gloriose
avventure avrò e RICEVERÒ oggi?*

Cosa ci vorrebbe per avere quello che desideri nella vita? Non cercare la risposta, *ricevi semplicemente la sua energia.* Ora chiedi a te stesso se sei disposto a ricevere senza preconcetti, quello che dovresti ricevere per avere ciò desideri.

Sei disponibile a riceverlo senza proiezioni, aspettative, separazioni, conclusioni, giudizi, rifiuti o risposte su cosa deve essere o come deve essere?

Tutto ciò che non permette questo, lo distruggerai e s-creerai ora? Giusto e Sbagliato, Bene e Male, POD e POC, Tutti e Nove, Shorts, Boys e Beyonds.™ *Grazie.*

Cosa sarebbe davvero possibile per te finalmente? Cosa cambieresti se sapessi che l'universo è dalla tua parte?

Perché è così. **L'Universo è completamente dalla tua parte.** Ti sostiene.

Nel profondo questo lo sai. Lo hai sempre saputo (anche se è stato nascosto in profondità dentro di te, in qualche interminabile corridoio buio, raramente frequentato e spoglio)

Saresti disposto a iniziare a ricevere l'energia di quella CONOSCENZA ora?

Tutto ciò che non permette questo, distruggiamolo e s-creiamolo ora.

1... 2... 3! Giusto e Sbagliato, Bene e Male, POD e POC, Tutti e Nove, Shorts, Boys e Beyonds.™

L'Universo ti sostiene. Desidera donare. Sì, proprio a te.

Come Sarebbe se ci Fosse Qualcosa di Giusto in Tutto Quello che Hai Scelto?

Forse starai valutando di smettere di leggere questo libro.

Se questo è quello che hai scelto, fallo!

Come sarebbe se ci fosse qualcosa di giusto in tutto quello che hai scelto?

Come sarebbe se fosse proprio la cosa giusta per te smettere di leggere esattamente in questo punto?

Non ho punti di vista.
So che pensi che io li abbia.

La cosa carina è che puoi ricominciare a leggere questo libro in qualsiasi momento, forse tra dieci anni, forse domani.

Come può essere ancora meglio di così?

Puoi anche fare a pezzi il libro e scegliere comunque di prendere LA SUA ENERGIA in un altro momento della tua vita.

Come può essere ancora più strano di così?

Potenza della

Cura ——

Amorevole

Come Sarebbe se Fossimo Tutti Giganti Addormentati?

Come sarebbe se avessimo una STRABILIANTE potenza e capacità e fosse completamente diversa da come pensavamo dovesse essere?

Come sarebbe se la tua più grande potenza non fosse la forza, la cattiveria e la rabbia che sei in grado di esprimere?

Come sarebbe se la tua più grande potenza fosse la gentilezza che puoi essere, la dolcezza che puoi essere, la cura amorevole che sei e lo spazio dell'allowance infinito che sei?

Ti è chiaro che, se sceglierai di esserlo, questo non permetterà al giudizio di esistere?

Ti ci ritrovi?

Come sarebbe se tutti noi fossimo giganti addormentati? **Sì, anche tu.**

Per favore, fatti tutti i giorni questa domanda:

Se oggi davvero provassi cura amorevole per me e per il mondo, cosa sceglierei in questo preciso momento?

La tua vita cambierà.

— Capitolo 5 —

Come Sarebbe se la Cura Amorevole Fosse la Tua Vera Essenza?

Dammi la mano e lascia che ti conduca per un attimo sulla strada dei ricordi.... Sei di nuovo un adolescente.... un corpo che non si è ancora adattato... parole che non vengono fuori nella maniera giusta.... e un costante ribollire di emozioni e sensazioni. Anni gloriosi di totale beatitudine, facilità e gioia che tutti abbiamo sperimentato....

Ti ricordi quelle tre parole "Non mi importa"?

Ricorda uno dei tanti momenti in cui le hai pronunciate a te stesso, ai tuoi amici, ai tuoi genitori, agli insegnanti, a un ragazzo o una ragazza carini che ti hanno rifiutato...

Era vero che non ti importava? Ovviamente no.

Ti importava molto più di quanto fossi disposto ad ammettere, persino a te stesso.

Da adolescenti lo sappiamo tutti.

Come sarebbe se fosse ancora vero?

Come sarebbe se ti importasse molto più di quanto hai mai voluto sapere? Come sarebbe se ti importasse più di quanto hai mai voluto ammettere con chiunque, incluso te? E quanto di quell'avere a cuore hai deciso che è ciò che ti ha messo nei guai? Che quel prenderti cura intensamente è ciò che ti rende debole? Ed è responsabile per il tuo dolore e la tua sofferenza?

Amico mio, l'avere a cuore non è responsabile del tuo dolore e della tua sofferenza. Ciò che causa dolore e sofferenza è dove hai eliminato la tua cura amorevole, per te e per gli altri.

La nostra cura amorevole per gli altri è sempre la prima cosa che cerchiamo di eliminare quando pensiamo che qualcuno stia cercando di ferirci.

Risulta più facile giudicare qualcuno e pensare a quello che ha fatto di sbagliato (così sei giustificato se non gli stai vicino) piuttosto che abbassare le tue barriere e dire: "*Sai una cosa? È molto difficile da dire, ma io ti adoro. Mi piaci tantissimo e mi fa veramente male pensare che tu non voglia stare vicino a me come io vorrei stare con te. Questo è ciò che sta veramente accadendo e spiega il motivo per cui ho cercato di giudicarti e renderti sbagliato e ho cercato di separarmi da te*".

Hai mai provato a dire questo a qualcuno? Cosa succederebbe? Tutti i loro circuiti friggerebbero, ti guarderebbero come se venissi da un altro pianeta. E probabilmente si scioglierebbero in quella dolcezza che avrebbero sempre voluto essere, ma non si sono mai sentiti al sicuro per farlo.

Sfortunatamente, qui nessuno lo fa. Non è perché non possiamo, è che abbiamo imparato a non farlo. Ci sembra che non possiamo avere a cuore quelle persone che stanno scegliendo di non ricevere quella cura amorevole. Il problema è che a te importa e non puoi smettere di farlo. Quando pensi: "Oh, non mi importa di loro" stai credendo a una bugia.

Chi stai uccidendo quando lo fai? Te stesso. Credendo alla bugia che puoi eliminare il tuo interesse per gli altri, hai appena smesso di prenderti cura di te. Puoi smettere di prenderti cura di loro solo se elimini la tua cura amorevole per chiunque, incluso TE. E in ogni caso non funziona!

Come sarebbe se non lo facessi? Come sarebbe se il tuo punto di vista fosse: *"Non importa cosa succederà, continuerò a prendermi cura di me. Continuerò ad avere questa cura amorevole, a dispetto di quello che sceglierà la gente intorno a me"*? Questo è l'unico modo con cui permetterai a te stesso di avere la gioia della tua realtà, con la disponibilità ad avere cura amorevole, così come sei veramente, senza limitarti e senza guardare quello che scelgono gli altri.

Perché questo include la cura amorevole che hai per te stesso.

Tutto quello che hai fatto per cercare di dimostrare che a te non importa, per non riconoscere quanto in realtà ti importa anche delle persone che ti feriscono, lo distruggerai e s-creerai tutto, per favore? Giusto e Sbagliato, Bene e Male, POD e POC, Tutti e Nove, Shorts, Boys e Beyonds.™

ဆာ ဆာ ဆာ

Siamo Esseri Connessi al Tutto

Prima o poi, bellissimo essere, dovrai superare questa bugia che non ti importa. Non si tratta del fatto che tu sia sbagliato o cattivo se credi che non ti importa. Si tratta solo di quello che hai imparato quando eri molto giovane. È semplicemente quello che scegle la maggior parte delle persone, in modo da non dover più vedere quanto sono diversi e quanto gli piacerebbe che fosse diverso il mondo.

Molte persone hanno controllato tutta la loro vita basandosi su questo: *il non volere riconoscere quanta cura amorevole hanno e quanto le persone rifiutano di ricevere, e donare, quella cura.*

Quanta cura amorevole hai rifiutato di ricevere?
Quanto cura amorevole hai rifiutato di essere?
Vuoi riconoscerlo?
Vuoi riconoscere che non è il vero te?
E che non è vero per te?

Tu desideri qualcosa di diverso.

Se così non fosse, non staresti leggendo questo libro. Tu desideri qualcos'altro rispetto all'eliminare la tua cura amorevole per poter stare "in" questa realtà. Sai che è possibile qualcosa di più grande.

Vuoi riconoscerlo? Qualunque cosa sia necessaria? Lo faresti ora?

Tutto quello che non permette questo, lo distruggerai e s-creerai tutto, per favore? Giusto e Sbagliato, Bene e Male, POD e POC, Tutti e Nove, Shorts, Boys e Beyonds.™

Tra l'altro, aver cura di te stesso e la gioia, camminano mano nella mano. Eliminare la cura per te e per gli altri, non funziona.

Non funziona!
Non possiamo farlo e conservare la gioia. Non possiamo farlo e avere abbondanza. Non possiamo farlo ed essere in connessione. Non possiamo farlo e creare possibilità. La cura amorevole è una delle cose più importanti che mancano in questa realtà, **cura amorevole**. Se proprio ora, su questa terra, ognuno avesse assoluta cura amorevole per sé stesso e ogni altro, il nostro pianeta continuerebbe a funzionare così come funziona ora? Sarebbe così come lo percepiamo? Ci sarebbero i genocidi? Le guerre?

Come sarebbe se tu esigessi che la totalità della tua cura amorevole si mostrasse, non importa cosa accade? Esigerlo anche se, affinché accada, ci volessero un migliaio di anni.... una settimana... o accadesse subito?

Subito.

E tutto quello che non ti permette di ricevere, ed essere, la vera cura amorevole per te stesso che renderebbe una gioia l'essere vivo, lo distruggerai e s-creerai tutto, per favore? Giusto e Sbagliato, Bene e Male, POD e POC, Tutti e Nove, Shorts, Boys e Beyonds.™

∽∽∽ ∽∽∽ ∽∽∽

Hai Imparato ad Essere Arrabbiato Con la Gente?

Cogli questo: tu sei unione con il tutto (dove tutto esiste e nulla viene giudicato). tu lo sei. Quando separi il tuo essere, cessi di esistere. E lascia che te lo dica, io ci sto ancora lavorando. Non sono il manifesto della consapevolezza, se questo è quello che pensavi.

Permettimi di farti un esempio, uno molto stupido, specialmente a proposito del Tutt'Uno...

Dovevo incontrare un'amica per prendere un caffè. Ma lei non telefonò. Mi ero ritagliato il tempo, mi ero organizzato e lei non chiamò. Mi chiamò la mattina seguente: *"Scusa se non ti ho chiamato ieri sera. Ho lavorato fino a tardi ed ero molto stanca"*.

La prima cosa che avrei voluto fare era urlarle:
"S**ONZA! Come ti sei permessa di disonorare il mio tempo prezioso?!?"
Quella fu la prima reazione che pensai di avere. Poi, visto che non mi sembrava a posto, ho fatto una domanda:"Quale sarebbe realmente il MIO punto di vista in questa situazione?" (Suggerimento: quando stai scegliendo quello che è vero per te lo senti "buono" o "leggero". Quando non stai scegliendo quello che è vero per te lo senti sempre pesante.) Dopo pochi momenti mi resi conto: "Questo non sono io. Sono felice che qualcuno abbia la scelta di fare ciò che vuole, che includa me o meno".

Strano. Ero sorpreso da quello che in realtà era il mio punto di vista. Pensai al mio passato e capii che quando ero più giovane quello era *sempre* stato il mio punto di vista e, per quella ragione, DICEVANO che non tenevo a me stesso.

Mi dicevano che gli altri mi calpestavano e io ci ho creduto.

Mi dicevano che la gente se ne approfittava di me. Quindi ho imparato a essere arrabbiato con le persone. Ho imparato che non puoi essere sempre gentile, solo perché per te funziona così. Ho imparato che in certe situazioni uno deve essere arrabbiato.

L'hai imparato anche tu?

VERITÀ?
Ti fa sentire più leggero?
Ti fa sentire più connesso con te stesso?
Ti fa sentire più vicino a qualcuno?
Se anche per te la risposta a tutte le domande qui sopra è "no", allora forse potresti considerare di farti queste domande:

Mi è stato insegnato a giudicare come se giudicare fosse prendersi cura?
Mi è stato insegnato a giudicare piuttosto che a prendermi cura?
Mi è stato insegnato che separarmi dagli altri e renderli sbagliati è prendermi cura di me?
Quali altre scelte ho che mi farebbero sentire più leggero e più felice rispetto a quelle che ho fatto?

Ci sono a disposizione altre scelte che in realtà includono la cura amorevole per te stesso. Devi solo essere disposto a sceglierle. Quando sarai disposto a sceglierle, sarai in grado di vederle.

Tutto ciò che non ti permette di sapere quali sono queste scelte e di essere davvero in grado di sceglierle, per favore, lo distruggerai e s-creerai tutto ora? Giusto e Sbagliato, Bene e Male, POD e POC, Tutti e Nove, Shorts, Boys e Beyonds.[TM]

Eccone un'Altra un po' Diversa:
Sai qual è la Cosa più Spaventosa per gli Intimidatori?

È quando non puoi essere manipolato verso la rabbia, la collera, l'odio, il giudizio o la separazione. Per le persone che cercano di intimorirti una delle cose più spaventose è quando non ti separi da loro qualunque cosa facciano. Questo li terrorizza.

Non sapranno più come manipolarti e non sapranno quali fili tirare.

Allora, torniamo al punto dove la mia cara amica mi chiama dopo avermi fatto aspettare per tutta la sera. Basandomi su tutto quello che mi è stato insegnato, dovrei essere arrabbiato, ma io scelgo diversamente. Scelgo di essere me stesso (per la cronaca, tutto questo mi richiese 10 secondi). Da quello spazio di me dico: *"Ehi bellezza, come va?"* lei risponde: *"Benissimo. Mi spiace tantissimo di non essere venuta ieri sera. Avrei tanto voluto vederti"*.

Potevo sentire tutto il mio essere che si rilassava. Quello era il vero problema, mi sentivo ferito perché avevo pensato che non volesse vedermi. Mi sentivo ferito, quindi avevo usato la rabbia per nasconderlo, così nessuno avrebbe visto che mi sentivo svalutato e poco desiderabile.

Fui molto grato per essere stato in grado di essere così vulnerabile con me stesso e poter scegliere diversamente. In seguito capii che per me essere così arrabbiato, non funzionava. Non stavo cercando di evitare di essere arrabbiato perché non andava bene o perché sarebbe stato negativo per lei. Non funzionava per me, per chi avrei voluto essere.

Quante scelte stai facendo, che non funzionano veramente per te, perché è quello che ti è stato insegnato che avresti dovuto scegliere? Distruggerai e s-creerai tutto questo ora per favore? Giusto e Sbagliato, Bene e Male, POD e POC, Tutti e Nove, Shorts, Boys e Beyonds.™ Grazie.

E Ora, Per un Punto di vista Ancora-Più-Interessante: Fa male perché non ti ricevono.

Per favore, sii consapevole di una cosa: quando qualcuno è cattivo nei tuoi confronti, è doloroso perché non ti riceve, non riceve la tua cura amorevole e non riceve nemmeno la sua e tutto questo ti ferisce.

Non è il fatto che stiano cercando di ferirti. Non potrebbe importartene di meno. Ti fa male perché vorresti poter togliere il dolore e la sofferenza che percepisci nel mondo. A prescindere da quello che ti fanno, a te importa comunque. Non importa se ti abusano, ti molestano, ti giudicano, ti trattano in malo modo, sono scortesi, ti derubano o qualsiasi altra cosa, a te continua ad importare.

E pensi che non dovresti.

È come se dovessi pensare: *"Oh, mi hanno fatto un torto, quindi adesso non dovrebbe più importarmi nulla di loro"*. Passi tutta la vita a cercare di fregartene… eppure ti importa. Continua ad importarti.

Quindi, tutto quello che hai fatto per bere la bugia che puoi smettere di avere cura amorevole per qualcuno, quando in realtà non puoi, lo lascerai andare ora? Giusto e Sbagliato, Bene e Male, POD e POC, Tutti e Nove, Shorts, Boys e Beyonds. ™ Grazie.

Ti sto chiedendo per favore, di essere disponibile ad entrare nel non giudizio… dove tutto è solamente un interessante punto di vista. Viene anche chiamata *allowance*, dove qualsiasi cosa qualcuno sceglie (incluso te) è soltanto un interessante punto di vista. Allora potrai essere quella differenza che permetterà alle cose di cambiare.

Hai talmente tanta cura amorevole e sei talmente immenso che non puoi escludere nulla!

Quando lo fai, quando escludi le persone e fai finta che non ti importi, escludi anche te. *Questo spiega perché ti sembra così orribile.*

Saresti disposto a prenderti cura di te stesso così intensamente e saresti disposto ad essere così diverso da diventare una tale intensità di cura e spazio, da essere in grado di mostrare al mondo che questo è possibile?

Come sarebbe se tu avessi una tale intensità di cura amorevole e gratitudine da DIVENTARE cura amorevole e gratitudine? È possibile che possa piacerti avere gratitudine e cura per la tua vita e la tua esistenza in ogni istante? Essere grato per quello che porta ogni momento, ovunque ti trovi e con chiunque tu sia?

Non è quello che hai cercato per tutta la vita?
Ci è stato insegnato a non essere vulnerabili.
Ci è stato insegnato a fregarcene.
Ci è stato insegnato a non essere presenti.
Ci è stato insegnato a non donare.
Ci è stato insegnato a costruire dei muri attorno a noi per allontanare tutto e tutti e provare a controllare il mondo circostante cercando di accaparrarci il nostro pezzo prima degli altri *e per il 99% delle persone che stanno leggendo questo libro, tutto questo non funziona.*

Se per te non funziona, saresti disposto a scegliere qualcosa di diverso ora?

Come sarebbe se tu, essendo te stesso, fossi la cura amorevole, la gratitudine, il donare, la presenza, la vulnerabilità e la differenza che il mondo richiede?

Provalo...

᨞ ᨞ ᨞ ᨞ ᨞ ᨞

Come sarebbe se tu, essendo te stesso, fossi la cura amorevole, la gratitudine, la presenza e la vulnerabilità?

᨞ ᨞ ᨞ ᨞ ᨞ ᨞

È leggero per te?
È vero per te?
Cosa sai?
Cosa TI piacerebbe scegliere?

Vuoi Sapere COME Esserlo?

Non c'è un come.

Lo so. È irritante.

Devi semplicemente esigere di esserlo e poi fare una domanda.
(Sì, una domanda. Di nuovo.)

Prima esigerlo:
"Non importa cosa ci vorrà, io ora esigo di avere cura amorevole per me e di essere grato per me stesso. Non importa quanto mi ci vorrà per essere disponibile ad ottenerlo o che aspetto avrà, io ora esigo che accada: a partire da adesso".

Poi chiedere:
"Ehi Universo, cosa serve? Io non so cosa serve per essere in uno stato costante di gratitudine, cura amorevole e spazio, perché non conosco nessuno che vive così e nessuno me lo ha mai insegnato".

Chiedi all'universo perché tu non ne hai la più pallida idea. Di fatto non è il tuo compito averne un'idea, caro dolce Te. Il tuo compito è semplicemente richiedere con sincerità che accada e poi fare la domanda.

E poi "POC e POD" tutto quello che impedisce a questo di mostrarsi: *Tutto quello che non permette a questo di mostrarsi, distruggi e s-crea. Giusto e Sbagliato, Bene e Male, POD e POC, Tutti e Nove, Shorts, Boys e Beyonds.*™

L'universo ti ascolta e dice:
"Evvai!!! Finalmente, hai fatto una domanda! Sarà divertentissimo!!! Adesso possiamo giocare insieme! Dunque, so che tu non ne hai idea quindi, facciamo così: ti fornirò alcuni passi molto semplici con i quali iniziare. OK?"

Alcuni giorni sarà facile, altri sarà così difficile che vorrai saltare giù dal pianeta...ma ora, sei sulla buona strada...

Non mollare…
Ora è il momento…
Continua a chiedere…
E continua a scegliere…
E continua ad andare avanti…
E quello che hai chiesto accadrà….
(Ti prego…. ti prego…. non importa cosa succederà, se raccoglierai il tuo coraggio per continuare ad andare avanti… niente ti fermerà mai più… potrebbe rallentarti, ma non potrà mai più fermarti veramente…)

Se io potessi esprimere un desiderio per te e regalarti qualcosa, ti augurerei che niente e nessuno possa più fermarti dal creare la vita, e il mondo, che davvero ti piacerebbe creare, avere e farne parte.

Tutto ciò che non permette a questo di mostrarsi, e tutto ciò che ti impedisce di riceverlo, lo distruggerai e s-creerai tutto, per favore? Giusto e Sbagliato, Bene e Male, POD e POC, Tutti e Nove, Shorts, Boys e Beyonds.™

Non Importante

Diamo uno sguardo a quelle volte in cui pensi che non può fregartene di meno....

La mia domanda è: davvero non ti importa o sei così sveglio da NON RENDERLO IMPORTANTE?

Come sarebbe se fossi più consapevole di quanto tu abbia mai riconosciuto?

Qualsiasi cosa e chiunque rendi importante, ti incastra.
Devi costantemente giudicare se è buono o cattivo, giusto o sbagliato, stare o andare, prendere o dare...

Oh, che gioia!

Può importarti molto profondamente di qualcuno, senza per questo renderlo significativo nella tua vita.

Avere cura amorevole non significa bisogno. O importanza.

La vera cura amorevole è libertà totale.

Chiedere: VERITÁ?

Ecco uno dei più semplici strumenti di Access.

Io lo uso ogni giorno; quando facilito le classi, gestisco i miei affari e le mie relazioni.

Eccolo:

Vorresti essere in grado di capire se le persone intorno a te stanno mentendo?

ANCHE QUANDO NON SANNO CHE LO STANNO FACENDO?

Prima di fare una domanda chiedi: "Verità?"

Puoi farlo ad alta voce o mentalmente. Non importa.
Tu e tutti quelli nella stanza saprete se la persona sta mentendo o meno.

Mentendo a te e a loro stessi.

È un piccolo strumento, molto utile.

Contribuisce enormemente a cambiare il mondo.

Sarebbe una brutta cosa se lo usassi. Amplierebbe decisamente la tua consapevolezza su ciò che sta succedendo a te e alla tua vita.

E tu non vuoi. Vero?

Relazioni

— Fenomenali —

Una delle Grandi Cose...

...che tutti noi facciamo è interrompere il nostro cambiamento
in modo da non perdere la connessione con le altre persone.

È una delle più grandi limitazioni che abbiamo
imposto a noi stessi. Diventane consapevole.

Quello di cui potresti accorgerti è che scegliendo di cambiare,
diventerai l'invito per quelle persone che desiderano cambiare.

Anche se questo cambia la tua connessione con loro.

Nota che sto dicendo cambiamento. **Sarà diverso.**
Significa che potresti perderli, oppure no.

La gente che non desidera cambiare, spesso se ne andrà
o ti renderà sbagliato e si separerà da te.

La gente che davvero desidera cambiare non te ne farà una colpa.
Ti chiederà: *"Wow, cosa stai facendo? Sei così diverso. Posso averne un po' anch'io?"*

Oh, potresti tenere in considerazione questo:

**Con chi preferiresti giocare e con chi preferiresti
investire il tuo tempo, la tua energia e la tua attenzione?**

**Con quelli che sono resistenti al tuo cambiamento o con coloro
che ne sono ispirati?**

— Capitolo 6 —

Saresti Disposto ad Essere Abbastanza Diverso da Avere una Relazione Fenomenale?

Su questo pianeta spendiamo molto, MOLTO tempo ed energia nell'amore e nelle relazioni. Siamo molto carini, noi bellissimi esseri di questo pianeta.

Abbiamo tantissimi giudizi, conclusioni e punti di vista su ciò che è, o non è, il vero amore. Quasi tutti stiamo cercando la relazione perfetta, anche se facciamo finta che non sia così.

Per come la vedo io, ci sono tantissime altre possibilità per stare insieme! Tantissime.

Semplicemente non ci è stato insegnato ad abbracciarne altre, quelle possibilità non fanno parte di questa realtà.

Come sarebbe se potessimo cambiare l'intero paradigma sulle relazioni? Come sarebbe se potessimo cambiarlo in qualcosa che funzioni veramente per tutti noi? Come sarebbe se non dovesse avere più niente a che fare con il controllo, la gelosia, l'invidia, il giusto e lo sbagliato? Come sarebbe se avesse a che fare con il dono che possiamo essere verso, e per, l'un l'altro?

Sappi che non sto cercando di renderti sbagliato.

Mai.

La mia unica intenzione è invitarti verso un modo completamente diverso di essere.

Solo tu sai se per te è leggero.

Solo tu sai se per te è vero.

༄ ༄ ༄

Una Prospettiva Completamente Diversa Sulle Relazioni

Personalmente so come avere delle relazioni molto brutte. Proprio per questo per vedere cos'altro poteva essere possibile, ho dovuto osservare quest'area in maniera davvero dinamica.

Iniziamo con una definizione diversa di relazione. So che è diversa. E so anche che dopo che l'avrò detta, probabilmente mi vedrai come un tipo un po' strano. Benvenuto nel club.

Io definisco relazione come: "I gradi di distanza (o di separazione) tra due oggetti".

Perché? Perché affinché due oggetti si relazionino tra loro, devono essere separati. Altrimenti sono in comunione e quindi non sono più in relazione, perché non sono separati. Ha senso?

Ho cercato, cercato e cercato ciò che crea una grande relazione e devo dirti che niente di quello che pensavo ne crea una. Quindi, osservando questo ambito, ho capito che noi facciamo qualcosa di diverso rispetto all'ideale che ci sforziamo di raggiungere. Da qui la mia diversa definizione della parola relazione.

Lascia che cerchi di spiegartela...

Se siamo in una relazione dobbiamo essere separati e distinti. Ma se devi creare qualcosa dove sei separato e distinto, non occorre creare separazione per mantenerla? Ecco un'altra cosa strana: secondo il concetto di relazione di questa realtà, si cerca di avere una relazione SOLO con UNA persona, il che necessariamente esclude te, perché in una relazione ci sono sempre due persone. Non arrivi ad escludere l'altra persona fino a quando non sarai stanco di dare, dare, dare e dare e vedi che non funziona.

Capisci cosa intendo? Escluderai molto più spesso te stesso rispetto agli altri. Ecco come funziona di solito:

PRIMO:
Vedi la persona con la quale pensi di poter diventare una cosa sola. Per dieci secondi vedi la possibilità di grandezza di entrambi. Evvai!!!

SECONDO:
Dieci secondi dopo, stai giudicando e stai cercando di eliminare, e di divorziare, da ogni parte di te che non combacia con i suoi giudizi (o almeno con quelli che pensi siano i suoi giudizi).

TERZO:
Ti separi sempre di più, di più, di più, di più, eliminandoti sempre di più, di più, di più, per accordarti ai suoi giudizi, mentre la persona elimina sé stessa sempre di più, di più e di più per cercare di corrispondere ai tuoi giudizi. Poi ti chiedi perché alla fine le cose vanno a rotoli. Finiscono male perché nessuno di voi due è più la persona di quando avete iniziato la relazione!

Questo riguarda maggior parte delle relazioni.

Piacerebbe anche a me vederla diversamente. Questo è il motivo per cui ti sto presentando un modo diverso di considerare questa specifica area.

IO SO che possiamo scegliere di creare qualcosa di diverso!

Ma per far sì che accada, dobbiamo riconoscere quello che c'è ora e quello che ora stiamo creando. Anche se sembra difficile, doloroso o impossibile da cambiare, se vogliamo raggiungere un posto diverso, dobbiamo riconoscere dove siamo.

∿ ∿ ∿

Conosci Qualcuno che Ha Veramente Cura Amorevole e una Relazione Grandiosa?

Verità? Pensaci per 10 secondi. Lo conosci? Se è così, sei fortunato. Sapevi che il 90% delle persone preferisce avere una brutta relazione piuttosto che non averla? Se fai parte di quella piccola percentuale di popolazione che ha una relazione <u>fantastica</u>, questo non ti riguarda.

Ciò succede perché quando le persone hanno una relazione, si uniformano agli altri. In questa realtà quasi tutti stanno cercando di uniformarsi, stanno cercando di beneficiare, cercando di vincere e di non perdere.

In questa meravigliosa realtà, vai bene se hai una relazione. Se le persone non pensano che sei un perdente ne benefici. Quando hai qualcuno con cui fare sesso, vinci. Sei un vincitore! E, ironicamente, è irrilevante se ci fai veramente sesso o meno…

Quando hai qualcuno con cui fare sesso, qualcuno con cui accoppiarti, in questa realtà sei per definizione un vincitore. Tutti vogliono essere vincitori, giusto? È questa una delle ragioni per cui ti sei sforzato di stare con qualcuno anche quando non necessariamente volevi stare con qualcuno???

C'è davvero poca onestà in questo ambito perché le persone non vogliono far vedere che sono dei perdenti. Vogliono dimostrare che sono uguali a tutti gli altri e vogliono dimostrare che stanno vincendo… Grande strategia. Questo è il motivo principale per cui continuiamo a mentire a noi stessi e agli altri su quello che ci sta veramente succedendo.

Come sarebbe se non dovessi più bere questa storia? Quali altre possibilità potrebbero aprirsi per te? Per tutti noi? Quante relazioni hai scelto che non erano un contributo alla tua vita, ma che ti hanno permesso di uscire dallo stigma di essere solo? Tra l'altro non essere più solo, è un'altra ragione per cui il 90% delle persone preferirebbe avere una cattiva relazione, piuttosto che non averla.

Quanto è folle tutto questo?

Quale realtà stiamo tutti convalidando? In quale realtà stiamo vivendo?

Chi sarà il primo ad avere il coraggio di dire: *"Ehi, io scelgo diversamente. Io scelgo me"*. Ecco la parte davvero strana: le persone che lo hanno scelto, spesso sono state in grado di creare una relazione che per loro funzionava, *anche se era diversa da quello che avevano detto tutti gli altri.*

Interessa anche a te? Se è così…. *Tutto ciò che non permette a questo di mostrarsi per te, lo distruggerai e s-creerai, per favore? Giusto e Sbagliato, Bene e Male, POD e POC, Tutti e Nove, Shorts, Boys e Beyonds*™.

Tutto ciò che ti sei bevuto riguardo al bisogno di avere una relazione e fare sesso per poterti uniformare, beneficiare, vincere e finalmente non sentirti un perdente, lo distruggerai e s-creerai tutto, per favore? Giusto e Sbagliato, Bene e Male, POD e POC, Tutti e Nove, Shorts, Boys e Beyonds.™ *Grazie. (Consiglio: potresti aver bisogno di farlo scorrere 30 volte al giorno per i prossimi 30 giorni. Va molto in profondità).*

Potrebbe Esistere Qualcosa di Ancora Più Grande dell'Amore?

Come sarebbe se invece di lottare per l'amore fossi disposto ad avere gratitudine, cura amorevole e nessun giudizio? Se fossi disposto a scegliere questo, ti condurrebbe fuori da tutti i giudizi che sono attaccati al programma amore...

Cosa ho appena detto?

Uscire dal programma AMORE? (Bestemmia!)

So che per molti di voi questo va contro la maggior parte delle vostre credenze.

L'amore è bellezza.
L'amore è Dio.
L'amore è ciò che ci salverà.
L'amore è il cuore stesso del nostro vero essere.

Giusto?

Ma quante definizioni di amore esistono? Ti rendi conto che la parola amore ha più definizioni di qualsiasi altra parola al mondo? Quando dico ti amo, cosa significa per **te**? È qualcosa di questo tipo?

"Amo te e solo te, non voglio stare con nessun altro e non penso mai a nessun altro, né voglio ricevere qualcosa da qualcun altro, né tanto meno voglio dare qualcosa a qualcun altro. Tu sei il mio unico e il solo. Ti amo. Oh, a proposito... mi aspetto lo stesso da te".

Ora, ha lo stesso significato per **me**? No...

Significa qualcosa di diverso per ognuno di noi.

Eppure ci aspettiamo che quando diciamo a qualcuno ti amo, questo significhi per lui o per lei, la stessa cosa che significa per noi! Non può essere! Hanno avuto una vita completamente diversa, un'educazione completamente diversa, esperienze completamente diverse dalle nostre.

È una fonte enorme di confusione! E siccome siamo impegnati nella ricerca dell'amore ideale incondizionato, non lo capiamo!

Come sarebbe se "l'amore" fosse una programmazione sociale, fatta per assicurarsi che quello che sai che dovrebbe essere possibile come amore incondizionato (amore senza giudizio di giusto, sbagliato, bene, male o altro) non si mostri mai?

Dov'è che trovi amore incondizionato nel mondo? Dov'è che trovi qualcuno al mondo che lo sceglie? *A parte te?*

Stai sempre cercando di farlo, senza mai riuscirci, giudicandoti costantemente: *"Perché non riesco a farlo? Perché non riesco a far sì che questo cambiamento accada nel mondo? Perché sembra che sia l'unico a credere che sia possibile?"*

Come lo so? **Perché ero una di queste persone.**

Io SAPEVO che era possibile. Mi sono sempre giudicato per tutte quelle volte che non sono riuscito a crearlo. Ma sono sicuro che tu non hai mai avuto questo pensiero...

Continui a cercare di difendere l'ideale di quello che dovrebbe essere l'amore, mentre ti accorgi che nessun altro intorno a te lo sta scegliendo. A quel punto, vuoi uscire dall'amore e uccidere tutti perché non vedono ciò che è possibile. Carino, ma non è necessariamente la scelta più saggia, amico mio.

Sei stato programmato per vedere l'amore come l'ultima possibilità? Lo è? O SEI TU? L'amore è stato concepito per farti raggiungere qualcosa fuori di te, in realtà attraverso questa strada non è possibile creare quello che si suppone l'amore debba creare. Ma è possibile farlo **essendo te stesso.**

Come sarebbe se invece di semplicemente amare fossi disposto ad avere gratitudine, cura amorevole e nessun giudizio, PER TE?

Se fossi disposto a scegliere questo, ti farebbe uscire da tutti i giudizi che sono collegati al programma amore... Ed è davvero possibile avere e essere ognuno di questi (gratitudine, cura amorevole e non giudizio)! Non richiedono che tu cerchi al di fuori di te qualcosa che è impossibile trovare. Se tu fossi disposto ad averli per te stesso, sarebbero magicamente disponibili per chiunque altro.

È possibile che la combinazione di gratitudine, cura amorevole e nessun giudizio corrisponda maggiormente all'energia di quello che credevi avresti ottenuto dall'amore?

Se è così, potresti scoprire che puoi finalmente creare quello che pensavi che l'amore potesse darti.

ဆာ ဆာ ဆာ

Amico Mio, lo Sai Che Sei un Sensitivo?

Hai mai avuto una relazione? Una qualsiasi? Supponiamo di sì.

Diciamo che stavi per telefonare al tuo partner, prima che rispondesse sapevi già che era arrabbiato? O che era triste? O che aveva bisogno che lo chiamassi? O che aveva bisogno di fare due chiacchiere?

Lo sapevi ogni singola volta, che tu voglia ammetterlo o meno. In effetti, scommetterei che la ragione principale per cui avevi chiamato, era perché sapevi che era giù o aveva bisogno di qualcosa da te. Non credermi sulla parola. Prova a farci caso nella tua vita.

Come sai queste cose? *Perché sei sensitivo! Sei consapevole di questo tipo di energie.*

Lo sei sempre stato, tutta la vita. Quando dico sensitivo non sto parlando di Madame Rosinka che legge il palmo della mano o del Miss

Chloe che legge le carte. Sto parlando di qualcuno che è consapevole delle energie. Se fossi disposto ad affinare questa capacità potresti farci qualsiasi cosa.

Ma, per ora, sto parlando di qualcuno (TU) che è consapevole delle energie che lo circondano (ad esempio, i pensieri, le sensazioni e le emozioni delle persone a te care).

Dal momento in cui sei stato concepito, hai raccolto i pensieri, le sensazioni, le emozioni e i punti di vista sessuali di tutte le persone intorno a te. Inizialmente cercavi di capire come costruire questa realtà.

Come fa la mamma a costruire la realtà?

Come fa il papà a costruire la realtà?

Come fanno i miei fratelli a costruire la realtà?

Come fanno i miei parenti a costruire la realtà?

Come fanno i miei amici a costruire la realtà?

Assorbi tutto e diventi la riproduzione dei punti di vista di tutte queste persone su cosa sia la realtà... difficilmente qualcuno di quei punti di vista ti include, perché non hai chiesto: *"Cosa mi piacerebbe avere come realtà?"* Hai chiesto: *"Come fanno la realtà su questo pianeta? Come mi adeguo? Come posso farlo nel modo giusto? Come posso costruirla come chiunque altro qui? Come vinco, come non perdo?"*

Te ne vai in giro facendo come fanno gli altri, pensando che sia l'unico modo. Parte di ciò che ti è stato venduto è questa grande idea su come funzionano le relazioni... è solo perché sei veramente sensitivo, amico mio. Puoi raccogliere i sogni, le speranze, le realtà e le follie di chiunque.

Lo so, questa non la volevi sentire!

Ma se la tua attuale relazione prende la stessa piega di tutte le altre relazioni che hai avuto, sei consapevole che SEI TU QUELLO che sceglie lo stesso percorso?

Non è carino? Se ogni relazione in cui sia stato coinvolto seguiva sempre lo stesso percorso, qual è il comune denominatore in queste relazioni? TU!

Chi è l'unico che può scegliere qualcosa di diverso? TU!

Forse, come me, hai sperato di trovare qualcuno, o qualcosa, di diverso… qualcuno che TI CAPISSE… qualcuno che facesse funzionare tutto quello che hai deciso che doveva essere vero. Ma, indovina un po', questo succede solo quando esigi di scegliere quello che funziona per te, a prescindere dai punti di vista altrui e fregandotene se gli altri ti capiscono.

Se scegli questa realtà come base per la tua realtà, non funzionerà mai perché non include TE. Questa realtà ha sempre a che fare con le limitazioni, le erroneità e i giudizi, non con le possibilità.

Quindi, tutto ciò che hai fatto per scegliere questa realtà a dispetto della tua consapevolezza di cosa ti piacerebbe davvero scegliere, lo distruggerai e s-creerai tutto, per favore? Giusto e Sbagliato, Bene e Male, POD e POC, Tutti e Nove, Shorts, Boys e Beyonds.[TM] *Grazie.*

In Ogni Caso Non ti Servivano quelle Braccia e quelle Gambe, Vero?

Sei consapevole che la maggior parte delle relazioni richiedono che tu abbandoni la maggior parte di te stesso? Ecco come mi piace descrivere quello che avviene:

Sei a casa e un tuo amico molto carino ti passa a prendere con la sua macchina, che è davvero piccolina, come una Mini-Cooper. Dà un colpo al suo piccolo clacson e dice: *"Ehi! Come va? Dai, dai... Vuoi avere una relazione?"* e tu rispondi: *"O mio Dio, sei così carino e guidi quella macchinina così carina! Pronti! Facciamolo!"*

E il gioco è fatto. Ovviamente lui è al posto di guida, perché è la sua vita, e tu stai entrando nella relazione con lui, quindi devi metterti dal lato passeggeri perché è il posto che ti spetta.

Mentre infili il piede, capisci che la macchina è troppo piccola per le tue gambe... allora le tagli e le butti via, tanto non ti servono perché ti fai portare sulla corsa della sua vita, giusto? Certa gente ha semplicemente delle macchine piccole. Quindi, dici... Va bene!

Fai per chiudere la portiera: *"Sono pronto, le gambe le ho tagliate e ora nella macchina della tua vita ci sto comodamente, nessun problema! Andiamo!"* Chiudi la portiera e ti accorgi: *"Oh no, le mie spalle e le mie braccia sono troppo grandi!"* Quindi ti tagli le braccia e chiudi la porta con il mento. Ora sei pronto!

Senza braccia, senza gambe, finalmente puoi farti un giro sulla corsa della loro vita! In quella relazione, nel sedile passeggeri della loro macchinina! È così bello! Divertiti! Dai, andiamo!

Questo è ciò che facciamo nelle relazioni, noi carini e dolci e esseri. Come si può essere migliori di noi?

Amico mio, non mi fraintendere, io sono un esperto nel farlo. Quindi, non ti sto dicendo che sbagli, sto solo dicendo che potrebbe non essere la tua scelta più furba.

Solo Una Piccola Domanda che Potrebbe Iniziare a Cambiare Tutto...

Come sarebbe se quando incontri qualcuno con cui forse potresti essere interessato ad iniziare una relazione, ti facessi questa domanda?:

Questa persona, sarà un contributo alla mia vita e alla mia esistenza?

Poi TACI e ascolta quello che sai. Avrai la consapevolezza della risposta persino prima che tu finisca di fare la domanda.

Ti rende leggero? Allora è un sì.
Pesante? È un no. Non insistere!!! Fai un'altra domanda:
Cosa ci vorrebbe per incontrare qualcuno che sia un contributo alla mia vita e alla mia esistenza?

ოოო

E Cos'Altro è Possibile?

Conosci almeno una persona nella tua vita che non divorzierebbe da sé stesso o da sé stessa per qualcuno?

Se ci fai caso, quello che è interessante è come la gente guarda queste persone, molti dicono: "Mio Dio, sono proprio s*ronzi!" Tu di certo non vuoi essere uno stronzo, quindi ti assicuri di divorziare da te stesso in modo che la gente non pensi che tu lo sia.

Ma altri li vedranno per quello che realmente sono: dei **leader**. Dal mio punto di vista, un vero leader sa dove sta andando, non ha bisogno di seguaci ed è disposto ad andare dove vuole andare, che qualcun altro ci vada o meno.

Quando qualcuno non divorzia da sé stesso o da sé stessa, può diventare un leader nel mondo.

O comunque, può diventare un leader nella sua vita piuttosto che un gregario.

Se in una relazione ci sono due leader, funziona veramente bene perché entrambi sono disposti a permettere che l'altro sia esattamente come è. Entrambi desiderano che l'altro cresca, che sia di più, che si espanda, perché non sono spaventati o intimiditi da questo. **Anzi, ne sono ispirati.**

Da quale percentuale di te stesso hai divorziato per creare la tua attuale, o la tua più recente relazione? Più del 100% o meno? O MOLTO DI PIÚ? Per la maggior parte delle persone è MOLTO DI PIÚ. Tutto ciò che hai fatto per divorziare da te stesso, lo distruggerai e s-creerai tutto ora, per favore e reclamerai tutte le parti di te di cui hai pensato di doverti liberare? Giusto e Sbagliato, Bene e Male, POD e POC, Tutti e Nove, Shorts, Boys e Beyonds.™ Grazie.

Come sarebbe se il più grande regalo alla tua relazione fossi tu, essendo disposto ad essere tanto diverso, stupendamente brillante, incredibile, bizzarro, strano, intenso e gioioso, quanto in realtà sei, senza dover divorziare da qualche parte di te? Tutto ciò che non ti permette di scegliere questo con facilità, lo distruggerai e s-creerai tutto? Giusto e Sbagliato, Bene e Male, POD e POC, Tutti e Nove, Shorts, Boys e Beyonds.™ Grazie.

Le persone che hanno le relazioni migliori effettivamente hanno le loro vite.

Non stanno cercando di farsi convalidare dall'altro e non stanno cercando la persona che li completerà. Sanno già di essere complete nella loro vita e nella loro esistenza. Inoltre sono disposte a permettere che l'altra persona sia un'aggiunta e un contributo alla loro esistenza, non un rimpiazzo per essa.

Come sarebbe se tu fossi disposto ad avere questo? Tutto ciò che non permette a questo di mostrarsi per te, lo distruggerai e s-creerai tutto, per favore? Giusto e Sbagliato, Bene e Male, POD e POC, Tutti e Nove, Shorts, Boys e Beyonds.™ Grazie.

Sei Disposto a Provare un Nuovo Modo di Relazionarti con Tutti e con Tutto?

Esiste una piccola cosa chiamata INTIMITÀ, dove sei in Comunione o Tutt'Uno (*Oneness*). Dove tutto esiste e niente viene giudicato. Nel Tutt'Uno, io posso essere te e tu puoi essere me. La vera intimità ha cinque elementi:

Onorare, Fiducia, Allowance, Vulnerabilità e Gratitudine.

Hai notato che non c'è l'amplesso? Sorpreso? L'intimità è qualcosa che puoi avere con chiunque, se sei disponibile. Non richiede affatto la parte che riguarda il sesso (l'amplesso).

Ancora più strano, c'è una persona che fa la differenza qui... Se sei disposto ad essere intimo con quell'unica persona, ciò ti darà la scelta di avere l'intimità con chiunque altro nella tua vita, come tu desideri e come funziona per te.

Essendo intimo con te stesso.

Diamo un'occhiata ai cinque elementi:

1. Onorare
Significa onorare te e onorare il tuo partner. Onorare significa trattare con considerazione. In tutti i sensi. Sempre.

Ad esempio: sei mai stato attratto da qualcuno o qualcuno è stato attratto da te a causa della tua *sexualness* (ovvero la disponibilità a ricevere l'energia vitale dell'universo) di cui disponi? Se sei in una relazione decidi: *"O mio Dio, non posso flirtare con nessuno perché disonorerei il mio partner!"*

E se invece non fosse disonorevole per il tuo partner? Come sarebbe se quella fosse la parte di te che ha amato fin dall'inizio? Come sarebbe se in realtà, eliminare quella parte, fosse disonorare il tuo partner? E disonorasse anche te? Flirtare con qualcuno non significa che ci finirai a letto... mai. Flirtare significa... che sei un civettuolo! Potrebbe significare che sei un po' più vivo!

Potrebbe significare che sei un po' più divertente! Potresti chiedere al tuo partner come la pensa, prima di eliminare qualche parte di te che in realtà potrebbe adorare.

Lo so, è un modo leggermente diverso di vedere l'onorare.
La mia domanda è: *È leggero per te?*

Parte di questa informazione ci arrivò da una donna di 95 anni di nome Mary. Quando il mio amico Gary le chiese se suo marito, commesso viaggiatore, durante i suoi viaggi l'avesse mai tradita, ci sorprese entrambi con la sua risposta. Disse*:* "Non lo so. Se avesse avuto bisogno di farlo per onorare sé stesso, non avrebbe mai disonorato me o la nostra relazione tornando a casa a raccontarmelo. Voi giovani pensate di dover sbattere la vostra biancheria sporca in faccia al vostro partner esigendo che vi ami comunque. Questo è pazzesco!*"*

Come prego? La sua risposta fece discutere a lungo me e Gary su ciò che significa davvero onorare. Condividendo con noi il suo punto di vista, capimmo che lei ci aveva appena fatto un enorme regalo. E arrivò da una donna che era stata cresciuta da una nonna vissuta nell'epoca vittoriana! Da quel giorno ho capito che onorare qualcuno è molto diverso da quello che pensavo.

Forse potresti considerare cosa significherebbe per te onorarti ed onorare il tuo partner, non dalle definizioni che ti sono state date, ma da quello che funziona per te, anche se è diverso.

Tutto quello che non ti permette di essere consapevole e di scegliere veramente cosa sia il vero onorare PER TE E PER IL TUO PARTNER, lo distruggerai e s-creerai tutto, per favore? Giusto e Sbagliato, Bene e Male, POD e POC, Tutti e Nove, Shorts, Boys e Beyonds.™

2. Fiducia

La maggior parte delle persone pensano che fiducia significhi fede cieca. Non è così. Molte persone nelle relazioni hanno l'idea che: *"Certo, so che era un alcolista prima di stare con me, ma ora stiamo insieme e una volta che vedrà quanto lo amo, ho fiducia che smetterà".* No, tesoro, non smetterà.

Quello in cui devi avere fiducia è che le persone saranno esattamente come erano nel momento in cui le hai incontrate.

Se avrai fiducia che cambieranno perché ti amano tanto, ti stai preparando a un triste, abissale fallimento nella relazione. Questa è fiducia cieca (enfasi sulla parola cieca) e non funziona. Ha senso?

Quindi, abbi fiducia che la persona con la quale hai una relazione domani sarà sé stessa, nel bene e nel male, come oggi. Perché? Perché questo ti renderà la vita più semplice. Renderà più semplice anche la sua vita. Creerà la possibilità per una grande relazione. Poi, se cambierà "in meglio", questa potrà essere una piacevole sorpresa per entrambi e renderà il rapporto migliore, non qualcosa che ti aspetti in modo da ottenere finalmente il compagno perfetto.

L'altro aspetto della fiducia è fidarti di te. Per fidarti di te stesso, devi essere disposto a sapere che sai, disposto a sapere che sceglierai ciò che è meglio per te.

Tutto ciò che non permette a questo di mostrarsi per te, lo distruggerai e s-creerai, per favore? Giusto e Sbagliato, Bene e Male, POD e POC, Tutti e Nove, Shorts, Boys e Beyonds.™

3. Allowance (permettere che sia)

Allowance è dove tutto ciò che l'altra persona, anzi che ciascuno, sceglie, è semplicemente un interessante punto di vista. È solo una scelta, solo un interessante punto di vista.

La maggior parte di noi ha imparato ad allinearsi e accordarsi o a resistere e reagire a ogni punto di vista che ci viene presentato. Essenzialmente allinearsi e accordarsi è giudicare il punto di vista giusto, esatto e vero. Resistere e reagire è giudicarlo come qualcosa di sbagliato, qualcosa che deve essere evitato o da cui bisogna scappare a tutti i costi.

Nel momento in cui entri nel giudizio, esci dall'allowance e dall'intimità. Puoi avere l'intimità o puoi avere il giudizio. A te la scelta.

Ti sei accorto che il giudizio non è onorare? E neppure invita la gratitudine, non genera fiducia, non permette la vulnerabilità e non è *allowance*.

Nell'allowance tutto è un interessante punto di vista. Non importa quello che tu o gli altri scelgono, si tratta semplicemente di un interessante punto di vista. Come sarebbe se tutti i tuoi punti di vista potessero essere semplicemente interessanti punti di vista? Tu e il tuo partner avreste più leggerezza? Più libertà? Meno giudizio? Infatti, questa è una delle chiavi per eliminare il giudizio dalla tua vita e superarlo.

Tutto ciò che non permette che la totale allowance diventi una realtà per te, lo distruggerai e s-creerai, per favore? Giusto e Sbagliato, Bene e Male, POD e POC, Tutti e Nove, Shorts, Boys e Beyonds.™

4. Vulnerabilità
Il prossimo elemento dell'intimità è la vulnerabilità.

La vulnerabilità è come una ferita aperta. È quando non hai assolutamente barriere che ti separano da qualunque cosa facciano gli altri, da qualunque cosa tu faccia e dove non devi dimostrare nulla su chi sei. Puoi startene semplicemente lì, essendo te stesso.

Hai mai avuto una piaga aperta sul corpo che aveva una tale intensità che quando soffiava il vento era...ahhh? Quella è vulnerabilità. Perché è una cosa buona?

In questa realtà, ti è stato detto che la vulnerabilità è una cosa cattiva.

"Questa relazione mi ferisce, quindi alzerò delle barriere in modo che non accada mai più". Dopo che hai innalzato abbastanza muri e barriere, chi è che rimane intrappolato dietro i muri?

Sei tu, dalle stesse barriere che hai eretto.

Quante barriere hai eretto per non essere mai più vulnerabile?

Che ti hanno fatto credere che non saresti stato più ferito e che invece hanno fatto sì che continuassi a ferirti e a giudicare te stesso e il tuo partner? Distruggerai e s-creerai tutto questo, per favore? Giusto e Sbagliato, Bene e Male, POD e POC, Tutti e Nove, Shorts, Boys e Beyonds.™

Per ognuna delle barriere che erigi, devi giudicare se stai facendo bene o no, se sta funzionando o meno e se sta davvero tenendo fuori la cosa brutta e cattiva che volevi allontanare, il che ti mantiene in uno stato costante di giudizio e richiede un'enorme quantità di energia.

Se sei veramente disposto a stare con qualcuno senza barriere, ciò crea una possibilità completamente diversa. Crea una morbidezza in te, crea il ricevere qualsiasi cosa e invita questa possibilità anche per gli altri.

La vulnerabilità, in netto contrasto con quello che ti è stato detto, non è debolezza. Al contrario, è lo spazio della vera forza e potenza. Perché? Perché quando non hai barriere e non hai giudizi, puoi avere totale consapevolezza di ogni cosa, nulla la spegnerà e sarà disponibile totale forza e potenza.

Tutto ciò che non ti permette di avere la potenza che la vera vulnerabilità è per te, lo distruggerai e s-creerai, per favore? Giusto e Sbagliato, Bene e Male, POD e POC, Tutti e Nove, Shorts, Boys e Beyonds.™ *Grazie.*

5. Gratitudine
Pensa a qualcuno che dici di amare. Percepisci quell'energia per un attimo. Ora, invece, cerca di provare gratitudine per lui o per lei. *È più leggero per te?*

Ti sei accorto che sei perfettamente in grado di amare e giudicare contemporaneamente? Infatti, giudichi te stesso.

Giudichi per capire quanto ami qualcuno e quanto ti stanno amando, o non amando e se ne sei o non ne sei all'altezza...

Qual è la massima espressione di amore intimo in questa realtà? È quando tagli fuori chiunque dalla tua vita per stare solo con una persona. Questo spiega perché così tante persone rinunciano ai loro amici quando hanno una relazione. Quanto giudizio richiede questo? Davvero, in questa realtà l'amore e il giudizio vanno mano nella mano.

Se sei stato con qualcuno per più di 10 secondi, lo/la stai già giudicando. Questo spiega perché più stai con qualcuno e più ti senti separato da lui. Costruisci muri di giudizio attorno a te e lui costruisce muri di giudizio intorno a sé stesso. E poi non potrete avvicinarvi più di quanto questi muri vi permettano.

Tutto ciò che hai fatto per erigere questi muri di giudizio intorno a te, che ti separano dalla completa cura amorevole, dalla gratitudine e dal ricevere, distruggerai e s-creerai tutto, per favore? Giusto e Sbagliato, Bene e Male, POD e POC, Tutti e Nove, Shorts, Boys e Beyonds.^{TM} *Grazie.*

È molto triste. Ma questo è il paradigma delle relazioni che ci hanno dato.

Come sarebbe se la gratitudine fosse il nuovo paradigma?
Non puoi provare gratitudine e contemporaneamente giudicare. *O* sei grato *o* giudichi: non co-esistono. Quale ti piacerebbe scegliere?

Quello che è davvero fantastico in tutto questo è che qualcuno può giudicarti e tu puoi ancora provare gratitudine per lui o lei e avere persino gratitudine per i suoi giudizi su di te. Abbastanza figo! Perché? Perché ti permette di ricevere *te stesso* e non avrai mai più bisogno di separarti da nessuno. Nemmeno da te. Questo crea la possibilità di essere grato per tutto ciò che il tuo partner sceglie.

Tutto ciò che non permette a questo di diventare una realtà per te, lo distruggerai e s-creerai, per favore? Giusto e Sbagliato, Bene e Male, POD e POC, Tutti e Nove, Shorts, Boys e Beyonds.^{TM} Grazie.

❧ ❧ ❧

Amore: Part Deux
Sei Disposto a Scegliere l'Intimità Con Te Stesso?

Ora, amico mio, se nelle relazioni avessi questi cinque elementi (con gli uomini, le donne, gli amici, i genitori, i figli) si aprirebbero nuove possibilità per te?

Se ripensi a quello che volevi veramente quando parlavi di amore, somiglia di più alla gratitudine, all'onorare, alla fiducia, all'allowance e alla vulnerabilità? E come sarebbe se a questo aggiungessimo cura amorevole, nutrimento, gentilezza e non giudizio?

Verità? È questo quello che desideri per gli altri?

È questo quello che desideri per te?

Saresti disposto a scegliere l'intimità con te stesso? Amore o meno?

Tieni presente che se scegli l'intimità con te stesso, non significa che non potrai scegliere di avere qualcun altro nella tua vita. Non significa che tu debba allontanarti e rimanere solo.

Al contrario, significa che invece di scegliere una persona che vuole sminuirti e limitarti, sceglierai qualcuno che sarà un contributo per la tua vita. Non crederai più di aver bisogno di qualcuno, e della correttezza dei loro giudizi, per sentirti integro e completo.

Tutto ciò che non permette a questo di mostrarsi per te per poterlo scegliere con totale facilità, distruggerai e s-creerai tutto, per favore? Giusto e Sbagliato, Bene e Male, POD e POC, Tutti e Nove, Shorts, Boys e Beyonds.^{TM} Grazie.

Questo è il mio punto di vista: se vuoi avere una relazione, dovrebbe essere grande e fenomenale!

Dal mio punto di vista, perché sistemarsi con qualcuno che soddisferà il tuo bisogno di adattarti al limitato resto del mondo che gli altri trovano così prezioso? Una relazione è grandiosa finché è un contributo alla tua vita.

Tutto ciò che non ti permette di percepire, sapere, essere e ricevere questo come una possibilità e come crearla, lo lascerai andare ora e lo distruggerai e s-creerai tutto, per favore? Giusto e Sbagliato, Bene e Male, POD e POC, Tutti e Nove, Shorts, Boys e Beyonds.[TM] *Grazie.*

Ora sai che è una possibilità.

Devi semplicemente dire: "Ok, la sceglierò."

Tutto ciò che non permette a questo di mostrarsi, lo distruggerai e s-creerai tutto ora, per favore? Giusto e Sbagliato, Bene e Male, POD e POC, Tutti e Nove, Shorts, Boys e Beyonds.[TM] *Grazie.*

Distruggere Ogni Giorno le Tue Relazioni

Ecco un altro strumento strano. Uno in grado di cambiare il modo in cui scorre la tua vita.

Siamo tutti incastrati l'uno nell'altro.

Abbiamo condiviso aspettative, proiezioni, illusioni, delusioni, ricordi e ruoli che siamo l'uno per l'altro. Siamo bloccati in tutto questo.

Come potrebbe essere possibile stare insieme senza tutto questo bagaglio?

Sarebbe diverso il tuo modo di stare con il tuo partner, tua madre, tuo padre, i tuoi figli e i tuoi colleghi?

Come sarebbe se iniziassi ogni mattina s-creando e distruggendo tutte le tue relazioni? Con totale gratitudine per tutto quello che è stato e per quello che sarà? Perché? Così potrai costantemente essere creativo e generativo con le persone con cui ti relazioni, piuttosto che appesantire te stesso portandoti in giro il passato.

Inoltre, se fai riferimento al mio significato alternativo di relazione, che in sostanza significa "non Tutt'Uno", potresti considerarlo come distruggere ovunque non sei stato in grado di essere in allowance, in unione e non giudizio con le persone con le quali hai una relazione.

Come? È semplice. Così.
Io ora s-creo e distruggo la mia relazione con (il nome del partner). Giusto e Sbagliato, Bene e Male, POD e POC, Tutti e Nove, Shorts, Boys e Beyonds.[TM] *Grazie.*

Io ora s-creo e distruggo la mia relazione con la mia famiglia. Giusto e Sbagliato, Bene e Male, POD e POC, Tutti e Nove, Shorts, Boys e Beyonds.[TM] *Grazie.*

Io ora s-creo e distruggo la mia relazione con il mio lavoro, il mio impiego e con chiunque lavoro. Giusto e Sbagliato, Bene e Male, POD e POC, Tutti e Nove, Shorts, Boys e Beyonds.[TM] *Grazie.*

Io ora s-creo e distruggo la mia relazione con me stesso. Giusto e Sbagliato, Bene e Male, POD e POC, Tutti e Nove, Shorts, Boys e Beyonds.[TM] *Grazie.*

(Se sei una di quelle persone che amano le parole, puoi aggiungere le seguenti parole ai processi di pulizia qui sopra. Se non è così, ignora questa parte).

Io ora s-creo e distruggo la mia relazione con (il nome del partner) e ogni proiezione, aspettativa, separazione, giudizio e rifiuto che ognuno di noi ha sull'altro o sulla nostra relazione, dal passato, presente o futuro. Giusto e Sbagliato, Bene e Male, POD e POC, Tutti e Nove, Shorts, Boys e Beyonds.[TM]

Ora, inizia davvero una NUOVA GIORNATA.

Con meno bagagli dal passato e più possibilità future.

Un Nuovo Paradigma per il Cambiamento

Ecco una veloce GUIDA IN 5 PASSI PER CAMBIARE OGNI COSA NELLA TUA VITA! Per esempio, una relazione. Può essere con chiunque: il tuo amante, il tuo capo, il tuo partner... l'universo.

1. Primo: esigere.
Come quando si dice: "Ehi, questo cambierà e qualcos'altro si mostrerà!"

Hai mai notato che quando hai una relazione e sai che deve cambiare, ma non sei disposto a esigere che cambi, ma sai che deve, ma non sei realmente disposto a esigerlo, ma sai che deve e poi finalmente arrivi al punto dove dici: "Ne ho abbastanza di sapere che deve cambiare, cambierà, non importa se muoio io, non importa se muoiono loro, non mi interessa, non importa se il mondo finisce, questa cosa cambierà adesso!"

Ti ricordi come è cambiata velocemente? **Questa è un'esigenza.**

2. Secondo: fai una domanda.
Ogni domanda che fai apre una possibilità completamente diversa e apre un nuovo potenziale.

Esigi qualcosa e poi chiedi: "*Ehi, cosa ci vorrebbe affinché questo si manifesti diversamente?*" Improvvisamente si apre un varco che prima non avevi mai visto, ti affacci e scopri tutta una serie di strade diverse che puoi prendere.
Non puoi vederli fino a quando non lo esigi e non fai una domanda.

3. Terzo: agita la bacchetta magica.
Chiedi di distruggere, s-creare e lasciare andare ogni cosa che hai creato

o ogni bugia che hai bevuto che non gli permettono di mostrarsi il più in fretta possibile. E poi fai scorrere la frase di pulizia: *Giusto e Sbagliato, Bene e Male, POD e POC, Tutti e Nove, Shorts, Boys e Beyonds.*™
(O semplicemente POC e POD a tutto questo!)

4. Ora: SCEGLI (e AGISCI)!
La tua scelta determina il potenziale che si verificherà.
In altre parole devi esigere, fare la domanda e lasciar andare le limitazioni; in realtà è la scelta che crea un potenziale diverso per il futuro. Devi scegliere (e AGIRE)!

Questa è una realtà dove per creare le cose spesso è richiesto il fare. In altre parole, non puoi semplicemente sederti sulle chiappe e aspettare un cambiamento! Ci hanno rifilato un'enorme scortesia facendoci credere che basta SOLO chiedere per ricevere. In questa realtà, devi ancora darti da FARE! Ti prego, non limitare quello che può mostrarsi per te rifiutando di agire quando è necessario. Chiedere è un passo molto importante del processo, ma non è la parte finale.

Se vuoi sapere quali azioni intraprendere, semplicemente fai questa domanda ogni giorno: *"Cosa posso fare oggi che permetterà a questo di mostrarsi immediatamente?"*

Una delle tue più grandi capacità come essere, è la capacità di scegliere. Quello che la maggior parte di noi preferisce fare è avere una sola scelta che dominerà il resto delle nostre vite. (Mi piace chiamarla la scelta del *Signore degli anelli:* "Una scelta per dominarli tutti!"). Noi crediamo che dovremmo scegliere solo le cose buone (giuste) e non quelle cattive (sbagliate). Ma questo richiede MOLTO giudizio: giudizio di noi stessi.

Come sarebbe se non ci fosse giudizio riguardo a: *"Questa è una cosa buona"* oppure *"Questa è una cosa cattiva"*? Come sarebbe se fosse semplicemente: *"Però, ho fatto questa scelta"* e se funziona bene, ne scegli ancora. Se non funziona, come sarebbe se potessi semplicemente scegliere di nuovo?

Questo è un altro aspetto della tua magia: la capacità di poter sempre scegliere di nuovo.

Adesso...

∽ ∽ ∽ ∽ ∽ ∽ ∽

E adesso...

∽ ∽ ∽ ∽ ∽ ∽ ∽

E adesso...

∽ ∽ ∽ ∽ ∽ ∽ ∽

Con questo, come con tutte le cose, se vedi qualcosa che desideri, saresti disposto a iniziare a muoverti nella direzione che lo farà mostrare oggi? Meglio ancora, ADESSO? Comincia a esigere il cambiamento, fai domande, sii disposto a lasciare andare le limitazioni, SCEGLI qualcosa di diverso, e poi AGISCI!

5. Infine: RICEVERE ogni cosa

Affinché questo funzioni, perché le cose cambino, devi essere disposto a ricevere qualsiasi cosa si mostri, senza giudizi o esclusioni. Fidati dell'Universo.

Tieni conto che non puoi controllare quando qualcosa si mostrerà o quale aspetto avrà esattamente. È compito dell'Universo. L'Universo è consapevole delle INFINITE possibilità; possibilità che vanno molto, molto, MOLTO oltre qualsiasi fantasia potresti avere su come, per esempio, dovrebbe essere la relazione perfetta.

Visto che non sei solo al mondo, per creare un cambiamento significativo, l'Universo deve riorganizzare un sacco di universi altrui. Potresti chiedere oggi e riceverlo tra 10 anni o tra 10 secondi. Quindi, se non accade domani, NON sei sbagliato, amico mio.

Accadrà. Tu hai dato il via!

Proprio ora… leggendo questo…

Ti prego, tieni presente che probabilmente sarà completamente diverso da come l'hai mai immaginato.

Sex
ualness

Da Sapere...

Una delle cose più seducenti
al mondo, è quando
qualcuno ti guarda
senza giudicarti.

Quando succede
il tuo intero essere dice:
"Per favore, non andartene.
Per favore, non andare via.
Rimani, ti prego."

Saresti disposto ad essere questo?

Per te stesso?

— Capitolo 7 —

Parliamo di Sesso, Baby…

Miei cari, bellissimi amici, parte del motivo per cui giudichiamo i nostri corpi e ci sentiamo disconnessi e separati da loro, sta nel fatto che non abbiamo mai realmente ricevuto molta gentilezza o cura amorevole per loro.

È uno dei più grandi imbrogli della vita. È una delle più grandi tristezze di questa realtà. Non abbiamo un luogo o uno spazio dove i nostri corpi sono semplicemente nutriti e amati.

Spesso, invece della bellezza, delle sensazioni, della gioia, del divertimento, della leggerezza e delle possibilità che due corpi che si uniscono possono, e potrebbero essere, abbiamo avuto delle esperienze disonorevoli e cattive, a causa di queste eliminiamo il sesso. E nel nostro intento di eliminare il sesso, eliminiamo quell'energia del donare e del ricevere che potrebbe accadere tra *tutti i nostri corpi*.

Potresti invece prendere in considerazione di abbracciare la tua **sexualness**?

La sexualness include: **energia guaritrice, curativa, nutriente, gioiosa, generativa, creativa, espansiva e orgasmica.**

Tutto ciò che non permette a questa meravigliosa energia della sexualness di diventare una realtà per te, lo distruggerai e s-creerai tutto? Giusto e Sbagliato, Bene e Male, POD e POC, Tutti e Nove, Shorts, Boys e Beyonds.™

Nelle nostre vite questa è una di quelle energie che abbiamo ucciso: l'energia della sexualness. Nota che non sto dicendo sessualità. Sto dicendo sexualness. **Ha un significato completamente diverso.**

Lo scriverò un'altra volta perché è un concetto molto diverso: La sexualness è guarigione, cura amorevole, nutrimento, espansione, gioia, generativa, creativa e orgasmica. *Questa è l'energia della sexualness.*

E la sexualness non riguarda unire le parti del corpo. Si riferisce all'essere e all'energia che i nostri corpi hanno veramente. È come quando i cuccioli stanno accoccolati insieme. Non potremmo avere tutti un po' più di questo? Io credo di sì! Quando il tuo corpo funzionerà dalla sexualness, sarà acceso… acceso come quando spingi l'interruttore, acceso come quando: "Yuhuuu, siamo vivi!"

Sì, l'amplesso (il sesso) sarebbe molto divertente da quello spazio, ma non è veramente necessario e comunque la sexualness è molto di più di questo.

È **l'energia dell'esistenza** che fin da piccoli ci è stato detto di spegnere. Lo ripeto, NON è l'amplesso. Amplesso significa unire delle parti del corpo. E questa dovrebbe essere sempre una scelta.

Ancora una volta…

Sexualness:

Energia guaritrice, curativa, nutriente, gioiosa, generativa, creativa, espansiva e orgasmica dell'essere.

Amplesso:

Unire le parti del corpo.

Questo è l'inizio di un paradigma diverso per stare con il tuo corpo e nel tuo mondo, che ti permette davvero di ricevere completamente, donare a piene mani e cambiare la durezza e la cattiveria che questa realtà è diventata.

Controlla se è leggero per te..

Lascia che ti faccia due esempi. Il primo l'ho già usato.

∽∽∽

L'Abbraccio

Immagina di ricevere un abbraccio nutriente da qualcuno, uno di quegli abbracci dove ci si scioglie l'uno nell'altro, dove senti che i vostri universi potrebbero espandersi all'infinito...

Nota che in questo non c'è amplesso, ma è presente la completa sexualness (se rileggi gli aspetti della sexualness, noterai che sono tutti compresi in un abbraccio nutriente capace di espandere il mondo). Dato che nell'abbraccio la sessualità non è presente e non devi giudicare cosa non riceverai e non devi dimostrare nulla, non c'è nemmeno stranezza.

Dopo tutto, è semplicemente un abbraccio.

La mia domanda è: *Come sarebbe se l'amplesso potesse essere tanto nutriente e vasto (e persino più divertente) di un grande abbraccio?*

Essere un Dottore in Chiropratica

Quando frequentavo il college di chiropratica, mi fu detto di eliminare tutta la mia energia sessuale per evitare di essere querelato. In altre parole, mi fu detto dì non essere l'energia della sexualness. Avrei dovuto posare le mani sulle persone per guarirle e cambiare delle cose nel loro corpo e nelle loro vite, mentre eliminavo la stessa energia di guarigione, nutrimento e cura amorevole che mi permetteva di farlo.

Per me questo è folle.

Facci caso, anche solo per un secondo, sei entrato nel giudizio? Questo deriva dal fatto che non hai mai ricevuto la consapevolezza che tra sexualness e sessualità c'è una differenza! C'è, ed è una differenza fondamentale.

Se guardo indietro, credo che quello che "loro" mi chiedevano di eliminare fosse la sessualità; quell'energia strana, impetuosa, giudicante e scortese che qualcuno impone sugli altri quando vuole copulare. Ma "loro" non hanno mai fatto alcuna distinzione, probabilmente perché non sapevano che c'è una differenza. Quindi mi lasciarono credere che in qualche modo avrei dovuto eliminare TUTTO, me incluso, ovvero ciò che la sexualness è. (Perché la sexualness include te, così come tutti gli altri. La sexualness include. La sessualità esclude.)

Questo è il motivo per cui sto illustrando questo ambito: in modo che tu non debba più eliminare la tua sexualness, proprio perché tu sei qualcuno che non vuole imporre agli altri quell'energia sessuale strana, giudicante, bizzarramente poco gentile, non nutriente e che potrebbe anche non fare per nulla parte di te.

ANCORA UNA VOLTA, C'È UNA DIFFERENZA! (Lo so, per qualcuno questo può essere molto strano).

Sessualità: è sempre un giudizio, spesso serve a dimostrare: "Guarda quanto sono erotico", spesso esclude il ricevere ed evoca una strana sensazione di inadeguatezza ed erroneità.

Sexualness: è l'energia non giudicante, guaritrice, amorevole, nutriente, gioiosa, generativa, espansiva, creativa e orgasmica che non solo guarisce i corpi e le vite, ma cambia il volto del mondo.

Quale preferiresti scegliere? Anche a te è stato insegnato ad eliminare l'energia della sexualness fin da quando eri molto giovane? Sfortunatamente è stato così per la maggior parte di noi.

Quindi, tutto ciò che hai fatto per spegnere quella sexualness, per giudicarla, perché fosse giudicata in te, pensando di essere una persona cattiva se l'avessi avuta, o credendo che ti saresti trasformato in una persona cattiva, una puttana o altro, se fossi stato realmente così erotico, lo distruggerai e s-creerai, per favore? Giusto e Sbagliato, Bene e Male, POD e POC, Tutti e Nove, Shorts, Boys e Beyonds.[TM]

E saresti per favore disponibile ora a permettere che l'energia guaritrice, amorevole, nutriente, gioiosa, generativa e orgasmica che sei in realtà, si mostri nella sua totalità, con facilità? Giusto e Sbagliato, Bene e Male, POD e POC, Tutti e Nove, Shorts, Boys e Beyonds.[TM] *Grazie.*

༄ ༄ ༄

Gratitudine Orgasmica? (Orgasmitudine???)

Immagina se fossi completamente grato per te stesso. Per ogni cosa che sei, per ogni parte di te.

Come sarebbe? Porterebbe guarigione? Sarebbe amorevole e nutriente? Sì, perché se sei grato per te stesso non ti stai giudicando, dal momento che non puoi avere gratitudine e giudicare contemporaneamente. Sarebbe gioioso? Sì, perché la vera gioia è un senso di pace. Quando vai oltre il giudizio di te stesso puoi provare vera pace. Sarebbe nutriente? Sì, perché non giudicarti è una delle cose più nutrienti che puoi fare per te stesso.

Sarebbe generativo? Sarebbe creativo? In altri termini, puoi portare in esistenza e nella realtà cose diverse grazie a questo? Certo.

E sarebbe orgasmico?

Provare gratitudine per te stesso e la sexualness totale, vanno per mano. Non puoi provare gratitudine e allo stesso tempo giudicarti, così come non puoi avere contemporaneamente la sexualness e il giudizio. Il giudizio elimina sempre la sexualness.

La scelta di essere nella sexualness supera la limitazione imposta dal giudizio. (se questo per te non ha senso puoi rileggere un'altra volta gli elementi della sexualness).

Davvero, se capissi quanto meraviglioso potrebbe essere avere totale sexualness e totale gratitudine insieme, perché vorresti mai scegliere qualcos'altro? Perché vorresti scegliere ancora di giudicarti? E per quale ragione non lo stai scegliendo proprio ora?

Tutte le proiezioni, le aspettative, le separazioni, i giudizi e i rifiuti che ti sei imposto e che creano l'impellente bisogno della sessualità e la distruzione della sexualness, le distruggerai e s-creerai tutte, per favore? Giusto e Sbagliato, Bene e Male, POD e POC, Tutti e Nove, Shorts, Boys e Beyonds.™ Grazie.

Tutto ciò che non ti permette di scegliere di avere totale sexualness e completa gratitudine per te e il tuo corpo (e la gioia che ne deriverebbe) lo distruggerai e s-creerai tutto, per favore? Giusto e Sbagliato, Bene e Male, POD e POC, Tutti e Nove, Shorts, Boys e Beyonds.™ Grazie.

Essere un Invito

Quando sei nella sexualness, sei un invito per chiunque. Sei la possibilità di guarigione e di cura amorevole che le persone non hanno nelle loro vite. Diventi il nutrimento che non hanno nelle loro vite, la gioia che non hanno le loro vite, la capacità generativa che non hanno nelle loro vite, la capacità creativa, l'espansività e la possibilità orgasmica del vivere. Per essere questo non occorre avere un amplesso con loro, mai.

D'altra parte la sessualità è: *"La nostra interazione riguarda solo quello che ottengo da te attraverso l'amplesso. Questi sono i termini, il fine e l'obiettivo. Voglio dare e voglio copulare con te. E se non abbiamo un amplesso, allora non ho interesse ad interagire con te."*

Quindi, potresti considerare la possibilità che avere l'energia della sexualness potrebbe davvero essere un'espressione gioiosa della vita e dell'esistenza? Tutto ciò che non permette a questo di mostrarsi per te, lo distruggerai e s-creerai, per favore? Giusto e Sbagliato, Bene e Male, POD e POC, Tutti e Nove, Shorts, Boys e Beyonds.™ Grazie.

Saresti disposto ad abbracciare maggiormente la sexualness che veramente sei e che non sapevi esistesse fino a quando non l'hai letto pochi minuti fa? Saresti disposto a distruggere e s-creare tutti i tuoi preconcetti sulla sessualità e i giudizi che davvero non stanno funzionando per te? Giusto e Sbagliato, Bene e Male, POD e POC, Tutti e Nove, Shorts, Boys e Beyonds.™ Grazie.

Ti prego di cogliere che non sto cercando di importi un punto di vista. Veramente. Quello che sto cercando di fare è invitarti verso una possibilità di vivere completamente diversa. Come sempre, di tutto questo non prendere nulla che non funziona per te. Ma, almeno, prova.

Se qualcuno mi avesse dato questi strumenti undici anni fa, forse, avrei potuto essere più felice.

Parte della mia depressione era causata dal fatto che quello che io vedevo nel mondo e quello che le altre persone vedevano come realtà, era completamente diverso da ciò che SAPEVO che doveva essere disponibile. Quasi nessuno considerava di valore ciò che io consideravo prezioso, gioioso e una ragione per vivere: la gentilezza, la cura amorevole, la guarigione, il nutrimento, la gioia, le energie generative, espressive, creative e orgasmiche e il non giudizio; ovvero tutto quello che avrei voluto nel mondo. Questo mi fece dubitare del fatto che avrebbero mai potute essere possibili o si sarebbero mai mostrate. E se queste cose non potevano manifestarsi, dal mio punto di vista, non valeva la pena vivere.

Ora si mostrano. E la vita merita di essere vissuta!

Orgasmico e In-Arrestabile?

Se avessi l'energia della sexualness, saresti frenabile o inarrestabile?

Inarrestabile.

E avendola, sceglieresti di piegarti e rinunciare in accordo con il giudizio delle altre persone? Perché vorresti scegliere di piegarti, accordandoti alla pesantezza dei loro giudizi, quando può esserci così tanto divertimento? Non saresti più giudicabile, perché i loro giudizi non avrebbero più alcun effetto su di te. Quindi saresti inarrestabile e incontenibile e nessuno potrebbe controllarti.

Ah sì, saresti anche veramente gioioso e molto più gentile (verso di te e verso gli altri) e avresti molta più energia. Quante persone nella tua vita sarebbero assolutamente intimidite da questo? Quasi tutti, a eccezione di quelli che sono disposti ad essere quell'energia orgasmica.

Saresti disposto ad avere, ed essere, più divertimento?
Saresti disposto ad essere inarrestabile?
Saresti disposto ad essere più orgasmico? (Perché l'orgasmo è l'energia che crea la vita).

Tutto ciò che non permette a questo di mostrarsi, lo distruggerai e s-creerai tutto, per favore? Giusto e Sbagliato, Bene e Male, POD e POC, Tutti e Nove, Shorts, Boys e Beyonds.™ Grazie.

Tra l'altro, questo non richiede l'amplesso, mai.
Come sarebbe se potessi scegliere di avere quell'energia orgasmica ogni volta che vuoi?

Cosa ci Vorrebbe per Avere Veramente un'Esistenza Orgasmica?

"Un'orgasmica cosa?!?!?" Ti stai chiedendo.
Un'esistenza orgasmica! È quando scegli la tua vita e le esperienze che fai perché sono divertenti, gioiose, intensamente meravigliose ed espansive.

Che cosa ci vorrebbe?

Una delle cose che è richiesta è che tu lo scelga. Devi essere disposto ad avere un'esistenza orgasmica come se fosse qualcosa di prezioso, piuttosto che qualcosa che cerchi di evitare a tutti i costi, in modo tale da poter essere normale, nella media, reale e uguale a chiunque altro.

Devi essere disposto ad averla come un contributo alla tua vita, piuttosto che vederla come una cosa cattiva.

Saresti disposto ad avere un punto di vista completamente diverso?

Mi faresti (e ti faresti) un favore, per piacere? Lasceresti andare l'idea che per avere un orgasmo devi fare sesso (avere un amplesso, copulare)? Permetteresti invece, che fosse un'energia di gioiosa possibilità e generazione che scorre attraverso **tutta** la tua vita e la tua esistenza?

Ininterrottamente.

(Semplicemente per il fatto che hai eliminato la necessità di avere un amplesso per avere un orgasmo, ti prego, non eliminare l'orgasmo dall'amplesso!)

Cosa intendo dire? Beh, hai mai assaggiato un boccone di cibo che era così delizioso, così gustoso, con così tanti livelli di sapore che si rincorrevano, da poterlo sentire attraverso ogni cellula del tuo corpo? Era orgasmico? *Sì!* (Tra l'altro, se non ti è mai successo, sarebbe anche ora!)

Hai mai fatto una discesa sciando tanto velocemente e ridendo così forte che pensavi ti saresti pisciato nei pantaloni? È stato orgasmico? *Sì!*

Ti sei mai seduto sulla spiaggia, o in montagna, con il sole che ti carezzava la pelle, sentendoti talmente benedetto per essere vivo da sentirti uno con il tutto? È stato orgasmico? *Sì!*

Hai mai fatto un bagno, dove dal momento in cui si entrato nell'acqua fumante il tuo corpo era tutto in subbuglio e infuocato dall'intensità e dalle sensazioni? Orgasmico? *Ancora sì!*

Tutte queste sono esperienze di esistenza orgasmica. Sono solo una piccola porzione delle infinite possibilità che sono disponibili. Hai notato che nessuna di esse implicava l'amplesso? *Strano, eh?* Come sarebbe se per te fosse prezioso che la tua vita si mostrasse di più in questo modo? Non sarebbe molto più divertente?

Cosa stai aspettando? Ti sono stati dati gli strumenti. Crea il cambiamento che permette a questo di mostrarsi! Affinché capiti oggi forse ti basterà aprire un pochino la porta, ma se non l'aprirai mai rimarrà chiusa per sempre. Se la apri ora, potrebbe rimanere aperta per sempre. È una tua scelta.

Esistenza orgasmica, oppure essere normale, nella media, reale e sempre uguale come tutte le altre persone noiose che hai conosciuto. Quale ti piacerebbe scegliere? La parte divertente è che… è davvero solo una scelta.

Ed esattamente, quali sono gli strumenti che hai? Rivediamoli insieme:

1. ESIGERE: esigi che il modo in cui le cose si sono mostrate cambi ora e che qualcosa di diverso si mostri.

2. CHIEDERE: chiedi: "Che cosa ci vorrebbe affinché questo si mostri?" e "Cosa posso cambiare, scegliere, contribuire e ricevere che permetterà a questo di mostrarsi?"

3. POD e POC: chiedi di distruggere, s-creare e lasciare andare tutto ciò che non permette a questo di mostrarsi il più in fretta possibile. E poi, fai scorrere la frase di pulizia: *Giusto e Sbagliato, Bene e Male, POD e POC, Tutti e Nove, Shorts, Boys e Beyonds.*[TM]

4. SCEGLIERE e AGIRE: La tua scelta determina il potenziale che si presenterà. In altre parole, devi esigere, fare la domanda, lasciar andare le limitazioni; è la scelta (e l'azione) che realmente crea un potenziale diverso per il futuro. Devi scegliere!

5. RICEVERE *tutto:* devi sapere che non hai il controllo su quando qualcosa si mostrerà o come sarà esattamente. L'Universo ce l'ha. Perché questo funzioni, affinché le cose cambino, devi essere disposto a ricevere tutto ciò che si mostra, senza giudizi o esclusioni.

Eccoli qui: un breve riepilogo per cambiare qualsiasi cosa.

Troppo strano? Va bene. Tanto non volevi realmente quel cambiamento, vero?

Specialmente quella cosa sulla sexualness…
E comunque, chi mai vorrebbe essere orgasmico? Veramente?

Corpo Orgasmico: Come Avere Più Energia, Sempre, Con Totale Facilità

Inizia ricordando l'ultima volta che hai avuto un orgasmo.
(Anche se è successo 150 anni fa...)

Ora, richiama su dalla Terra quell'energia orgasmica.

La Terra ne ha una quantità enorme, è come un immenso, pulsante, orgasmo bollente...

Come potrebbe altrimenti avere un nucleo fuso che richiede centinaia di milioni, o di miliardi, di anni per raffreddarsi?

Ok, porta l'energia dell'orgasmo della terra attraverso i tuoi piedi, nelle caviglie, attraverso le ginocchia, attraverso i fianchi, attraverso lo stomaco, attraverso il plesso solare e il petto, attraverso le braccia, attraverso il collo e fuori dalla sommità della tua testa.

Di più. ∽ ∽ ∽ ∽ ∽ ∽   Di più! ∽ ∽ ∽ ∽ ∽ ∽ ∽
Di più!! ∽ ∽ ∽ ∽ ∽ ∽   Di più!!!

Come si sente adesso il tuo corpo?
Ah, tra parentesi, se a questo punto, il tuo dolce corpo vuole muoversi in un modo particolare, per favore... permettiglielo!

Se iniziassi ogni giorno (e ogni notte) in questo modo...

Non sarebbe una cosa buona per te. Per niente.

(Se non l'avessi capito era uno scherzo).

Oltre la Tua

Famiglia

(Davvero è permesso?)

Sono le Tue Scelte, NON la Tua Educazione a Creare la Tua Realtà…

Quali scelte hai fatto, semplicemente perché potevi farle, che non avevano alcun senso
per nessuno e che indicano quanto sei diverso?

Per caso, hai avuto esperienze di abusi o cattiverie e
comunque hai scelto di essere una persona gentile?

O sei cresciuto con pochi soldi e hai scelto di cambiare questa situazione?
O sei cresciuto circondato da gente che giudicava costantemente, ma hai scelto di andare oltre il bisogno di giudicare?

Per favore, puoi riconoscere che hai creato
una realtà diversa da quella che ti è stata data
quando eri piccolo?

Puoi riconoscere per favore, quanto incredibilmente potente
TU sia?

E riconosceresti che:

SONO LE TUE SCELTE, NON LA TUA EDUCAZIONE, CHE
CREANO LA TUA VITA E LA TUA ESISTENZA.

— Capitolo 8 —

E Se Tu Avessi Scelto
i Tuoi Genitori?

Immagina... Sei una bellissima luccicante scintilla di essere nell'Universo. A metà della tua terza capriola su una morbida nuvola spumeggiante, decidi di prendere un corpo per un po'... Solo per divertimento e, forse, come un passo nel tuo percorso di consapevolezza.

In qualche modo, trovi queste due persone e le fai scontrare.
Sbam!

Eccoti! Ecco il tuo corpo!

È un'informazione vitale che non ci era stata data...

Tu scegli i tuoi genitori, tu piccolo bambino potente!

Controlla...Ti fa sentire più leggero?

Ricorda, quando ti incarni, non ricevi solo un corpo, ma tutta questa realtà! E come se stessi guardando una di quelle televendite notturne e un tizio sta vendendo incarnazioni sul pianeta Terra.

Sei un piccolo essere scintillante sulla tua nuvoletta e pensi: *'Ma veramente? Posso andare sulla Terra? Wow!'*

Dal programma "NuvolaTV" senti: *"Sì! E se chiami ora, non solo riceverai un corpo, ma riceverai ogni limitazione che questa realtà ha da offrire. Dovrai lottare ogni istante per uscire dalla realtà limitata! Cercherà di contrastarti! Cercherà di soffocarti! Intorno a te avrai ogni genere di persona che non sarà disposta a sapere che qualcos'altro è disponibile! Avrai qualcosa per cui lottare ogni istante della tua vita fino a quando morirai, per dimostrare che sei di successo! Ma solo se chiami ora! Gli operatori sono in attesa."*

E tu pensi: *"Va bene, lo farò! Sembra un'avventura".*

Per questo dico: siamo carini, ma non molto svegli.

༄ ༄ ༄

Crescere nel Ghetto

Se pensi che la scelta dei tuoi genitori e della tua infanzia sia stata interessante, permettimi di condividere la mia con te per un momento. Dai due ai nove anni sono cresciuto nel ghetto. Ero l'unico ragazzo bianco in otto chilometri quadrati. Ero l'unico ragazzo bianco nella mia scuola. Questa è una scelta interessante che un bambino può fare, nel mio caso io.

Fortunatamente, sebbene la maggior parte delle persone del ghetto abbiano molto odio nei loro universi, tanti ragazzini che conoscevo non avevano imparato a giudicare (e a odiare) in base al colore della pelle, non ancora. Certo, quasi tutti gli adulti che conoscevo erano pieni di odio, si deve pur imparare a sopravvivere.

Ho avuto veramente degli amici meravigliosi nel ghetto, con un colore di pelle diversa dal mio. Non mi resi conto che eravamo diversi fino a circa otto anni. Accadde quando qualcuno attaccò briga con me perché ero di un altro colore. Ripensando a quell'episodio ho capito che ai ragazzi viene insegnato a giudicare. Il giudizio non è qualcosa con cui arriviamo sul pianeta.

Il ghetto è davvero il coronamento di quella realtà. Tutti imparano prima a odiare e poi, se mai, a fare delle domande. È quel tipo di odio che permea ogni cosa e che crea la mancanza di speranza che mantiene le persone in quel ciclo e non permette mai a nulla di cambiare. È quell'allineamento e accordo, resistenza e reazione alla correttezza o alla scorrettezza dei punti di vista, che mantengono tutto bloccato. Stiamo parlando del programma supremo del marketing multi-livello della merda! Nel ghetto non c'è allowance.

Allo stesso tempo, avevo dei nonni e un padre benestanti. Ogni fine settimana andavo a far visita a mio padre o ai miei nonni e poi tornavo nel ghetto.

Mia nonna mi toglieva i vestiti "buoni" che indossavo durante il weekend passato con lei e mi rimetteva i vestiti scadenti, perché ogni volta che tornavo a casa nel ghetto, la gente con cui mia madre e io vivevamo me li rubava, insieme a tutto quello che valeva la pena rubare. Oh che bello!

Doveva essere uno spettacolo da vedere... Mia nonna che mi riportava a casa sulla sua nuovissima Lincoln Continental®, mi faceva scendere di fronte a una di quelle case nel ghetto, mi spogliava fuori dalla macchina e mi rimetteva i vestiti scadenti... era come "Paperon de' Paperoni incontra la Piccola Fiammiferaia".

Mio padre e mia nonna avevano il punto di vista che: "*Noi siamo bianchi. Siamo ricchi. Siamo superiori*". Il mio punto di vista era: "*Prova a vivere la mia vita. La gente qui mi odia perché sono bianco. Mi odia solo al pensiero che ho i soldi, anche se non è vero!*"

Vivevo in un bizzarro universo conflittuale. Un universo conflittuale è dove hai un universo che è una cosa e un altro che è completamente diverso e non riesci a renderli coerenti. Non c'è proprio modo. Quindi, funzioni in questo universo conflittuale dove non hai assolutamente idea di ciò che è realmente vero... Questa è stata parte della mia realtà mentre crescevo. Scelta interessante, vero? E, a proposito, quanto della tua infanzia (e della tua attuale realtà) ti sembra come un universo conflittuale?

Tutto ciò che crea la tua infanzia e la tua realtà come un universo conflittuale, lo distruggerai e s-creerai tutto, per favore? Giusto e Sbagliato, Bene e Male, POD e POC, Tutti e Nove, Shorts, Boys e Beyonds.™ Grazie.

⚬⚭ ⚬⚭ ⚬⚭

Lo Sapevo. E Anche Tu.

Quello che ho capito è che ero venuto per dare ai miei genitori la consapevolezza che non dovevano vivere nel giudizio. Ci sono riuscito? No.

Cercavo di capire come o perché, nonostante tutto quell'odio, la rabbia e il vetriolo costantemente indirizzati verso di me mentre vivevo nel ghetto, volessi ancora abbracciare quella gente e dirgli: *"Non devi per forza essere così. Dai, abbracciamoci"*.

Volevo capire come e perché potessi essere così, perché se fossi riuscito a trovare un motivo, avrei potuto mostrare agli altri come esserlo e anche come ottenerlo.

Immagini che una di queste cose possa essere vera per te? Hai mai voluto mostrare alle persone che hanno altre possibilità? Hai mai voluto abbracciarle e far loro sapere che tutto può essere diverso e molto più facile?

Ma, sfortunatamente, non puoi mostrare agli altri come esserlo e come averlo.

È una scelta.

Una scelta che va oltre ogni ragione e giustificazione. Oltre tutto ciò che è cognitivo.

Quando scegli qualcosa, nessuno potrà mai togliertela.

E tu hai sempre una scelta. Sempre.

∽∽ ∽∽ ∽∽

Sei Venuto per Donare Qualcosa ai Tuoi Genitori Che Loro Hanno Rifiutato di Ricevere?

Come sarebbe se tu fossi venuto per dare ai tuoi genitori qualcosa: un regalo o una consapevolezza? Forse sei venuto per mostrargli che erano amati, o che potrebbero avere una vita più grande, o che non devono soffrire, o che non devono giudicare, o che la rabbia e la tristezza non era la loro unica opzione.

La maggior parte di noi, dato che loro hanno rifiutato di riceverlo, ha deciso di aver fallito. Sai una cosa? Non è che tu hai fallito, è che loro semplicemente non l'hanno voluto. Mi hai sentito, mio bellissimo amico? **Non sei tu che hai fallito. Semplicemente loro non potevano o non volevano riceverlo, o non volevano ricevere te.**

Non è colpa tua. In alcun modo. Davvero. Veramente. Lo giuro.

E non è nemmeno colpa loro. È solo che avevano già i loro punti di vista fissi. Non è che loro siano cattivi e sbagliati, si tratta semplicemente di quello che erano disposti a scegliere. Facevano del loro meglio con gli strumenti che avevano. Alcuni di loro avevano degli strumenti tristemente inadeguati...

Siamo così carini (e così poco svegli).

Cosa facciamo allora per cercare di cambiare? Sembra che la cosa che facciamo più spesso sia prendere il genitore che ci ama di meno e creare una relazione con qualcuno che gli assomigli.

A quanto pare pensiamo che se riusciamo a cambiare quella persona, finalmente possiamo guarire quello che non siamo riusciti a guarire nel genitore che non ci ha amato come noi speravamo. E così, finalmente, potremo smettere di pensare che siamo un fallimento. Crediamo che saremo in grado di uscire dal giudizio su di noi perché siamo convinti che quel fallimento sia la fonte dell'inadeguatezza che abbiamo percepito in noi per tutta la vita.

Però!

Come sarebbe se niente di tutto questo fosse vero? Come sarebbe se guarire i tuoi genitori non fosse la tua missione? Come sarebbe se assolutamente NULLA fosse sbagliato in te? E in loro? Come sarebbe se quella fastidiosa sensazione di erroneità arrivasse interamente da qualcos'altro?

Se questo è il tuo caso, a quale età hai deciso che eri un fallimento?

Due anni... quattro... sei? Il secondo giorno dopo la tua nascita? Il secondo mese dopo il tuo concepimento?

A qualunque età hai deciso di essere un fallimento perché i tuoi genitori hanno rifiutato di vedere il dono che sei, saresti disposto a lasciare andare tutto ora e distruggerlo e s-crearlo e reclamare e riconoscere che sei il dono che sei venuto ad essere (anche se non sai cosa sia)? Giusto e Sbagliato, Bene e Male, POD e POC, Tutti e Nove, Shorts, Boys e Beyonds.™ *Grazie.*

✂ ✂ ✂

"Non Sei TANTO Meglio di Noi, Caro"

Quanta della tua vita hai creato per convalidare i punti di vista della tua famiglia su quello che è possibile e quello che non lo è?

Questo è più o meno il punto di vista diffuso nel mondo: non puoi essere diverso (specialmente non più grande) di quanto sia stata la tua famiglia. Puoi essere un po' di meno, ma non di più. Non puoi essere libero dal giudizio. Non puoi fare più soldi. Non puoi goderti la vita più di quanto abbia fatto la tua famiglia, perché loro sono stati quelli che ti hanno insegnato come tirare avanti in questa realtà.

Oppure hai passato tutta la vita combattendo e resistendo a ogni punto di vista che la tua famiglia aveva, cercando di dimostrare che sei proprio come loro, ma dal lato opposto della loro realtà.

Quanta della tua vita hai passato essendo tuo padre, mentre facevi resistenza ad essere tuo padre, mentre eri tuo padre, mentre facevi resistenza ad essere tuo padre?

Quanta della tua vita hai passato essendo tua madre, mentre facevi resistenza ad essere tua madre, mentre eri tua madre, mentre facevi resistenza ad essere tua madre?

Tutto ciò che mantiene questo in posizione, lo lascerai andare tutto ora e lo distruggerai e s-creerai, per favore? Giusto e Sbagliato, Bene e Male, POD e POC, Tutti e Nove, Shorts, Boys e Beyonds.™ *Grazie.*

Se hai scelto i tuoi genitori, pensi di essere disposto a vedere quale regalo hai ricevuto scegliendo queste due persone?

Fatti questa domanda: "Quale regalo ho ricevuto scegliendo queste persone come i miei genitori?"

Tutto ciò che non ti permette di vedere il dono (doni) che hai ricevuto scegliendo i genitori che hai scelto, lo lascerai andare tutto ora, per favore? Giusto e Sbagliato, Bene e Male, POD e POC, Tutti e Nove, Shorts, Boys e Beyonds.™ *Grazie.*

Promemoria: "Cosa hai scelto, per il semplice fatto che potevi farlo, che non aveva alcun senso per nessun altro e che è un'indicazione di quanto sei diverso?"

Saresti disposto a riconoscere che hai creato una realtà diversa da quella che ti era stata data da bambino?

Saresti disposto a riconoscere quanto tu sia incredibilmente potente?
E riconoscerai ORA che è LA TUA SCELTA, NON LA TUA
EDUCAZIONE a determinare la tua vita e la tua esistenza?

È tutto ciò che non permette a questo di mostrarsi ora, lo distruggerai e s-creerai, per favore? Giusto e Sbagliato, Bene e Male, POD e POC, Tutti e Nove, Shorts, Boys e Beyonds.™ *Grazie.*

Cosa ti piacerebbe adesso scegliere come la tua vita?

Il Sentiero Verso la Consapevolezza

Vuoi avere un mondo diverso? Esci dal giudizio di te stesso!

Quando smetti di giudicarti e smetti di giudicare tutti gli altri, diventi la differenza e il cambiamento che hai desiderato, e forse anche chiesto, per tutta la vita.

Tu sei tu. Quando crei e generi un'esistenza che è gioiosa per te, sei il cambiamento su questo pianeta e sei il dono che guarisce il pianeta. Se hai sempre cercato il **"sentiero verso la consapevolezza"**, eccolo. E non intendo il mio libro o Access Consciousness®. Intendo, essere te stesso.

Non ha a che fare con qualche missione impossibile, con un sogno impossibile, in un posto impossibile, dove non sai nemmeno cosa sia e non hai gli strumenti per farlo.

Non c'entra col vivere in una grotta e meditare per tutta la vita. Non si tratta di abbandonare questa realtà e tutte le cose divertenti e deliziose che puoi fare, avere ed essere qui.

Si tratta di vivere con facilità, onorando te stesso e gli altri, creando la tua vita con **tutto** quello che vorresti avere, provando un senso di facilità, gioia e gloria*.

QUESTO è ciò di cui si tratta.

Tu possiedi gli strumenti. Tu sei gli strumenti.

Ora è il momento, miei bellissimi amici.

*gloria: "espressione esuberante e abbondanza"

Tutto è

Scelta

Hai capito?

Sto seduto, piuttosto pensieroso, nell'attesa di riscrivere questo capitolo di *Sii Te Stesso, Cambia il Mondo*. Per poter riscrivere questo capitolo, devo rivisitare un argomento che pensavo di aver lasciato da tempo dietro di me. E mentre lo faccio, mi confronto con quanto il mio punto di vista del mondo sia diverso da quello della maggior parte delle persone che su questo pianeta io chiamo i miei fratelli e le mie sorelle. (Voi).

Per me, prima, questo capitolo era un capitolo all'interno di un grosso libro di possibilità. Aver vissuto quello che vi descriverò ha cambiato tutta la mia vita, completamente.

Ma dover rievocare l'argomento partendo dalla prospettiva di raccontare ciò che è accaduto e ciò che ho imparato da questo, per poter davvero descrivere quello che potrebbe essere possibile per voi, i lettori, mi ha riaperto di nuovo gli occhi.

Lasciate che aggiunga qualcosina prima di tuffarci nell'argomento in questione.

Appena due giorni prima che la versione svedese di *Sii Te Stesso* fosse mandata in stampa, l'editore chiamò per chiedere se potevamo togliere questo capitolo dal libro. Dire che ero sorpreso è un eufemismo. Vedete, ho ricevuto letteralmente centinaia di email da persone che mi dicevano che proprio questo singolo capitolo (nella sua precedente versione) aveva dato loro una prospettiva che aveva praticamente salvato le loro vite.

La mia risposta alla gentilissima editrice fu: "*No*". Ma, mentre la ascoltavo esprimere le sue ragioni per voler eliminare il capitolo, mi resi conto che nel manoscritto iniziale di *Sii Te Stesso* non avevo dato abbastanza informazioni, a te, il lettore. Inoltre mi accorsi che il motivo per cui avevo scritto questo capitolo era, in primo luogo, di fornire alle persone una prospettiva diversa. Che è ciò che aveva fatto.

Tuttavia, erano effettivamente richieste ulteriori informazioni. Quindi mi offrii di riscrivere il capitolo per renderlo ciò che volevo che fosse quando avevo scritto il libro, ma che non ero stato in grado di scrivere.

Sì, anch'io sono cambiato.

Mi sono accorto che nella nostra vita molte volte, quando viviamo un evento, spesso diamo per scontato che le persone coglieranno la prospettiva che noi abbiamo ricevuto a seguito di quell'evento, anche se la loro esperienza di vita è ben diversa dalla nostra. Presupponiamo semplicemente che gli altri vedano il mondo nei suoi aspetti fondamentali come lo vediamo noi.

Potresti pensare che, considerato quello che faccio per vivere, dovrei conoscerlo come il palmo della mia mano. Da un lato è così. E dall'altro ho appena ricevuto un immenso dono di consapevolezza. Un dono che, si spera, spiegherà più efficacemente il potenzialmente controverso tema di questo capitolo.

Inoltre, questo singolo capitolo, se tolto dal contesto dell'intero libro, alle persone potrebbe sembrare crudo. Il che non è esattamente il risultato che sto cercando.

Quindi, quello che hai di fronte a te è un capitolo leggermente diverso rispetto a quello che avresti letto se la mia editor svedese non avesse vegliato su di te, e contemporaneamente, vegliato su tutti noi.

Questo capitolo cambierà alla fine del 2012 anche nella versione inglese. Se vuoi vedere cosa diceva la versione precedente, sentiti libero di cercare una copia di seconda mano da qualche parte...

Consideralo il tuo invito a ricevere una consapevolezza completamente diversa su alcuni argomenti molto controversi riguardo ai quali sono arrivato ad avere una prospettiva molto differente. Bene, bellissimi fratelli e sorelle di questo bellissimo pianeta che siamo così tanto fortunati da chiamare casa, ecco, si va...

Comprendere contro Consapevolezza

"Hai capito?"

Quante volte nella vita abbiamo sentito questa domanda?

O l'abbiamo fatta?

Prenditi un momento per osservare questo.

Stai cercando di vivere la tua vita da un punto di vista cognitivo?
Stai cercando di capire come tutto funziona per farlo bene?
Molti di noi lo fanno.

Ecco un'altra possibilità da considerare: *Non funziona!*

Il nostro punto di vista di partenza è: *"Penso, dunque sono"*.
Da questo, traiamo la conclusione che la scelta sia cognitiva.
Ma non è così.

Tutti noi abbiamo scelto un sacco di cose che non erano cognitive.

Noi pensiamo che il capire sia la consapevolezza, ma non lo è.

La consapevolezza molte volte non ha "comprensione" perché non è accompagnata da punti di vista. *Semplicemente è.*

La comprensione è inferiore alla consapevolezza.

Il capire è una funzione della tua mente.

La consapevolezza è una funzione di te, dell'essere.

Cercare di vivere le nostre vite da un punto di vista cognitivo è una delle più grandi limitazioni che abbiamo.

E, per favore, non cercare di capirlo cognitivamente...

Semplicemente chiedi: è leggero o pesante?

Per te.

— Capitolo 9 —

"Se la Morte Fosse Una Scelta Invece di Un'Erroneità, Potresti Finalmente Vivere Pienamente?"

Saresti disposto a tuffarti con me nell'abisso per un attimo?
Ora, quello che dirò potrebbe veramente andare contro tutto ciò in cui hai creduto...

Bene, considerati avvisato! Tieniti forte. E ricorda:

Tutto è l'opposto di quello che sembra,
Niente è l'opposto di quello che sembra.

Tutto è l'opposto di quello che sembra,
Niente è l'opposto di quello che sembra.

Tutto è l'opposto di quello che sembra,
Niente è l'opposto di quello che sembra.

Tutto è l'opposto di quello che sembra,
Niente è l'opposto di quello che sembra.

Tutto è l'opposto di quello che sembra,
Niente è l'opposto di quello che sembra.

Ti rendi conto che in questa realtà, la morte e il cambiamento sono considerati completamente sbagliati? La morte è percepita come una delle cose peggiori che potrebbero capitarti. Per inciso, è così anche per il cambiamento. Quante domande ci sono in questo punto di vista? Nessuna. E quando non fai una domanda, elimini la tua consapevolezza di qualsiasi altra prospettiva che potrebbe essere possibile.

Mi chiedo, cosa potrebbe mostrarsi se non rendessimo sbagliati la morte, il dolore o il cambiamento e cominciassimo, invece, a chiederci: che cosa sta davvero succedendo qui? Se qualsiasi cosa è una scelta, io mi chiedo, come è stato creato questo? Per quale ragione? Vedi come il semplice fare queste piccole domande può aprire una possibilità completamente diversa? Ti fanno uscire dalla conclusione, dove non esistono altre possibilità e permettono lo schiudersi di altre possibilità.

Prediamo qualcosa di orribile come l'11 Settembre. Se da questo trai la conclusione che "è veramente orribile" quale consapevolezza potrebbe esserci? Quali possibilità potrebbero esserci che non hai ancora considerato? Le possibilità ci sono praticamente in ogni situazione, ma per poterle vedere, devi essere disposto a cercarle e a chiedere loro di mostrarsi. Come si fa? Facendo domande! (Oh, ancora con queste domande).

Come sarebbe se tutte quelle altre possibilità fossero come dei bambini spaventati?

Cosa intendo dire con questo?

In un mondo dove cerchiamo di trarre conclusioni su tutto, che è quello in cui viviamo, queste possibilità sono state talmente dimenticate e abbandonate ed è stato detto per così tanto tempo che non hanno valore, che ora si stanno nascondendo. Non hanno più voglia di venir fuori a giocare, a meno che tu non le vada a cercare e non faccia loro sapere che sei disposto ad averle nella tua vita. Questo lo fai attraverso una domanda e poi essendo disponibile ad aprirti verso una possibilità totalmente diversa. Questa parte è veramente importante. Per far sì che una nuova prospettiva, una nuova consapevolezza o una nuova possibilità entri nel tuo mondo, TU devi essere disposto a permetterlo. Sì, TU.

Facciamo una prova. Torniamo all'evento chiamato 11 Settembre e osserviamolo da uno spazio di "cos'altro è possibile?" e magari facciamo anche qualche domanda.

Per cominciare, non è curioso che in due grattacieli che normalmente ospitavano 50.000 persone, quel giorno morirono solo 3.000 persone? In qualsiasi altro ambito questo sarebbe stato considerato come minimo stupefacente. Qualcuno lo chiamerebbe un miracolo. Come sarebbe se il fatto che siano morte "solo" 3.000 persone invece di 50.000 fosse uno strabiliante miracolo? E se ognuna di loro avesse fatto del suo meglio per regalarci un incredibile dono, un incredibile campanello d'allarme, mentre accadeva?

Sì, lo so che molti dei familiari che hanno vissuto il dolore della perdita dei loro cari, inizialmente potrebbero ridicolizzare quest'idea, lo capisco perfettamente e capisco anche loro. Quello che sto cercando di fare è presentare una spiegazione diversa che potrebbe dare a tutti noi, anche ai membri delle famiglie che sono rimaste, un livello di pace e di consapevolezza più grandi.

Lascia che lo spieghi meglio.

Cosa ci vorrebbe perché tu potessi renderti conto che ci sono delle scelte che fai come essere, che vanno molto oltre la tua comprensione cognitiva? Se ogni scelta che fai non dovesse avere una comprensione cognitiva o una consapevolezza cognitiva, avresti a disposizione più scelta? E, vorresti riconoscere che stavi scegliendo anche quando non avevi una percezione cognitiva a riguardo?

Come sarebbe se quelle persone nei grattacieli e negli aerei avessero saputo qualcosa che va molto oltre questa realtà? Come sarebbe se fossero veramente esseri infiniti, il che significa che la loro consapevolezza va ben oltre la semplice realtà e la sua scarsa consapevolezza e le sue scelte limitate? Come sarebbe se, a qualche livello, avessero saputo che potevano dare un contributo per CAMBIARE IL MONDO? Come sarebbe se il modo che hanno scelto per farlo fosse permettere ai loro corpi di morire quel giorno così da poter risvegliare le altre persone (noi)?

Quel giorno il mondo è cambiato. Potresti obbiettare che è cambiato in peggio. Potrebbe essere vero. Oppure, è possibile che se l'11 Settembre non fosse mai accaduto il mondo sarebbe stato molto peggio? Come sarebbe se fosse stato un campanello d'allarme che ha costretto le persone verso la consapevolezza che il cambiamento è necessario? Come sarebbe se fosse stato parte dell'esigenza per una maggiore consapevolezza? E come sarebbe se ogni singola persona che scelse di permettere al suo corpo di morire quel giorno, avesse contribuito a quella consapevolezza PER IL MONDO?

La mia domanda è, ti fa sentire più leggero?

Conosco persone a cui quella mattina non è suonata la sveglia. O che hanno preso un taxi e sono rimasti bloccati nel traffico dell'ora di punta. O che avevano il figlio malato. O che semplicemente hanno ricevuto un chiaro messaggio di fare marcia indietro e non andare ai grattacieli quel giorno... Letteralmente, e se questo fosse quello che hanno creato le persone che hanno scelto qualcosa di diverso dal morire quel giorno? E se le persone avessero saputo che il dono più grande che potevano essere era restare nei paraggi? Come sarebbe se ci fosse qualcosa di più grande in ballo rispetto a quello che siamo stati disposti a considerare? Ancora una volta, quello che è vero per te, ti fa sempre sentire più leggero. Cosa TI fa sentire più leggero?

Una cosa interessante che è successa subito dopo l'11 Settembre è che i Newyorkesi invitarono dei completi sconosciuti nelle loro case, se ne presero cura, invece di temere per la loro vita o i loro averi. A New York non era successa una cosa simile dagli anni '60. La città si strinse insieme in una dimostrazione di solidarietà e di cura amorevole diversa da qualsiasi cosa la città avesse MAI sperimentato. Lo considerereste un dono?

Un'altra cosa interessante che ho notato, è che chiedendo a molte persone quando avevano iniziato la loro ricerca nell'esplorare le possibilità oltre questa realtà, molti di loro mi dicono che hanno iniziato nel 2001, nel 2002 o nel 2003, proprio gli anni successivi all'11 Settembre. Coincidenza? Forse. E forse le persone che sono abbastanza coraggiose da cambiare strada hanno avuto proprio l'effetto che stavano cercando.

E per favore cercate di capire, non sto parlando di una scelta cognitiva!

"Se mi nascondo forse non morirò"

Sembra che comunemente, ci siano due modalità dove le persone decidono qualcosa che avvia il loro corpo sul sentiero della morte. Una di queste è il decidere da giovane che non vivrai oltre una certa età. È solo una decisione. Quando superi quell'età la tua vita si ferma perché pensavi che saresti morto, hai indirizzato abbastanza vita verso quel punto e poi ti sei preparato a morire. Bizzarro vero?

TU hai una data di scadenza?

Mi piacerebbe raccontarti di qualcuno che chiameremo Cynthia. Quando l'ho conosciuta aveva 54 anni e nella sua vita non funzionava assolutamente nulla. Le feci moltissime domande e finalmente scoprimmo la limitazione che la stava letteralmente uccidendo. E devo dirtelo, per me fu una sorpresa.

Quando Cynthia aveva circa tre anni, aveva deciso che non avrebbe vissuto oltre i 51. Quando compì 51 anni tutta la sua vita le sfuggì di mano. Smise di fare soldi, smise di avere amicizie, tutto semplicemente si fermò.

Cinquantuno anni era la sua data di scadenza.

Hai una data di scadenza in cui il tuo corpo dovrebbe tirare le cuoia? A quanti anni? La vedi la follia di questo punto di vista? Per esempio, Cynthia aveva preso quella decisione a tre anni. Cosa ne sa esattamente un bambino di tre anni sulla morte e sulla vecchiaia e di quando vorrebbe morire? Questo è un altro esempio di una scelta completamente non-cognitiva che ha un impatto enorme sulla vita di qualcuno.

Se hai una data in cui cadere morto stecchito, distruggerai e s-creerai ora per favore, qualsiasi cosa con cui ti sei allineato e accordato o a cui hai resistito e reagito che le permette di esistere? Giusto e Sbagliato, Bene e Male, POD e POC, Tutti e Nove, Shorts, Boys e Beyonds.[TM] *Grazie.*

Aspetta, C'è dell'Altro...

L'altro modo comune con cui si avvia il proprio corpo sul sentiero della morte è quando sei in una relazione o in una situazione dalla quale vuoi uscire e dici: *"Oh, sono morto"* oppure *"Vorrei soltanto morire"*.

Hai deciso di morire così puoi uscirne. Hai regolato il tuo corpo sul flusso della morte e per te diventa davvero difficile avere una vita e avere una qualsiasi forma di abbondanza. È bizzarro, lo so. Davvero bizzarro.

Lascia che ti faccia un esempio. Gary stava lavorando con una donna sui 70 anni a cui era stato diagnosticato un cancro al seno. Le chiese: "Da cosa stai morendo dalla voglia di andartene?"

Lei rispose: "Il mio matrimonio."

Gary le chiese: "Hai mai preso in considerazione il divorzio?"

Lei replicò: "Oh no. Non potrei mai fare questo ai mie figli!"

Lui le chiese: "Quanti anni ha il più giovane dei tuoi figli?"

Lei disse: "54"

Non importa quando durante Gary ci provò, lei era completamente indisponibile a cambiare il suo punto di vista. Lui le restituì i soldi e le disse che non poteva aiutarla. Morì di cancro al seno.

Molte persone pensano: *"Se mi nascondo, forse non morirò?"*

No, in realtà se scegli di vivere allora non morirai! Lo so, come molte altre cose di cui abbiamo già parlato, è strano.

Primo, devi smantellare la decisione di morire, SE SEI DISPONIBILE A FARLO. (Questo, tra l'altro, è esattamente quello a cui serve la frase di pulizia: a smantellare lo schifo che non avevi modo di cambiare fino ad ora). Secondo, devi veramente fare la scelta di vivere davvero. (Molte persone hanno problemi a oltrepassare i processi di pulizia sulla malattia, la povertà e la depressione perché non hanno ancora scelto DI VIVERE.

Osserva, *se qualcosa di tutto questo è leggero per te*, è arrivato il momento di scegliere diversamente ora?

Di scegliere di vivere?

Per coloro i quali sanno che questo li riguarda e gli piacerebbe cambiarlo: sareste disponibili a farlo? Proprio adesso?

Distruggerai e screerai ogni volta che hai deciso di morire e che volevi morire per andartene da qualcosa? E tutto quello che non lo permette lo lascerai andare ora? E farai ora la scelta ed esigerai di vivere? Non importa come sembrerà e non importa cosa ci vorrà?

E tutto ciò che non permette questo lo distruggerai e s-creerai ora per favore? Giusto e Sbagliato, Bene e Male, POD e POC, Tutti e Nove, Shorts, Boys e Beyonds.[TM] *Grazie.*

Grazie. Da parte mia e del tuo corpo.

(A proposito, verifica nel tuo corpo ora. È più leggero?)

Lascia che ti racconti una storia con un lieto fine. C'era una donna con cui lavoravo, chiamiamola Chandra, che aveva dei fibromi dell'utero, diagnosticati dal medico e verificati con l'ecografia. Quando le chiesi: "*Qual è il valore di tenersi tutto questo?*", lei si accorse che era l'unico modo che conosceva per guarire le persone intorno a lei. Il suo corpo stava letteralmente cercando di guarire gli altri prendendo su di sé il dolore e la malattia. (Il che è molto più comune di quanto molte persone si siano mai rese conto).

Con un po' di domande, usando la frase di pulizia per sciogliere laddove lei sentiva di non poter fare altrimenti e un po' di lavoro con l'ESB (Sintesi Energetica dell'Essere) fu libera dai fibromi. Ritornò al laboratorio ecografico perché era in lista per l'intervento per rimuovere i fibromi e voleva vedere se c'era stato un cambiamento dopo la nostra sessione. Il tecnico dell'ecografia fissava incredulo mentre le muoveva l'ecografo sull'addome e guardava gli esiti dell'esame precedente. Alla fine si pronunciò dicendo che la prima ecografia doveva essere sbagliata. Eh eh. :) Evvai Chandra!

Da qualche parte, in qualche modo, Chandra ricevette quello che le serviva per scegliere qualcosa di diverso. Per favore sappi, che, è sempre la scelta della persona, non la mia.

PICCOLA NOTA AL LETTORE

Potresti chiederti come sono arrivato al punto dove posso fidarmi della mia consapevolezza sulle cose che ho condiviso con te (per esempio che Cynthia aveva davvero preso la decisione di morire a tre anni, o che Chandra era sulla strada giusta per cambiare la sua situazione dei fibromi). Per questo, come per tutto il resto, ho usato lo strumento che ho già condiviso con voi: la scienza missilistica.

Oops! Scusa, dimenticavo, strumento sbagliato. È molto più facile della scienza missilistica.

Ho iniziato con la consapevolezza che qualcosa di vero ti fa sempre sentire più leggero. E poi ho lasciato andare la mente e ho seguito qualsiasi cosa venisse a galla. Quando si creava più leggerezza, continuavo a seguire quel sentiero. Quando diventava più pesante, sapevo che non era la direzione in cui andare, così cambiavo la rotta con le mie domande.

E come faccio a sapere che quello che ho fatto ha funzionato davvero e non era una mia invenzione?

PERCHÉ LA VITA DI CYNTHIA E IL CORPO DI CHANDRA SONO MOLTO MIGLIORATI. Da quel momento Cynthia ha creato di più, di più e di più. E anche il suo nuovo marito è molto felice di questo. Da allora il corpo di Chandra è stato per lei una continua fonte di meraviglia e di gioia. Quindi per favore, sappiate che il modo in cui so che quello che sto cercando con qualcuno sta davvero funzionando, è che LA SITUAZIONE CAMBIA VERAMENTE.

Anche se parlo di molti argomenti strani e diversi, da un punto di vista molto bizzarro, in realtà sono molto, molto pragmatico. Se qualche strumento che sto usando non serve per cambiare qualcosa, allora cerco, e spesso trovo, uno strumento diverso, una prospettiva diversa, un modo diverso di guardare le cose che permetta il cambiamento della situazione. È così che più di 25 anni fa è stato creato Access, lavorando con persone reali per cambiare cose reali, sia che quella cosa fosse modificabile ieri o no, e a prescindere dal fatto che questa realtà dica che sia o meno modificabile.

Ricordate quando nell'introduzione ho parlato dell'idea di dirigersi verso l'essere in grado di spostare i nostri corpi da qui alle Fiji istantaneamente? Questo perché ho visto persona, dopo persona, dopo persona che non sapevano che un particolare cambiamento fosse possibile e attraverso le domande, essendo aperti senza conclusioni, usando la frase di pulizia per disfare i punti di vista che mantengono in piedi la limitazione, hanno cambiato proprio quella cosa che non credevano fosse possibile.

Quindi la mia domanda è: "Cos'altro è modificabile? Cos'altro è possibile? Cos'altro abbiamo la capacità di cambiare che non sapevamo di aver la capacità di cambiare?" E... "Cosa ci vorrebbe perché tutti noi avessimo gli strumenti per cambiare QUALSIASI COSA ci piacerebbe cambiare?" Questo è quello a cui sto mirando. Vuoi giocare? Il cambiamento è proprio qui davanti...

⚬⚬ ⚬⚬ ⚬⚬

Se la Morte È Solo Una Scelta, Forse lo È Anche VIVERE...

Lascia che ti racconti di una scelta che ho fatto una volta... Un paio di anni fa stavo cavalcando in Costa Rica. Ero sul mio bellissimo cavallo mezzo costaricano, mezzo Quarter-Horse (che equivale a un razzo su quattro zoccoli). È il cavallo più veloce che io abbia mai cavalcato, e ho cavalcato alcuni cavalli piuttosto veloci.

Dunque, stiamo facendo un giro a cavallo e c'è un principiante che aveva deciso di stare nel gruppo avanzato. Eccolo lì direttamente davanti a me. Stiamo salendo su di un argine alto un paio di metri fatto completamente di fango, per uscire dal fiume i cavalli devono risalire questo terrapieno.

Il novellino diventato cavaliere esperto riesce a superare l'argine e come arriva in cima, si ferma, proprio davanti a me. Il mio cavallo è a metà salita, ma a quel punto non può più procedere. Quindi inizia a cadere all'indietro addosso a me lungo l'argine fangoso, spingendomi verso un metro d'acqua e rocce enormi.

Ed eccomi lì, con una scelta a disposizione: la scelta di continuare a vivere, o morire. Sapevo che la scelta tra vivere e morire è come uno schiocco di dita. È così facile lasciar andare tutto. Non l'avevo mai sperimentato prima. Prima di scoprire Access avevo pianificato di morire, se la mia vita non fosse cambiata mi sarei ucciso entro sei mesi. Bene, ecco l'occasione. La vidi e capii: *"Però. È così facile. Oh... Se lo scelgo, potrei semplicemente cadere indietro ora e farla finita..."*

Quindi la mia scelta era: *"Sì? No? Sì? No."*

"NO!"

Pensai: *"No, non succederà oggi"*.

E il mio cavallo si girò da un lato.

Ora siamo coricati su un fianco e penso: *"Bene, ora va meglio. Non mi cadrà addosso"*. Solo che adesso, mi sta venendo contro lateralmente. Un attimo prima di finire completamente sott'acqua e prima che cadesse su di me, la mia schiena era sulle rocce e i miei piedi erano sollevati. Come se dovessi fare sollevamento pesi con le gambe usando un cavallo che pesa mezza tonnellata. Lui inizia a cadermi addosso e io dico ancora: *"No"*. Il mio corpo letteralmente si sposta (swooosh) e il cavallo si sposta (swooosh). E in realtà cadiamo in un modo che non ha alcun senso.

Esco dall'acqua nella quale ero sommerso e il cavallo sta lottando per stare in piedi. Si divincola e si rialza e io penso: *"Ok. Ho cambiato qualcosa"*. La gente che si trovava dietro di me disse: *"È stato davvero strano, sei caduto è il tuo corpo era lì, poi anche il cavallo è caduto, ma non lì, è caduto più in là e poi è successa quella cosa del capovolgersi..."*

Una donna che stava dietro di me aveva osservato l'intero incidente, disse che a un certo punto, quando ero sommerso, mentre il mio cavallo cercava di alzarsi era a un passo dalla mia testa e sembrava che ci sarebbe salito sopra. Secondo le sue parole, il cavallo per raddrizzarsi mise il suo zoccolo a un centimetro dalla mia testa.

La mia risposta fu: *"Certo! Un centimetro era tutto quello che mi serviva!"* Come può essere ancora meglio di così?

Quel centimetro era la differenza fra la vita e la morte. Era solo un centimetro ed era sufficiente. Mi resi conto che si trattava di questo, questa è la scelta. È un attimo. Non pensai: *"Adesso ruoto il mio corpo e il mio cavallo"*.

Semplicemente: *"Questo cambierà, io non morirò oggi"*.

Questo è quanto. Sto ancora ricevendo consapevolezza da quell'evento. Grazie ad esso, dovetti osservare e rendermi conto: *"Bene, ho avuto la scelta di andarmene. Non l'ho scelto. Se ho scelto di restare, sarà meglio che faccia qualcosa della mia vita. Se posso cambiare questo, cos'altro è possibile? Questo portò nel mio mondo l'esigenza di creare qualcosa di più grande rispetto a quello che avevo fatto fino a quel punto, se non avessi creato qualcosa di più grande, perché continuare a vivere?"*

Sappi che, indipendentemente da quale sia lo spazio di consapevolezza in cui entrerai a partire da ora, semplicemente leggendo questo libro, quello spazio sarà una possibilità che continuerà a crescere.

Ti darai l'occasione. Ti darai la possibilità.

E ciò non significa che devi quasi morire.

Potrebbe significare che ti svegli e pensi: "*Sai una cosa? La piccolezza non mi basta più. Grazie mille mondo. Portami qualcosa di più grande!*" Non deve avere un grande significato. L'evento che mi capitò, ricostruendolo in un secondo tempo, mi fece capire ciò che successe. Niente di tutto ciò era cognitivo, tranne che mi accorsi: "*Però. Ho scelto di vivere*".

Un Nuovo Paradigma per la Scelta

Davvero, tutto è scelta.

Per esempio, osservando: "Provo rabbia perché mio marito mi ha lasciato", stai supponendo che tuo marito ti abbia abbandonato, stai supponendo che sia una cosa cattiva e stai supponendo di avere ora un problema basato su questo. Giusto?

E in sostanza, ti stai mettendo nel ruolo di vittima.

ATTENZIONE: il paragrafo successivo potrebbe non essere facile da credere per te.

Potresti scoprire di voler lanciare il libro fuori dalla finestra.

(Di nuovo?)

Tieni presente che forse anch'io lo troverei difficile da credere se non l'avessi vissuto proprio come sto per descriverlo. Potrebbe sfidare ogni paradigma che hai avuto e ogni concezione di quello che hai considerato vero in passato. Non ti sto chiedendo di credermi.

Ti chiedo di aprire il tuo mondo a una nuova possibilità, una possibilità che potrebbe darti la libertà di sapere quello che sai, indipendentemente dal fatto che vada contro tutto il tuo passato e contro quelli che ti hanno detto che è vero, necessario o reale. Facendo così, spero tu possa scoprire ciò che è vero per te.

Se qualcosa di quello che leggi qui, ti fa sentire più leggero, potresti scoprire che ti "libera" in un modo che non puoi spiegare e non riesci a "capire". Se sarà così, la mia disponibilità ad esporre questa parte della mia vita, sarà stata ripagata.

Ci siamo:

Quando ero bambino ho vissuto molte forme di abuso: abuso sessuale, abuso fisico, abuso emotivo, e ho temuto per la mia vita. Fui molestato da un parente e fui anche molestato da un ragazzo più grande di me. Venni anche picchiato con delle cinture, il mio piccolo corpo nudo fu preso a cinghiate da un gruppo di donne che odiavano gli uomini. Durante l'infanzia sperimentai altre forme di abuso di cui non parlerò in questa sede, ma credo che tu abbia colto il concetto.

Durante alcuni dei percorsi spirituali che feci circa sei anni prima di entrare in contatto con Access Consciousness®, ebbi la consapevolezza di essere stato abusato... Dissi: "*Oh mio Dio! Questo spiega tutto*"

Questo spiegava ogni mia limitazione. Spiegava il perché non fossi disposto a star bene con me stesso, il perché non fossi in grado di fare tanti soldi, il perché mi sentissi come una merda, il perché non mi piacessi molto. Spiegava tutto. Dissi: "*Certo, ora capisco perché sono una vittima. Bene*". Precisamente. Da lì, dove potevo andare?

Stavo funzionando dalla conclusione invece che dalla domanda.

Dopo circa un anno e mezzo in Access, io e Gary Douglas (il fondatore di Access) iniziammo a sondare quell'area dell'abuso che avevo subito. Cominciai a raccontargli quello che percepivo fosse successo, ma sentivo che c'era molto che avevo rimosso.

Inizialmente lo osservammo dal punto di vista che chiunque ha su questo pianeta, il punto di vista psicologico, ovvero: "*Questa è una cosa cattiva. Questo è sbagliato. Io sono una vittima*". E credetemi, io capisco quel punto di vista. La difficoltà più grande con questo punto di vista è che anche quello è una conclusione invece di una domanda. Elimini ogni altra possibilità che potrebbe esistere. Chiudi le porte della possibilità e ti limiti ad essere consapevole solo di quello che hai già concluso.

Lo stavamo osservando dal punto di vista dell'erroneità e cercavamo di chiarirlo. Non successe molto tranne che Gary e io stavamo ricevendo più consapevolezza sulle cose che mi erano successe, perché gli stavo dando un'occhiata e le stavo condividendo.

Lo ripeto, dato che avevamo deciso che quello che avevo vissuto era sbagliato, non potevamo vedere nient'altro che l'erroneità della situazione. Sei mai stato in una situazione simile, dove sembra che non ci sia nessuna leggerezza? Se è così, allora sai come sia stare in quel posto.

Una sera iniziammo a far scorrere dei processi di pulizia e stavamo veramente entrando di più in quello che era accaduto. Non me ne accorsi, ma Gary ricevette l'energia dell'abuso e delle molestie che io e il mio corpo avevamo vissuto. Il suo punto di vista fu: *"questo non dovrebbe mai succedere a un bambino"*.

Nota che è un punto di vista adeguato, ma non è una domanda. Quindi entrò nell'erroneità di quello che mi era stato fatto. E, proprio da quel punto di vista, mi vide come una vittima e fece di me una vittima, perché entrò in allineamento e in accordo con il punto di vista che in quella situazione io ero stato una vittima. Questo bloccò me e il mio corpo.

Per favore, tieni conto che non lo sto biasimando. Lo sto dicendo in modo che tu possa capire quello che facciamo per bloccare noi stessi (e gli altri) con un punto di vista sull'erroneità o sull'essere una vittima. Presto vedrai cosa abbiamo fatto per cambiarlo.

Mi sembrava di essere ricoperto di cemento appena solidificato. Riuscivo a stento a muovermi. I miei visceri si bloccarono. Non so nemmeno cosa successe. Pensai: *"Questo abuso si sta facendo davvero sentire"*.
No.

Ciò che successe realmente, fu che Gary sposò il punto di vista che quello era sbagliato e con questo mi bloccò. In quel momento non stava vivendo partendo dalla domanda, sebbene lo faccia quasi sempre. Visto che aveva concluso che era qualcosa di così orrendo che non sarebbe dovuto accadere, non riusciva a vedere nulla che non combaciasse con quella conclusione. È come guardare l'11 Settembre solo come una cosa sbagliata. Se lo fai, non potrai mai vedere che ci potrebbero essere nascoste delle possibilità diverse, in attesa di rendere la tua realtà più facile, più grande, con più possibilità.

Restai bloccato dall'idea che avevo subito qualcosa di così orribile che non dovrebbe mai accadere, che ero una vittima e che tutto questo era più potente di me.

Se ne ero una vittima, questo rendeva tutta quell'energia più grande di me, il che significava che non avrei potuto essere più grande neppure dell'energia dell'abuso. È davvero un luogo molto difficile da cui funzionare, perché se non puoi essere più grande dell'energia dell'abuso, non hai molte possibilità nella tua vita. Ed era così. Mi sembrava letteralmente che la mia vita si fosse fermata.

Per favore, cerca di capire: **i tuoi punti di vista creano la tua realtà.**

Anche se qualcun altro ha un punto di vista su di te e tu lo prendi, questo determina la tua realtà. Io non ne ero consapevole a livello cognitivo. Il fatto è che la maggior parte di quello che succede è non-cognitivo. Ciò che accadde fu che Gary aveva il punto di vista che questo non dovrebbe capitare a un bambino e che io ero una vittima. Io avevo già il punto di vista che ero una vittima, perché questo è il punto di vista che la gente ha riguardo l'abuso: sei una vittima. Il mio punto di vista di essere una vittima, combinato con il suo punto di vista che in quella circostanza io ero una vittima, bloccò la mia vita.

Eccomi qua, dentro il cemento più solido della mia vita, e né io né Gary sapevamo dove andare, né cosa fare.

Non sapevamo cos'era stato a bloccarmi. Sapevamo solo che eravamo arrivati da qualche parte e qualcosa era successo. Quando noi arriviamo in un punto e non sappiamo quello che sta succedendo, iniziamo a fare domande.

In tutta onestà, ho cominciato ad essere molto, molto arrabbiato. E molta della rabbia era rivolta a Gary, il mio migliore amico. Non è stata la mia scelta migliore e non ne vado fiero, ma con la sua assoluta gentilezza verso di me, non importa quanto fossi arrabbiato e con il suo incredibile livello di allowance per me (e per chiunque) ci siamo arrivati. Da allora, mi sono accorto che quando mi arrabbio con le persone a cui tengo, vuol dire che sono bloccato in un vecchio schema che va oltre il mio pensiero cognitivo, oppure sono entrato in un livello di abilità nel cambiare qualcosa che prima non avevo mai provato.

Quindi Gary cominciò a farmi domande su domande, ma provenivano ancora tutte dal punto di vista che qui hanno tutti, ovvero che era sbagliato e che io ero una vittima. Continuammo a chiedere: *"Cosa c'è di sbagliato?"* O, sforzandoci di cercare qualcosa di diverso che mi avrebbe "sbloccato" passammo a chiedere: *"Cos'altro potrebbe essere sbagliato che non abbiamo ancora considerato?"*

Osserva il punto di vista dal quale ci muovevamo: *qualcosa è sbagliato.* Con questo punto di vista, avremmo mai potuto vedere qualcosa di diverso da qualche forma di erroneità? No. Tutte le volte che chiedi *"Cosa c'è di sbagliato?"* cerchi ciò che è sbagliato. La domanda che non stavamo facendo era: *"Cosa potrebbe essere giusto di questo che ci sta sfuggendo?"*

Quello che sapevamo era, che se continui a lavorare su qualcosa e questo qualcosa non si chiarisce o non cambia, non stai guardando la cosa giusta. Ricorda, se le cose non si alleggeriscono, c'è un altro modo di guardarle. Ciò che è vero ti fa sempre sentire più leggero. Quando arrivi a quella cosa che è vera, creerà leggerezza anche nella situazione più pesante. Fintanto che le cose sono pesanti, da qualche parte c'è una bugia. Quindi Gary si fece una domanda: *"Qual è la bugia qui?"*

Inoltre, usò la frase di pulizia. Ogni volta che chiedeva: *"Qual è la bugia qui?"*, poi chiedeva di distruggere e screare tutto quello che permetteva alle bugie di rimanere lì e tutto quello che non gli permetteva di percepire quello che era realmente vero e ciò che avrebbe creato libertà per me. E poi diceva *"Giusto e Sbagliato, Bene e Male, POD e POC, Tutti e Nove, Shorts, Boys e Beyonds.™"*

(Quando si dice davvero, davvero un buon amico!)

Dopo esserselo chiesto per diversi giorni, mi fece una domanda che cambiò tutta la mia vita. Disse: *"So che suonerà strano, ma tu, hai qualcosa a che fare con l'aver creato quello che ti è accaduto?"*

Feci un respiro. Fu la prima cosa in otto settimane che alleggerì il mio universo. Francamente, ero allibito. Non credevo che sarei mai riuscito a oltrepassare il muro di cemento che mi circondava. Ed eccolo lì: un raggio di leggerezza!

Ricordi che qualcosa che è vero per te ti fa sentire sempre più leggero? Risposi: *"O mio Dio. Io ho avuto qualcosa a che fare con il crearlo"*. SOLO perché portò molta leggerezza nel mio mondo dopo che c'era stata così tanta pesantezza. E onestamente, devo dirtelo, probabilmente non avrei mai creduto di aver avuto QUALCOSA a che fare con il creare le situazioni accadute nella mia infanzia, se non avessi sperimentato le settimane di pesantezza seguite da un'istantanea leggerezza, dopo che Gary mi fece quella domanda. E capisco perfettamente se questa conversazione sta facendo emergere delle cose per te o se "fa scattare qualche molla". Posso solo immaginare come sarebbe stato per me se lo avessi letto adesso invece di averlo vissuto, proprio così come lo sto scrivendo.

Per favore, continua semplicemente a leggere...

Non sapevo in che modo avevo a che fare con l'aver creato la situazione, ma la semplice consapevolezza del fatto che avevo avuto qualcosa a che fare con il crearla, mi permise di iniziare, anche se in minima parte, a uscire dal ruolo di vittima.

Nel mio universo avevo avuto il punto di vista che l'abuso era sbagliato e che io ero un'erroneità ambulante per averlo permesso. Lo sapevo.

Tutti lo sanno, vero? Indovina un po'? Questo è uno dei modi in cui questa realtà, e il suo limitato punto di vista sull'abuso, ci limitano. Come sarebbe se questa non fosse l'unica opzione possibile da considerare?

Noi abbiamo l'inconsapevole punto di vista collettivo che l'abuso sia qualcosa che viene esclusivamente fatto A QUALCUNO, e che tu sei una vittima assoluta e tutte quelle cose meravigliose che perpetrano la totale impotenza su chiunque lo abbia mai vissuto.

E se non fosse l'unica prospettiva possibile? Come sarebbe se avere quest'unico punto di vista non fosse una gentilezza verso il bellissimo essere che lo ha provato? E se le persone che hanno vissuto l'abuso fossero alcune delle persone più coraggiose del mondo? Come sarebbe se avessero un coraggio che va oltre la capacità di esprimerlo a parole?

Quando Gary disse: "*Hai qualcosa a che fare con l'aver creato questo?*" il mio universo fece boom! Sembravano fuochi d'artificio, s-p-a-z-i-o, per la prima volta in otto settimane. Riuscivo a sentire il blocco di cemento sollevarsi...

Poi mi fece un'altra domanda: "*L'hai fatto per uno scopo?*"

Tutti i restanti blocchi di cemento furono spazzati via, *BOOM!* Iniziai a piangere e a ridere contemporaneamente. Per me non aveva alcun senso. Era talmente un livello non cognitivo che poteva anche essere così e non riuscivo a spiegarmi il perché o il come, e in realtà non mi interessava, perché aveva creato così tanto spazio che sapevo che doveva essere vero. Quindi mi chiese: "*Perché? Per quale ragione l'hai fatto?*" Lo guardai. Mi si incrociarono gli occhi, perché osservarlo da un punto di vista così diverso fu un enorme cambiamento per me. Mi chiese: "*Lo hai fatto per creare un cambiamento?*"

SÌ!

Va bene. Gary andò avanti. "*Lo hai fatto per creare un cambiamento per la tua famiglia, per altri bambini, per l'uomo che ti ha molestato, per tutto questo o per qualcos'altro?*"

Wow! Per tutto questo.

Improvvisamente ero in grado di guardare tutto quello che era successo e averne piena chiarezza, come se osservassi la situazione svelarsi. Quello che vedevo era così bizzarro e sorprendente e assolutamente il contrario di quello che sembrava!

Nel caso del mio parente, feci in modo che la famiglia lo venisse a sapere. Potevo vedere che se non l'avessi fatto, con tutta probabilità, sarebbe diventato qualcuno con un atteggiamento sessuale inappropriato che avrebbe fatto cose davvero cattive e brutte ad altri bambini e magari sarebbe andato anche in prigione per questo. Io ho cambiato il corso della sua vita. Ma, forse più importante, ho cambiato il corso della vita di molti bambini nel futuro.

Ora ho avuto anni per osservare le cose in maniera diversa (cosa strana per la maggior parte delle persone, forse anche per te). Eppure all'inizio, quando venne a galla, mi sconvolse accorgermi che a sei anni, grazie alla cura amorevole che provavo per il mio parente e per le persone che avrebbe influenzato, ero in grado di fare quella scelta.

Cura amorevole? Questo era ben oltre quello che all'epoca potevo concepire come cura amorevole. Tuttavia, ancora una volta mi fece sentire più leggero e rese tutto più facile. Questa è l'unica cartina di tornasole per quello che non capisci o che non hai mai sperimentato prima: ti fa sentire più leggero? Se è così, è vero per te, anche se non capisci *perché*.

Vedi, questo è ciò che ti accade con il diventare consapevole di quello che è vero. Credere a una bugia ti fa sempre sentire pesante e ti seppellisci ancora di più, che è proprio dove io stavo prima che Gary mi facesse la domanda che portò a questa sorprendente consapevolezza. Da questo nuovo spazio guardai indietro al bambino che ero, riconoscendo la cura amorevole e la consapevolezza che avevo a sei anni. In realtà sapevo di doverlo fare, perché se non l'avessi fatto, questo ragazzo avrebbe fatto male ad altri ragazzi, e a sé stesso.

Avere questa esperienza, per usare un eufemismo, è stato molto interessante. Ero in grado di vedere tutto e averne totale chiarezza, come se l'intera situazione mi fosse rivelata. E sapevo che potevo percepire il futuro, anche a sei anni. Rendermi conto di aver percepito il futuro E CHE SCELSI DI CAMBIARLO strideva come non mai.

Inoltre, quando ho controllato il mio corpo... in realtà stavo bene. Il mio incredibile, bellissimo corpo non era spezzato o ferito. Io sapevo come guarire. Lui mi aveva accompagnato e mi aveva coperto le spalle. Eravamo più che sopravvissuti. Avevamo cambiato qualcosa e avevamo trovato la strada verso gli strumenti che ci permettessero di fiorire. Quel giorno l'apprezzamento per il mio corpo si espanse in un modo che era molto più grande di qualsiasi cosa avessi mai creduto possibile fino ad allora.

Scusa, prova ancora a dirmi quanto sono una patetica vittima per favore?

Una delle cose più importanti è rendersi conto che, non importa che cosa hai vissuto, anche tu troverai la tua strada verso gli strumenti che ti permetteranno di fiorire, qualsiasi essi siano. Sono disponibili. BASTA SOLO CHE NON TI FERMI. PUOI FARCELA.

Le consapevolezze che ho condiviso qui sopra cambiarono la mia vita. Tutto cambiò quel giorno, tutto. Fu allora che smisi di credere a quello che questa realtà vuole venderci come vero anche se non lo è. Fu allora che venni fuori dal culto di questa realtà, e di tutto quello che dice, e di tutto quello che è. Dal mio punto di vista, questo è tutto ciò che conta.

Non si tratta di lottare contro questa realtà.

È come quando hai una relazione e qualcuno ti ha sempre mentito e arrivi al punto dove ne hai abbastanza e dici: *"Fai quello che vuoi. Va tutto bene, ma io ho smesso con le tue bugie. Basta. La nostra relazione così com'era, è finita. Non so cosa ci riserverà il futuro, ma ora la nostra relazione è finita."*

La mia relazione con questa realtà finì quel giorno. È stato un incredibile viaggio da quel: *"Cos'altro è possibile? Cos'altro è possibile? Cos'altro è possibile?"*

Prima, quando facevo questa domanda, era in qualche modo espressa nei termini: *"Cos'altro è possibile IN QUESTA REALTÁ?"* Quel giorno, con la consapevolezza ottenuta, cambiò.

Da quel momento chiedere: *"Cos'altro è possibile?"* include le scelte che prima non erano mai state possibili.

Questo è molto importante. Per favore, io non sto assolutamente dicendo che l'abuso è giusto. Il mio personale punto di vista è che non c'è mai nessuna ragione per abusare qualcuno o qualcosa. Va contro la natura stessa dell'essere. È una delle follie di questo pianeta che mi piacerebbe smettessero di esistere.

Non solo, sto facendo qualsiasi cosa mi è possibile per dare alle persone gli strumenti per cambiare questo. È qualcosa che fermerei quasi in ogni modo se qualcuno che conosco lo stesse vivendo.

Per favore, se è successo a qualcuno che amate, rendetevi anche conto, che vederli come delle vittime potrebbe essere la cosa meno gentile che potreste fargli. Vederli come una potenza, un essere potente che POTREBBE aver scelto di cambiare la vita di qualcuno, potrebbe sbloccarli dallo stigma di vittima nel quale stavano vivendo.

L'abuso accade. Quello che facciamo a riguardo è ciò che determinerà il corso della vita di una persona. E, come sarebbe se parte del nostro scopo fosse quello di creare un mondo dove l'abuso non può esistere? Come sarebbe se facesse parte del perché siamo qui? Se vogliamo creare questo come una realtà, dobbiamo veramente funzionare da un punto di vista DIVERSO da quello che nel passato abbiamo deciso che era reale. Ciò che nel passato abbiamo deciso che era reale ci ha portato al mondo che abbiamo adesso. Ci serve qualcosa di DIVERSO per creare un MONDO DIVERSO.

Se tu o qualcuno che conosci ha vissuto un abuso, non sto dicendo che è colpa tua se è successo. Affatto. Se sei stato abusato, NON È MAI COLPA TUA.

L'atto dell'abuso è sempre inappropriato. Non sei sbagliato perché lo hai vissuto. Non sei cattivo perché lo hai vissuto. Non devi più essere una vittima perché lo hai vissuto. Hai un coraggio al di là dell'immaginabile. Il fatto che tu abbia vissuto un abuso e che ancora funzioni e che tu abbia creato una vita è la testimonianza del tuo coraggio, del tuo talento e della tua capacità. Sei molto più grande di quanto tu creda, molto, molto più grande.

E tutto ciò che non ti permette di sapere che sei più grande perfino dell'abuso che hai vissuto, qualsiasi forma abbia avuto, lo distruggerai e s-creerai tutto ora, per favore? Giusto e Sbagliato, Bene e Male, POD e POC, Tutti e Nove, Shorts, Boys e Beyonds.™ Grazie.

Per favore, prova queste prospettive e vedi se ti fanno sentire più leggero. Per favore, non credere a qualunque cosa credi che sia il mio punto di vista. Io non ho un punto di vista, tranne che mi piacerebbe vederti essere libero, felice e semplicemente incredibile come tu sei. E ricorda, ciò che è vero ti fa sempre sentire leggero. Una bugia ti fa sempre sentire pesante.

Se qualcuno che conosci ha vissuto un abuso puoi iniziare con queste semplici domande:

1. *A che bugie sto credendo riguardo a questo che mi stanno bloccando?*

2. *Che cosa so riguardo a quello che è accaduto che sto fingendo di non sapere o negando di sapere?*

3. *In che altro modo posso guardare questa situazione per creare libertà per me (o per la persona che è stata abusata?)*

4. C'è qualche modo in cui io ho protetto o cambiato la vita di qualcuno permettendo a questa cosa di accadere?

5. Quale coraggio, potenza e capacità ho, che mi hanno permesso di sopravvivere a questo abuso e che io non ho mai riconosciuto e che se le riconoscessi mi renderebbero libero?

Praticamente nessuna persona su questo pianeta è disponibile a osservare l'abuso da questo diverso spazio di possibilità. A causa delle peculiari circostanze della mia vita, sono stato fortunato nello scoprire e aiutare a portare alla luce questa prospettiva totalmente diversa. Mi ha dato letteralmente la libertà, a me e anche a centinaia, se non migliaia di altre persone, laddove nessun'altra cosa (psicologia, spiritualità e svariate tecniche troppo numerose per elencarle, inclusa la religione) lo aveva fatto.

Per questo motivo sono stato disponibile a svelarti questa parte della mia vita, in modo che tu e le persone che ami, sappiate che esiste una possibilità diversa. Se sceglierai di guardare partendo da questo spazio è, come sempre, una tua scelta. Per favore, come sempre, scegli quello che ti fa sentire più leggero

Ancora una volta, sappi che non sto dicendo che lo stesso scenario sia valido per chiunque abbia vissuto l'abuso. Quello che sto dicendo è che guardare da una diversa prospettiva può spesso creare una possibilità diversa rispetto a quella che chiunque abbia mai immaginato.

Cosa potrebbe essere rivelato nella tua vita se non cercassi l'erroneità degli avvenimenti del tuo passato, ma chiedessi: *"Che cos'è giusto di me che non sto cogliendo?"* e *"Che cosa so che sto facendo finta di non sapere?"* e *"Da quale diversa prospettiva potrei guardare, che creerebbe spazio, facilità e libertà in questa situazione?"*. Questo è quello che ho imparato a fare e funziona a meraviglia per spalancare possibilità differenti che non avevo mai pensato potessero esistere.

Vedi, tutto ciò ha a che fare con il rendere la tua vita e questo mondo un posto MIGLIORE in cui vivere. Non riguarda il fissarsi su un punto di vista fisso. Riguarda il creare una realtà diversa, non continuando a creare l'identica realtà limitata CHE NON FUNZIONA!

È ora del cambiamento. È ora della differenza.

È ora che tu sia libero.
È ora che tutti noi siamo liberi.

Come sarebbe se tutti voi foste molto più potenti e strabilianti di quanto abbiate mai creduto? Cosa potrebbe cambiare nella tua vita se lo riconoscessi?

Come sarebbe se non dovessi più temere la morte?

TU veramente muori? O è solo il tuo corpo che muore?

Pensaci per un momento.

Sei un essere infinito?
O sei solo un corpo?

O sei un essere infinito che ha creato (insieme all'Intelligenza Universale, Dio, la Consapevolezza, o comunque tu voglia chiamarla) il tuo dolce corpo?

E se così fosse, è possibile che TU non muoia?
È possibile che solo il tuo corpo muoia, nel preludio al cambiare forma?
È possibile che tu abbia delle altre scelte dopo la morte del tuo corpo?
Altre gloriose possibilità?

Questo ti metterebbe più a tuo agio riguardo a quella cosa chiamata morire?
Come sarebbe se anche questo fosse qualcosa di completamente diverso da quello che pensavi?
Di certo ne hai già sentito parlare...

Anche se hai una cultura religiosa, dove credi in un essere superiore... e in un Inferno e un Paradiso.

Se vai in Paradiso (si spera), ciò che entra in Paradiso è il tuo corpo.... o tu, l'essere? Oserei dire l'essere, dato che, a tutti gli effetti, il tuo corpo resta qui dopo che te ne sei andato.

Lascia che faccia un esempio. C'era la moglie di un predicatore che arrivò in una delle classi che il mio amico, e fondatore di Access, Gary Douglas, stava tenendo. Riferendosi a un bambino di tre giorni che era appena morto, disse a Gary: "*Sai, io non credo a tutta quella roba sulle vite passate, ma credo che tu abbia ragione. Dopo la morte continuiamo a vivere. Dio non creerebbe un'anima che duri solo tre giorni. Mi chiedo cosa ci sarà per me dopo?*"

E, caro lettore, se non dovessi più temere la morte, perché tu, l'essere, non muori, io mi chiedo... cosa ci potrebbe essere in serbo per te?

Qui e ora, in questo corpo, sulla Terra: *cosa c'è in serbo per te?*

La Paura è Sempre Una Bugia

Sappi che la paura, per un essere infinito, è sempre una bugia. È sempre una bugia. Sempre una bugia.

Ancora una volta, la paura è sempre una bugia.

La paura, o è il punto di vista di qualcun altro o è un punto di vista impiantato fatto per non permetterti di vedere cosa vorresti veramente vedere che potrebbe cambiare la tua realtà. È progettato in modo da non farti vedere ciò che sta sotto quello che tu chiami paura, che è dove tu, l'essere, sei veramente.

La paura può anche essere eccitazione che hai mal identificato e mal applicato. La maggior parte di noi l'ha fatto veramente. Fisiologicamente parlando, la paura e l'eccitazione sono molto simili. La maggior parte delle persone hanno frainteso questa favolosa energia di eccitazione (quando il nostro cuore accelera, il nostro respiro aumenta e in qualche modo diventiamo più intensamente consapevoli) come paura.

Ti faccio un esempio: quando Gary era un bambino di circa sei anni, stava andando per la prima volta sulla ruota panoramica con sua madre. Mentre stringeva la mano della madre era COSÌ ECCITATO che saltellava su e giù. Lei lo guardò e gli disse: "Non aver paura, tesoro."

Da allora, ogni volta che provava una sensazione di eccitazione, credeva che quello che stava provando fosse paura, fino a quando scoprì questa informazione. Adesso chiede sempre: *"È paura o eccitazione?"* Indizio: da quando iniziò a farsi questa domanda 23 anni fa, non è mai stata paura.

Quanto di quello che hai chiamato paura è in realtà eccitazione che hai mal identificato e mal applicato? Tutto ciò che è lo distruggerai e s-creerai, per favore?

Giusto e Sbagliato, Bene e Male, POD e POC, Tutti e Nove, Shorts, Boys e Beyonds.™

Vorresti che ti dimostrassi che non hai davvero paura?

Va bene, cosa ti succede quando sei in una situazione d'emergenza? Ti fai prendere dal panico?

No, rimani calmo, tranquillo e composto e prendi in mano la situazione, vero?

Bene, allora non hai veramente paura. Potresti farti prendere dal panico in seguito, per dimostrare che eri davvero spaventato come gli altri dicono che dovresti essere. Se credi di avere paura, fai scorrere questi processi di pulizia molte volte e (se sarai disponibile) cambierà.

Qual è il valore di funzionare dalla bugia che hai paura invece che dalla scelta? Tutto ciò che è lo distruggerai e s-creerai, per favore? Giusto e Sbagliato, Bene e Male, POD e POC, Tutti e Nove, Shorts, Boys e Beyonds.™

Qual è il valore di funzionare dalla bugia che hai paura di scegliere? Tutto ciò che è lo distruggerai e s-creerai, per favore? Giusto e Sbagliato, Bene e Male, POD e POC, Tutti e Nove, Shorts, Boys e Beyonds.™

Qual è il valore di provare sempre paura, piuttosto che provare eccitazione totale per la scelta e lo scegliere? Tutto ciò che è lo distruggerai e s-creerai, per favore? Giusto e Sbagliato, Bene e Male, POD e POC, Tutti e Nove, Shorts, Boys e Beyonds.™

Quando entri nella paura ti stai staccando dalla scelta. L'hai mai notato? **Questo è il suo compito. Farti smettere di scegliere per impedirti di andare avanti.**

Lascerai che la piccola, limitata, limitante bugia chiamata paura vinca? Quando ti imbatti nella paura saresti disposto a fare una scelta diversa? QUALUNQUE scelta diversa?

Ecco un processo in tre passi per eliminare la paura dalla tua vita, ma devi usarlo quando la paura si presenta, invece di lasciare che la bugia che hai paura ti paralizzi.

1. Chiedi: "A chi appartiene?" Se si alleggerisce, non è tua. Rimandala al mittente.

2. Chiedi: "È paura o eccitazione?" Se è eccitazione, allora festeggia!

3. POD e POC a tutti gli impianti distrattori che stanno creando la "paura"

Se farai queste tre cose ogni volta che la paura si presenta, alla fine te ne libererai.

La paura è una delle scuse, una delle ragioni e delle giustificazioni che nessuno può mettere in discussione. Visto che chiunque altro la considera vera, tu puoi dire: *"Non ho fatto questo perché avevo paura"* e tutti immediatamente diranno: "Oh, so di cosa stai parlando." La usano per convalidare che la paura è reale anche nei loro mondi.

Come sarebbe se tu fossi disposto ad essere qualcosa che è completamente diverso? Quando tengo le classi parlo alla gente delle cose che mi sono accadute, nelle quali non sono stato né intelligente né sveglio. Racconto loro dove provavo qualcosa che era come la paura e in qualche maniera ho trovato un modo per cambiarla. Voglio che sappiano: *"Sì, ci sono passato anch'io e ti capisco in pieno. Ed è disponibile una possibilità diversa".*

Ti faccio una domanda:
sei disposto ad essere quella diversa possibilità?

Ti faccio un'altra domanda:

Sai che sei già quella possibilità diversa? Hai cercato di far finta di non esserlo? Tutto ciò che hai fatto per cercare di far finta che non sei la possibilità diversa che può esistere oltre la paura, lo distruggerai e s-creerai, per favore? Giusto e Sbagliato, Bene e Male, POD e POC, Tutti e Nove, Shorts, Boys e Beyonds.[TM] *Grazie.*

È SOLO UN IPUDV ...
Ti Presento Forrest Gump

Ti piacerebbe una vita di totale facilità? Se ci fosse una grande chiave che ti conduce lì, più velocemente, più completamente e più facilmente di ogni altra, sarebbe questa. Permettimi di presentarti il tuo nuovo miglior amico, il famoso russo: SOLUN IPUDV.

Questo significa semplicemente che permetti a ogni punto di vista, tuo o di qualcun altro, di essere SOLo UN Interessante PUnto Di Vista (I.P.U.D.V.)

È anche conosciuto come, essere in ALLOWANCE. Sembra abbastanza semplice, vero?

Ricorda: **i tuoi punti di vista creano la tua realtà. La realtà non crea i tuoi punti di vista.** Quindi, se nel tuo punto di vista non hai giudizi, non avrai limitazioni su come la tua realtà potrà mostrarsi, perché il giudizio è il grande limite. Per ogni giudizio che abbiamo, niente di ciò che non collima con quel giudizio si può manifestare nel nostro mondo.

Hai mai notato che quando alla gente accade la stessa identica situazione, persone diverse hanno punti di vista diversi a riguardo? Alcuni hanno dei giudizi sulla situazione, il che è sempre pesante. Altri sono in allowance, che in sé ha sempre una leggerezza. È semplicemente una loro scelta.

Solo un IPUDV è un modo per scegliere di cambiare il tuo punto di vista, da uno che parte dal giudizio (e dalla limitazione) verso uno in allowance (che crea altre possibilità).

Dopo l'uragano Andrew che colpì la Florida, il mio amico Gary vide il notiziario. C'era un uomo vestito solo con la biancheria intima, la sua casa era stata letteralmente spazzata via dall'uragano. Disse al reporter: *"Mi sono trasferito qui per andare in pensione, ho comprato questa casa con la mia liquidazione e tutto ciò che possedevo era lì dentro. Ora ho perso tutto. Mi resta solo questa lastra di cemento* (intendendo le fondamenta della casa). *Ma sono ancora vivo, sono riuscito a recuperare un paio di mutande, quindi me la sto cavando abbastanza bene".*

In altre parole, per quest'uomo era un interessante punto di vista il fatto che la sua casa fosse stata spazzata via. Era in completa allowance.

Alla stessa trasmissione c'erano numerose persone che si consideravano completamente devastate, sebbene, rispetto a quell'uomo, fosse rimasto loro molto di più in termini di beni terreni. Qual è la differenza? Il loro punto di vista. Le persone che si ritenevano devastate NON stavano funzionando dall'interessante punto di vista. Non stavano funzionando dall'allowance. Si trovavano nel giudizio e la loro realtà rifletteva questo. Erano MOLTO ARRABBIATI.

Chi credi che abbia avuto più facilità ad andare avanti e a ricrearsi una nuova vita dopo l'uragano Andrew? L'uomo in allowance o le persone con tantissimi giudizi? Più probabilmente l'uomo in allowance.

Qual è la differenza? È la scelta del loro punto di vista. Se un uragano spazzasse via la tua casa, quale punto di vista preferiresti scegliere? Quale funzionerebbe meglio PER TE? Gratitudine per il fatto che sei sopravvissuto o rabbia e odio perché la tua casa non è rimasta in piedi?

Se senti che non saresti una di quelle persone in grado di essere grata per essere viva se un uragano ti portasse via la casa, VA BENE. Non è questo il punto. Il punto è che c'è un modo per esserlo se vuoi. Tutti gli strumenti di questo libro hanno a che fare con questo.

Pensa a Forrest Gump. Per lui la magia continuava ad accadere perché era in totale allowance per ogni cosa. La sua vita era magica perché lui non limitava con il giudizio le possibilità che avrebbero potuto mostrarsi per lui. Potresti dire che non era abbastanza intelligente per giudicare. Forse, era abbastanza intelligente per NON farlo.

Per questo dico: *"Il tuo punto di vista crea la tua realtà. La realtà non crea il tuo punto di vista"*. Se scegliessi di non funzionare dal giudizio, la tua vita potrebbe mostrarsi di più come quella di Forrest Gump. Ti suona più divertente?

Ad esempio, ecco diversi punti di vista e le realtà che di conseguenza vengono create. Sono sicuro che potresti aggiungerne altre:

Punto di vista: sono grato per essere vivo.

Realtà creata: una vita per cui essere grati.

Punto di vista: ce l'ho con il mondo per aver permesso che un uragano spazzasse via la mia casa

Realtà creata: moltissime ragioni per avere una quantità crescente di rabbia verso il mondo, Dio, la Terra e tutti i suoi abitanti. E dal momento che sei incluso nel mondo, nemmeno tu vieni risparmiato dalla rabbia. Molte persone con questi punti di vista sperimentano cose del tipo: la compagnia di assicurazioni non paga per molto tempo, o scoprono inaspettatamente che la loro polizza non era attiva durante l'uragano. Tutti motivi e giustificazioni per arrabbiarsi ancora di più e ritenersi nel giusto per aver scelto di essere arrabbiati. Diventa un circolo vizioso.

Punto di vista: devo lavorare sodo per i soldi

Realtà creata: i soldi non arrivano mai facilmente e sembra che sia sempre una lotta averli. (Se potessi cambiare questo punto di vista, i soldi potrebbero mostrarsi molto più facilmente.)

Sappi che:

1. Il punto di vista che adotti è sempre una tua scelta.

2. Cambiarlo in qualcosa di diverso perché funziona meglio per te, è comunque una tua scelta.

3. Non devi per forza essere bloccato nel punto di vista che hai attualmente, riguardo qualsiasi cosa.

4. Gli strumenti in questo libro, incluso SOLO UN IPUDV, ti permettono di cambiare i tuoi punti di vista facilmente e senza dolore. E quando quei punti di vista cambiano, diventa disponibile per te lo spazio per una nuova possibilità.

In altre parole, una persona può avere un uragano che gli porta via la casa ed essere grato per essere vivo, e un'altra persona può essere furiosa con il mondo per aver permesso che questo accadesse. La magia avviene quando sei in grado di cambiare il tuo punto di vista limitato e giudicante in un punto di vista più espansivo, per te.

Quando cambi i tuoi punti di vista, cambia anche la tua realtà.

Quindi, attenzione mondo! Potresti andare in giro a distruggere i punti di vista limitati che ti circondano, semplicemente perché puoi farlo. E mentre lo farai, ispirerai altri nel sapere che questo è possibile. E mentre lo farai, il mondo in cui viviamo cambierà.

Il modo più semplice per cambiare qualsiasi situazione è cambiare il tuo punto di vista riguardo la situazione. Quando cambi il tuo punto di vista, le situazioni intorno a te letteralmente cambiano per corrispondere con il tuo nuovo punto di vista.

Esploriamo un contesto diverso dove SOLO UN IPUDV salvò la situazione.

Stavo lavorando con una donna che voleva liberarsi dalla gelosia nei confronti della sua compagna. Era convinta che lei volesse stare con qualcun'altra. Questo sentimento la stava consumando, la tormentava in ogni singolo momento del giorno e della notte e non sapeva cosa fare.

Un po' per il fatto che all'epoca non sapevo da dove altro cominciare, le chiesi di fare questo esercizio, anche se non ci credeva. Le chiesi di dire *"Interessante punto di vista che ho questo punto di vista"* tre volte. Lo fece e iniziò a sentirsi più leggera. Quindi, glielo feci ripetere più e più volte. A un certo punto cominciò a ridacchiare.

Quando le chiesi cosa c'era di così divertente, mi disse: *"Il fatto che io abbia un punto di vista così nevrotico quando in realtà amo questa donna davvero tanto! Questo non è amore! Basta! Se lei vuole stare con qualcun altro, ora so che starò bene. Non che io voglia che accada, ma se dovesse accadere, sarà OK. Molto interessante"*.

Quello che per me fu ancora più interessante, fu la storia che mi raccontò al telefono una settimana più tardi. *"È stata una cosa incredibile! Dopo aver fatto "È SOLO UN IPUDV" durante la sessione con te, la mia ragazza è tornata a casa ed era ansiosa di parlarmi. Mi ha detto: Avrei voluto dirtelo da molto tempo, ma per qualche ragione sentivo che non potevo farlo: ti amo e ti adoro tantissimo! Sono veramente grata di stare con te! Non so perché non riuscivo a dirtelo prima, ma sono felice di poterlo fare ora. Grazie di stare con me. Mi sento la ragazza più fortunata al mondo!"*

Quale fu la cosa che cambiò e creò quel risultato? Il punto di vista della donna. Dato che i nostri punti di vista creano la nostra realtà, quando lei cambiò il suo punto di vista, la sua realtà cambiò. E quando entrò nell'allowance che la sua compagna potesse lasciarla, se ne avesse sentito il bisogno, diede alla sua partner la libertà di SCEGLIERE di restare e di essere grata per lei.

Se ti piacerebbe avere completa libertà da tutte limitazioni, incluso il giudizio, vedere tutto come un INTERESSANTE PUNTO DI

VISTA può iniziare a crearlo. Quando tutto è solo un interessante punto di vista, non stai guardando nulla come buono, cattivo, giusto o sbagliato. Non stai osservando attraverso gli occhi del giudizio. Non devi allinearti e concordare (polarità positiva) o resistere e reagire (polarità negativa) a nulla.

È come essere una roccia in mezzo alla corrente. Sei nell'allowance. Permetti a tutti questi punti di vista di venirti incontro e di scivolarti addosso, sia che siano i tuoi o di qualcun altro, senza essere travolto dalla corrente del giudizio, del giusto o dello sbagliato. Sei libero. Riesci a vedere come questo renderebbe la tua vita molto più facile? Come sempre, è una tua scelta.

Quindi, se ti piacerebbe avere libertà totale, ricordati del tuo nuovo miglior amico: SOLO UN IPUDV. Come lo usi?

Prima devi SCEGLIERE di funzionare dall'interessante punto di vista, come Forrest Gump, anche se pensi di non sapere come. Poi, per ogni punto di vista che hai, sia positivo che negativo, puoi dire a te stesso: *"Interessante punto di vista che ho questo punto di vista"* anche se non ci credi. Poi attendi un attimo, osserva come il punto di vista cambia e poi ripetiti di nuovo: *"Interessante punto di vista che ho questo punto di vista"*. Poi aspetta ancora un attimo e ripetiti nuovamente: *"Interessante punto di vista che ho questo punto di vista"*. Se vuoi renderlo più divertente, come faccio spesso io, potresti dirlo facendo la voce di Forrest Gump... e continuare "a correre e correre..."

Adesso osserva come "senti" il punto di vista. Se è davvero leggero, allora sei a posto. Se è più leggero, ma hai ancora un punto di vista, prova a ripeterlo ancora qualche volta, facendo una pausa tra una ripetizione e l'altra. Dopo poco tempo che lo praticano, la maggior parte delle persone scopre che cambiare punto di vista è molto più facile rispetto a quello che pensavano.

Saresti disposto a usare il tuo nuovo migliore amico solo per domani, in modo da provarlo?

Se è così, per ogni punto di vista che hai, dì semplicemente: "questo è SOLO UN IPUDV" fino a quando non avrai più quel punto di vista. Inizierai a capire come può essere facile cambiare anche quei punti di vista che molto raramente sono "interessanti".

Se per ogni tuo punto di vista, per sei mesi non facessi nient'altro che questo esercizio, la tua INTERA VITA, cambierebbe. Letteralmente.

Ma non ci fermeremo qui. C'è in serbo molto altro ancora.

Essere

Indefinito

Come Va, Amico Mio?

Ti senti un po' **scomodo?**

Tranquillo, sei nel posto "giusto".

In realtà sentirsi s-comodi è una consapevolezza che il cambiamento sta avvenendo. È il modo in cui capisci che il cambiamento e la differenza che hai richiesto si sta veramente creando.

Come sarebbe se questa scomodità fosse una delle più grandi giustezze? Ti permette di capire che ti stai dirigendo verso la differenza che hai chiesto.

Tutto ciò che tu e chiunque altro nel mondo che ti circonda, avete fatto per farti credere che essere scomodo è un errore e che tu sei sbagliato, lo distruggerai e s-creerai ora, per favore? Giusto e Sbagliato, Bene e Male, POD e POC, Tutti e Nove, Shorts, Boys e Beyonds.^{TM}

In altre parole, è quando arriva qualcosa di **completamente diverso** da quello che la tua realtà era precedentemente, che ti senti incredibilmente scomodo. Perché non arriva dallo stesso luogo, non ha gli stessi parametri e tu non riesci a riconoscerla e a definirla.

Quindi pensi che ci sia qualcosa di sbagliato, ma **in realtà è la nuova cosa che si sta manifestando.**

Amico mio, saresti disposto a farti questa domanda ogni volta che qualcosa ti fa sentire scomodo?

"In realtà questa è la differenza che ho chiesto e che si sta mostrando in una maniera completamente diversa da come pensavo si mostrasse?"

Saresti disposto ad essere grato per questo?

Solo per i prossimi 10 secondi?

10

9

8

7

6

5

4

3

2

1

Ora respira...

— Capitolo 10 —

Sei Pronto ad essere Indefinito? (e Magico?)

Camminiamo di nuovo in quella foresta; anzi no, cavalchiamoci attraverso! (Perché fare la stessa cosa due volte?)

Ora è autunno. L'aria è fredda e frizzante e gli ultimi raggi del sole pomeridiano stanno cercando un posto per dormire. Il tappeto di foglie è fitto e morbido, rosso, arancione e giallo.

Un corpo caldo e vellutato si sta muovendo con te, sotto i rami spogli degli alberi scuri. La danza degli zoccoli sta scorrendo attraverso il tuo corpo, come la corrente dell'esistenza. Tu sei il cavallo, il cavallo è te, tu sei lo spazio che è il cavallo, lo spazio che è la foresta e lo spazio che sei tu. Non hai nome, non hai passato e non hai definizioni.

In questi dieci secondi, non hai idea di chi sei o di dove ti stai dirigendo. Non sai come sarà la strada più avanti.

E hai smesso di cercare di immaginartela.

Percepisci la magia di tutto questo. Solo per pochi attimi… cavalcare libero…

Questo è lo spazio dell'essere indefinito. Delle infinite possibilità.

In questa realtà non è scelto di frequente e di conseguenza è uno dei posti più scomodi dove trovarsi.

È lo spazio che ti invito ad esplorare.

Vieni con me; facciamo il gioco del perderci e del ritrovarci.

Ho sentito molte volte la gente dire: *"Quando sono a un corso mi sento stupendamente. Tutto è leggero, facile, gioioso e possibile. Poi torno a casa e dopo due settimane tutto si contrae. Vengo di nuovo schiacciato in quella scatola."*

E io domando: *"Vieni schiacciato? O sei tu che ti schiacci di nuovo lì dentro? Verità?"* Il più delle volte, riconoscendolo, ridono. Ancora una volta, è semplicemente una scelta. La tua scelta.

Ti ficchi di nuovo in quella scatola.

Lo riconosci? Vivi un momento dove avverti qualcosa di completamente diverso… nella natura, durante un corso, quando fai l'amore, durante una meditazione… quel momento dove sei spazio totale, indefinito, illimitato, e poi… sembra che tu lo perda.

COSA È SUCCESSO?

၄ၕ ၄ၕ ၄ၕ

Lasciare Andare la Rete di Sicurezza

Ti è stato insegnato ad avere sempre un punto di vista su di te. Questa è la tua rete di sicurezza e di salvezza: cosa accettare, cosa rifiutare, chi giudicare e come giudicarti.

Sono tutte conclusioni (e giudizi). Se vorrai cambiare qualcosa nella tua vita, ciò che è richiesto è che in quell'area tu distrugga tutte le conclusioni che ti definiscono.

Quando lo fai, non ha idea di cosa succederà. Non hai alcun indizio e questo è davvero sconcertante! Come può essere ancora meglio di così?

Ci sei mai stato? Al punto in cui non hai idea di chi tu sia? E hai pensato automaticamente che fosse una brutta cosa? Come sarebbe se essere indefinito fosse la più grande possibilità che ci sia? Quando non hai idea di chi sei, allora *devi scegliere* di creare te stesso e la tua realtà. Dal momento che niente ti definisce, da quello spazio puoi generare qualsiasi cosa.

Indefinito, sei pura magia, amico mio. (Ci si sente davvero strani…)

✼ ✼ ✼

Verità? Chi sono?

A volte raggiungi questo spazio di non-definizione e potresti letteralmente sedere sul divano e guardare la TV tutto il giorno, semplicemente per il fatto che puoi farlo…

Quello che succede è che le motivazioni iniziano ad andarsene e la maggior parte del mondo usa la motivazione come forza motrice per tutto ciò che sceglie: la motivazione di non avere abbastanza soldi, la motivazione di non sentirsi bene nel proprio corpo o con sé stessi, la motivazione di sentirsi soli, la motivazione di adattarsi, di vincere, di non perdere…

Quando le motivazioni se ne vanno, se ne va anche la maggior parte di ciò che creava dolore. E all'improvviso ti chiedi: *"Ma allora chi sono? Cosa ci faccio qui? Cosa sta succedendo?"*

Ed è lì che ci rificchiamo nella scatola, giriamo il nostro cavallo e lentamente trottiamo via dalla foresta della differenza e delle possibilità verso la stalla della normalità, della mediocrità e del reale di questa realtà, sebbene il nostro Essere preferirebbe correre libero.

Definendoci e limitandoci nuovamente, noi s-creiamo letteralmente questo nuovo spazio che stiamo diventando. E per farlo usiamo le più impressionanti e intelligenti strategie.

Diamo un'occhiata ad alcune di esse:

∽∽∽∽∽∽

Ri-Creare la Merda

Una delle strategie più comuni, interessanti e completamente folli che usiamo, è ricreare le situazioni traumatiche e drammatiche da cui funzionavamo.

La merda è familiare; nella merda, sappiamo chi siamo.
(Scelta intelligente.) È come se tutti noi avessimo i nostri schemi ripetitivi che usiamo per mantenerci definiti e limitati.

Esattamente, sai a cosa torni quando ritorni a quei punti di riferimento che Ti Definiscono?

"Però, ci si sente bene a odiare tanto me stesso. Lo conosco!"

"Però, ci si sente bene a perdersi di nuovo nella relazione. Lo conosco!"

"Però, ci si sente bene a essere arrabbiato che la mia ragazza stia flirtando con qualcun altro. Lo conosco!"

"Però, ci si sente bene a essere di nuovo senza soldi e a lottare ancora contro il mondo. Lo conosco!"

A volte sei così brillante che torni indietro e ricrei esattamente quello di cui ti sei appena liberato, per il semplice motivo che se riesci a uscirne nuovamente, allora ne sarai davvero fuori...

Però! Come può essere ancora più intelligente di così?

L'hai ricreato per dimostrare che puoi venirne fuori. Oppure, ti assicuri che sei degno del nuovo spazio ricreando la limitazione e dimostrando la tua potenza nello s-crearlo ancora. Quando ne esci per la seconda volta, torni indietro e lo ri-crei una terza volta.

Allora, quante volte devi ricreare la merda e le definizioni prima che tu permetta davvero a te stesso di avere la libertà che in realtà sei? Una, 5,10, 50,100, infinite? Mi stai seguendo? Saresti disposto a lasciarlo andare ora? Se è così, distruggerai e s-creerai tutto, per favore? Giusto e Sbagliato, Bene e Male, POD e POC, Tutti e Nove, Shorts, Boys e Beyonds.[TM] *Grazie.*

⁂

Relazioni, Soldi o Salute?

Sei uno di quelli che, quando non sanno chi sono, creano una relazione per scoprire chi sono o chi non sono?

O forse per te è un problema di soldi. Quando hai un problema di soldi sai chi sei. Ci sei già stato, l'hai già fatto, sei un esperto in questo particolare ambito.

O forse è un problema di salute? Quando le cose cominciano ad andare veramente bene, trovi un modo per creare: "*Oh sì, il mio corpo sta cadendo a pezzi di nuovo*".

O sei uno di quelli che ha paura di annoiarsi? Detesti terribilmente non divertirti? Hai deciso che la noia sarebbe la peggior punizione che potrebbero infliggerti?

Quindi piuttosto che avere sempre ogni cosa che si manifesta con totale facilità, crei la stupidità di non essere consapevole. Se tutto si mostrasse con facilità e non ci fosse trauma e dramma, quanto ti annoieresti e su cosa dovresti lavorare?
Il tuo punto di vista è che se nella vita avessi facilità, gioia e gloria, ti annoieresti così tanto che vorresti morire. O forse, hai creduto alla

bugia che se finalmente riuscirai a gestire tutto morirai, perché non ci sarebbe più nient'altro da fare.

Con questo punto di vista, non c'è da stupirsi che tu voglia voltarti e trottare verso la stalla dell'ordinario, del reale e del normale.

Sei disposto a distruggere e s-creare tutto, per favore?

Giusto e Sbagliato, Bene e Male, POD e POC, Tutti e Nove, Shorts, Boys e Beyonds.™ *Grazie.*

Ed esplorare cosa è veramente possibile per te?

∞∞∞

Definito = Ricevere Definito

Sei abituato ad essere definito e limitato. Quando sei definito, sai per cosa devi lottare, sai cosa sei disposto a ricevere e sai cosa sei disponibile a rifiutare, conosci i tuoi modelli di erroneità. È così intelligente.

Perché mai dovresti scegliere di essere tanto clamorosamente brillante e incredibile quanto sei in realtà?

Perché mai dovresti scegliere di essere in ogni modo indefinito, cosicché nessuno e niente ti potrebbe possedere mai più? Perché?

Io dico: *"Perché no?"*

Lo sceglieresti?

Anche se rimarresti completamente solo?

Se sceglierai di essere indefinito, nessun altro potrà avere i tuoi stessi punti di vista. Non saranno nemmeno in grado di trovarti e non saranno neanche in grado di trovare il campo da baseball dove stai giocando o l'universo in cui stai vivendo.

Questa è un'altra di quelle cose che capita a tutti noi. Non siamo disposti a rischiare di rimanere soli. In questa realtà, essere soli viene considerata una cosa talmente brutta che non vogliamo nemmeno considerarla.

Invece quando raggiungiamo un luogo dove iniziamo a occupare troppo spazio, cerchiamo di riportarci a un livello che sia accettabile per gli altri. Ci definiamo e ci limitiamo per trovare comunanza con tutti gli altri.

Quanto di questo è ciò che hai fatto per convalidare la realtà delle altre persone che tu sei esattamente la persona che hai dimostrato loro più e più volte di essere, che non sei mai stato, ma che hai deciso di essere, che loro hanno deciso che tu sei, che hanno deciso che devi essere, che tu hai deciso che devi essere, che non sei mai stato, ma che hai sempre cercato di essere e non vuoi sapere nient'altro, perché non ti darebbe punti di riferimento per essere?

Sarebbe davvero una brutta cosa se lo rileggessi. (E ancora peggio se lo capissi veramente).

Tutto ciò che è, lo distruggerai e s-creerai, per favore? Giusto e Sbagliato, Bene e Male, POD e POC, Tutti e Nove, Shorts, Boys e Beyonds.™ Grazie.

La cosa divertente è che quando sarai finalmente disposto a fare il grande passo e a rimanere solo, se questo è quello che serve per avere tutto ciò che sei, molte più persone vorranno starti intorno. Non sarai in grado di liberartene. Sarai così diverso che saranno attratti da te come le falene verso la fiamma. (Pensa ad Oprah).

Non Andare Troppo a Destra... o Troppo a Sinistra

Per far sì che il tuo passato sia giusto credi di dover invalidare il nuovo spazio che stai diventando che è diverso da quello passato; quello spazio che andrà al di là di ogni cosa che hai mai pensato potesse diventare.

Ma per rendere giusto il tuo passato e per convalidare la realtà degli altri, devi rimpicciolirti.

L'unico modo con cui puoi mantenere la definizione di chi sei è non cambiando troppo. Solo se non vai troppo a sinistra, troppo a destra o troppo avanti, sei in grado di mantenere la definizione di te, del fatto che tutto vada bene, tutto sia normale, nella media e reale.

Se vai troppo in là in ogni direzione e ti espandi troppo, che è la peggiore di tutte le cose che potresti fare in questa realtà e la cosa migliore che potresti fare per creare la tua personale realtà, diventa così scomodo che farai di tutto per tornare ai vecchi punti di riferimento su chi eri.

Invece di dire: *basta!*

Va bene, potrei sentirmi completamente solo. Va bene, forse nessuno avrà i miei stessi punti di vista, ma io indietro non torno più! Se non ti piaccio più, va bene. Ti vorrò bene, mi prenderò cura di te, farò di tutto per facilitarti. E se non ti piaccio più, questo è un tuo problema.

Guarda, lì c'è un bellissimo sentiero! Io ci cavalcherò!

Puoi venire con me, o cavalcare al mio fianco, o dietro di me... basta solo che non mi intralci.

Noti la differenza?

Sei presente nella tua vita.

Sei disposto a esigerlo?

Se lo fai... *è più leggero?*

Tutto ciò che non permette questo, lo distruggerai e s-creerai tutto, per favore? *Giusto e Sbagliato, Bene e Male, POD e POC, Tutti e Nove, Shorts, Boys e Beyonds.*™ *Grazie.*

❦ ❦ ❦

Seguire la Strada della Leggerezza

Questo è davvero il modo in cui capisci che ti stai avvicinando alle cose che sono vere per te: inizi a sentirti più leggero.

Quando dico che la verità ti fa sempre sentire più leggero e una bugia ti fa sentire pesante, non si tratta solo di quello che la gente dice o fa. Si riferisce a quello che provi quando inizi a percorrere il cammino di ciò che è realmente vero per te: diventi più leggero, più leggero, più leggero, sempre più leggero.

In ogni caso, il più delle volte questo *contrasta direttamente* con tutto ciò che gli altri dicono su quello che dovrebbe renderti felice, tutto quello che ti dicono gli altri riguarda come deve essere la vita.

A volte è come stare sul bordo di un dirupo, scegliendo se saltare o meno.

Questa realtà è la trappola dove molti di noi restano bloccati. Come se fossero sabbie mobili. Va BENE se ci cammini sopra, ma se ti fermi per un certo periodo di tempo, prima che tu te ne accorga, vieni sepolto e ti chiedi: *"Come ho fatto a finire sepolto?"*

Ma ora hai la consapevolezza che c'è qualcos'altro. Qualcosa che ti fa sentire più leggero. E quando chiunque altro entra nella pesantezza e nel dramma, ti puoi allontanare. Puoi chiedere:
"Ehi, è davvero reale? No? Bene. Posso allontanarmi."
La chiave è questa: puoi allontanarti. Hai un'altra possibilità.

Allora, a un certo punto dirai:

Non sceglierò questo.

A chi importa se è vero o no?

Non è vero per me.

Ecco, Ci Sei: Stai Diventando Indefinito

Verità, cosa ti piacerebbe scegliere adesso? È ora di generare la tua esistenza da questo spazio illimitato e indefinito?

Goditelo, goditi quanto è davvero scomodo.

Quanto è veramente indefinito, e magico?

E come sarebbe se potesse essere comodo con la stessa facilità con cui è scomodo? Come sarebbe se permettessi a ciò che pensi sia scomodo di nutrirti e di farti crescere?

Verità, amico mio?

Cos'altro è possibile?
Come può essere ancora meglio di così?

Un Essere Infinito Sceglierebbe Questo?

Come sarebbe se fossi veramente un essere infinito?

Come sarebbe se fossi illimitato e inarrestabile?
Come sarebbe se non dovessi funzionare solamente dai pensieri, dalle sensazioni e dalle emozioni?

Tu hai scelta.

Sì, mio caro, può scegliere di ficcarti
nella scatola chiamata realtà.

OPPURE

Puoi funzionare dalla domanda, dalla scelta e dalla possibilità

Puoi scegliere di essere vasto quanto l'universo.

E anche più vasto.

Questa è una domanda che è sempre azzeccata:

Un essere infinito sceglierebbe veramente questo?
Se così non fosse, perché tu dovresti farlo?

PARTE SECONDA

...Cambia il Mondo

Non voglio che tu creda al mio punto di vista.
Mai.
So che alcune volte sembra il contrario...

Davvero, non è così.

Quello che mi piacerebbe è che tu fossi consapevole di qual è il tuo punto di vista.
Mi piacerebbe che fossi consapevole di ciò che è vero per te.

Qualunque cosa sia.

Bellissimo Te...

So che la prima parte di questo libro potrebbe essere stata... strana. E forse stupenda, per qualcuno di voi.

Prima di leggere la seconda parte di questo libro... (O prima di un incontro... di un appuntamento... di andare al lavoro... Davvero, tutte le volte che ti svegli, per ogni giorno che ti viene concesso...)

... PROVA QUESTO:

Tutto ciò che ho previsto o atteso che questo fosse, tutti i giudizi, le proiezioni, le aspettative, le separazioni e i rifiuti su quello che questo sarà, distruggiamo e s-creiamo tutto ora, per favore? Giusto e Sbagliato, Bene e Male, POD e POC, Tutti e Nove, Shorts, Boys e Beyonds.™

Grazie. Senti l'energia? Leggera?

E ancora...

Per favore, dillo ad alta voce...

Tutto è l'opposto di quello che sembra.
Niente è l'opposto di quello che sembra.

Tutto è l'opposto di quello che sembra.
Niente è l'opposto di quello che sembra.

Tutto è l'opposto di quello che sembra.
Niente è l'opposto di quello che sembra.

Tutto è l'opposto di quello che sembra.
Niente è l'opposto di quello che sembra.

Tutto è l'opposto di quello che sembra.
Niente è l'opposto di quello che sembra.

— Capitolo 11 —

Pronto a Sbarazzarti del Pilota Automatico?

Potrebbe sembrare che per essere presenti ci voglia molta energia. All'inizio è così. Questo perché è qualcosa che non hai fatto per molto, molto tempo.

Hai notato che hai vissuto la maggior parte della tua vita in modalità "pilota automatico"?

Ecco come funziona: quando sei arrivato qui non capivi questa realtà, quindi hai creato una mente che ti desse tutte le risposte su come poterti adattare ed essere come gli altri. La tua mente combatte costantemente per difendere la correttezza di questa realtà, il che esclude completamente la presenza, e l'essere. Esclude completamente la diversità che la tua realtà rappresenta.

Come prego? LA TUA REALTÀ È DIVERSA! Lo so, non ha alcun senso. Ma non ti fa sentire almeno un pochino più leggero? Questo è il motivo per cui così tanto spesso senti di mettere l'energia in qualcosa che non sta funzionando.

Sei consapevole che questa realtà è basata sull'omogeneizzazione? Non sto parlando di scaldare il latte (che comunque sarebbe pastorizzazione, ma shhh...). Sto parlando di renderti normale, medio, reale e identico a tutti gli altri.

Questo, amico mio, significa non essere presente in quanto te stesso. Questo è il pilota automatico.

Quindi all'inizio sembra che ci voglia molta di energia per essere presenti... Stai combattendo contro la tua stessa consapevolezza, perché pensi di dover fare qualcosa riguardo a tutto quello che percepisci. Poi arrivi a un punto, se davvero sei disposto ad essere presente, dove invece di prendere energia da te stesso, quando spegni il pilota automatico, riesci ad avere molta più energia, e vita, a disposizione.

Molta di più!

Dormi meno. Mangi meno. Semplicemente non ne hai bisogno. Diventa realmente la situazione dove "tutto è l'opposto di quello che sembra, niente è l'opposto di quello che sembra" in movimento. Ora, prova capirlo con la tua mente!

Ovunque hai deciso che essere presente ti richiederebbe molta energia, distruggerai e s-creerai tutto ora, per favore? Giusto e Sbagliato, Bene e Male, POD e POC, Tutti e Nove, Shorts, Boys e Beyonds.[TM] *Grazie.*

Essere l'Intensità di Te

Quando cambi, anche la tua vibrazione cambia. L'intensità del vivere diventa più grande.

È nuovo per te. È l'ignoto.

Nello sforzo di allontanarti da questa intensità, potresti iniziare a mangiare troppo. O chiamerai tua madre, o avrai un'altra relazione o cercherai qualcuno con cui fare sesso... o qualunque cosa dietro cui ti puoi nascondere, o con la quale ti puoi divertire, per evitare l'intensità che stai diventando.

Devi essere disposto ad avere l'intensità se vorrai avere il cambiamento che hai chiesto.

Questa intensità spesso potrebbe essere molto, molto scomoda. Ma, solo per il fatto che sia scomoda, non significa che sia sbagliata. Infatti, più il cambiamento che hai scelto sarà grande, più per un po' sembrerà scomodo.

Non sto dicendo che qualunque cosa tu possa scegliere nella tua vita sia una cosa cattiva o una cosa sbagliata (incluso qualcosa per diminuire l'intensità che stai diventando). In ogni caso, se per te funziona fallo. Davvero.

Quello che sto dicendo è per favore di chiederti:

Lo sto facendo per abbassare la mia vibrazione e la mia intensità?
Lo sto facendo per occupare meno spazio? (O genererà più spazio per me?)
Lo sto facendo per sentirmi più a mio agio?
Lo sto facendo per sentirmi come mi sentivo prima?
Scegliere questo, porterà più divertimento o meno divertimento nella mia vita?

Tutto ciò che devi fare è fare una domanda.
Tutto ciò che è richiesto è una domanda.
Tutto ciò che è sempre richiesto è una domanda.

Poi, ovviamente, potresti voler ricevere la consapevolezza che ottieni facendo le domande... e anche seguirla... Oh, ma potrebbe portarti verso troppo divertimento, davvero, e questo potrebbe essere un male.

Quali Sono le Tue Vere Priorità?

Tutti noi nelle nostre vite abbiamo delle priorità che spiegano come stiamo conducendo la nostra esistenza e la maggior parte di noi non è nemmeno consapevole di quali siano.

Per esempio, una delle cose che ho osservato nel mio amico Gary è che, per lui, la vita è semplicemente facile. Non importa cosa. Non importa quello che sta succedendo, non importa quale sia la situazione, per lui c'è sempre un senso di facilità.

In parte, è perché ha delle priorità che guidano la sua vita. Sa sempre dove mettere la sua energia. Non spreca tempo mettendo la sua energia in situazioni che non hanno valore e che non incrementeranno la qualità della sua vita, della sua esistenza o della sua consapevolezza.

Anche voi avete delle priorità che stanno pilotando la vostra vita, amici miei. Il fatto è che di solito non avete idea di quali siano realmente. Potreste pensare di saperlo...

La mia domanda è: sai quello che per te è davvero di valore? A cosa, in realtà, dai priorità nella tua vita?

Saresti disposto a fare una lista?

Subito?

Per favore, leggi la domanda due volte!

Su cosa hai speso la maggior parte del tuo tempo, dell'energia, dei pensieri e delle emozioni negli ultimi sette giorni?

1. _____

2. _____

3. _____

4. _____

5. _____

Queste cinque cose sono le tue VERE priorità. Non quelle ufficiali che pensavi di avere.

Sì. Lo so.

Scelta interessante, vero?

Ora, come sarebbe se tu ti chiedessi:

Se potessi agitare la mia bacchetta magica e avere delle priorità che contribuissero alla mia vita e che mi dessero la vita che veramente vorrei avere, quali delle precedenti priorità terrei? Quali butterei via? E poi…

Quali cinque priorità contribuirebbero a generare, creare e istituire la vita e l'esistenza che vorrei veramente avere?

1. _____

2. _____

3. _____

4. _____

5. _____

Adesso, dì POC e POD a tutto ciò che non permette a queste priorità di mostrarsi con facilità per te.

Rendere Felici gli Altri!

Ancora più interessante è il fatto che abbiamo anche delle priorità nascoste... come mantenerci in questa realtà, non superare mai la nostra famiglia, non urtare mai i sentimenti delle persone, insomma, cose espansive come queste!

Per me, rendere felici gli altri era una delle mie maggiori priorità nascoste. L'ho fatto per tutta la vita, ho cercato e cercato e cercato di rendere felici gli altri.

A dire il vero non funzionava molto bene, ma ci ho provato. E non capivo che questa era la mia priorità numero uno (la mia priorità nascosta numero uno) da molto tempo. Ero semplicemente deciso e determinato a farlo ad ogni costo.

Ho dovuto creare un luogo nel mio mondo dove, per prima cosa, essere consapevole dell'infelicità di tutti gli altri; seconda cosa, giudicarla come un'erroneità o qualcosa che loro non avrebbero scelto e terza, fare qualsiasi cosa in mio potere per cambiarla...

Non mi facevo mai delle domande del tipo: Desiderano davvero essere felici? È questo quello che sceglierebbero?

Col mio pilota automatico inserito, in realtà con il mio giudizio, stavo solidificando la loro scelta e con la mia superiorità li stavo anche depotenziando. Carino, vero?

È davvero una gentilezza per me o per loro? No. È intelligente? No!

Quali priorità nascoste hai che, non essendo riconosciute, mantengono e sintonizzano ciò che non puoi cambiare e scegliere come ad esempio vivere con facilità, gioia, espressione esuberante e abbondanza? Distruggerai e s-creerai tutto questo ora, per favore? Giusto e Sbagliato, Bene e Male, POD e POC, Tutti e Nove, Shorts, Boys e Beyonds.™ *Grazie.*

Oh... Io Ti Conosco!

Sei finito dritto dritto nel sentirti sbagliato, vero? Sei arrivato alla conclusione che hai scelto le priorità SBAGLIATE! Anche quelle nascoste sono un tuo errore, non è così? Dannato umanoide!

Lascia che ti dia un'altra possibilità, amico mio.

Come sarebbe se potessi essere grato per aver scelto ogni singola priorità della tua vita? Ogni scelta per la quale sei disposto ad essere grato, crea facilità e la possibilità che si manifesti qualcosa di diverso.

Io sono disposto a fare l'esperienza di incasinare qualcosa per poi parlarne e far sì che la gente sappia che non sono poi così sveglio. E sono disposto a cambiarlo e a funzionare diversamente.

Far finta che sia tutto perfetto, far finta che tu non abbia alcun problema e far finta che niente stia emergendo dentro di te... Ti fa sentire più leggero? O è un sacco di lavoro pesante?

Non è anche questo un altro pilota automatico?

Come sarebbe se non dovessi più dimostrare che sei perfetto e riconoscere che lo sei già? Tutto ciò che non permette che questa sia la tua realtà, lo distruggerai e s-creerai, per favore? Giusto e Sbagliato, Bene e Male, POD e POC, Tutti e Nove, Shorts, Boys e Beyonds.™ Grazie.

Come Sarebbe se i Bambini di Sei Anni Governassero il Mondo?

Quando un bambino di sei anni inciampa, non si giudica. Non pensa di essere sbagliato per aver inciampato. Pensa solo: *'Oh, cavolo ho inciampato!'*

Vivere una vita consapevole significa vivere di più come un bambino di sei anni. È scegliere la possibilità che ti renderà gioioso, non scegliere la possibilità che ti farà sentire pesante. La gente sembra avere questo punto di vista che vivere una vita di consapevolezza sia davvero pesante, serio, duro e difficile. No! È l'unico luogo dove hai davvero una vita di facilità e gioia, qualsiasi cosa accada.

So che sentendomi dire questo qualcuno direbbe: *"Stai solo evitando le tue responsabilità."* Ma io non sto sostenendo di non prendersi cura di ciò di cui serve prendersi cura. STO SOSTENENDO DI PRENDERSI CURA DI TUTTO CON MOLTA PIU' FACILITÀ, ANCHE DI TE STESSO, CON LEGGEREZZA.

La consapevolezza è pragmatica!

Include tutto e non giudica nulla. Include pagare l'affitto e chiamare i genitori. Potresti avere delle cose che devono essere gestite, come sarebbe gestirle con totale facilità ed essere grato per essere in grado di gestirle?

Come sarebbe se fossi grato per ogni volta che hai inciampato? Come sarebbe se fossi grato per ogni volta che sei stato disposto a rialzarti e a continuare a muoverti?

Per favore, tieni presente che circa il 52% della popolazione non sta cercando niente di diverso. Sono sottoposti a forti pressioni persino quando si cambiano la biancheria intima. Hanno deciso di avere la risposta giusta.

Non spetta a te cambiare nessuno, spetta a loro.

Puoi facilitare il cambiamento solo per qualcuno che è disposto a farti effettivamente una domanda che permette a una porta di aprirsi, così puoi facilitare qualche cambiamento.

Fino ad allora, non c'è alcun cambiamento da facilitare.

Smetti di cercar di cambiare la gente che non desidera cambiare. Smettila di giudicarti per non essere capace di cambiarli. Non cambiare è semplicemente la LORO SCELTA. Non è COLPA TUA. Ripeto: è la LORO SCELTA. Non è COLPA TUA.

Il regalo più grande che puoi fare a qualcuno è potenziarlo verso il poter SCEGLIERE, anche se la loro scelta non funzionerà bene per loro, perché da quel momento avranno il dono della scelta per il resto della loro vita.

La gente è impegnata ad essere seria. Crede che questo sia più reale dello spazio dell'essere come un bambino di sei anni come me. Le persone sono impegnate a trovare la relazione perfetta che le salverà e renderà perfetta la loro vita. Le persone sono vincolate al modo in cui le cose sono sempre state invece di considerare una possibilità diversa. Le persone sono impegnate ad avere sempre la risposta giusta. Anche quando quella risposta è completamente sbagliata per loro.

La difficoltà è che le persone che desiderano il cambiamento, essenzialmente hanno deciso che quella piccola maggioranza che non desidera cambiare ha la risposta giusta. Se sei mai entrato in competizione pensando: *"Devo avere il mio pezzo di torta"* o *"Se la stanno prendendo tutta loro e io non avrò nulla"*, allora sai di cosa sto parlando.

Eppure, quando ti sarà chiaro ciò che è vero per TE, il 99% delle volte, non ti interesserà la torta o quello che gli altri stanno prendendo. Eri semplicemente entrato in allineamento e in accordo con i punti di vista circostanti. In questo momento c'è solo una piccola percentuale di persone che desidera davvero un cambiamento massiccio. Diciamo che è il 5% della popolazione.

Non fraintendermi, su 6,6 miliardi di persone, è comunque molta gente.

Molta gente.

Tu, scegliendo di leggere questo libro, sei uno di loro.

Sei disposto a riconoscerlo?

La Consapevolezza Desidera Sempre di Più di Sé Stessa

Per esprimerlo in altri termini: *"La consapevolezza genera consapevolezza"*. Se le viene data la possibilità, la consapevolezza ne creerà altra.

In accordo con le leggi della fisica, la consapevolezza è lo stato energetico più facile da mantenere. Perché? *Perché non c'è polarità da tenere in vita. È l'essenza che semplicemente è.*

Diciamo che l'inconsapevolezza potrebbe essere come un punto di vista fisso. Conosci persone con punti di vista fissi? Avere quel punto di vista fisso, richiede molta energia per essere mantenuto?

Prendi un conservatore convinto, un liberale convinto o un fascista… hanno punti di vista fissi che richiedono enormi quantitativi di energia per essere mantenuti, giusto?

Quella è la quantità di energia che devi mettere in ogni punto di vista fisso che hai per mantenerlo fisso.

Per ogni giudizio, per mantenerlo in posizione, servono 25 giudizi. Per ognuno di quei 25, ne servono altri 25 e per ognuno di quei 25, ne servono altri 25. È il supremo programma di multi-level marketing della cacca.

Il fatto è che la consapevolezza è letteralmente lo stato più facile in cui stare, perché non devi fare quel programma di multi-level marketing .

Quindi, dolce, dolce essere che stai leggendo… *Tu hai una scelta.* Potresti usare la tua energia per mantenere in posizione i tuoi punti di vista fissi e i giudizi, oppure puoi usare quell'energia per generare la tua vita. *E la tua esistenza. È una tua scelta.*

Tutti i punti di vista fissi, le proiezioni, le aspettative, le separazioni, i giudizi e i rifiuti che hai di te e su di te, li distruggerai e s-creerai tutti, per favore? Giusto e Sbagliato, Bene e Male, POD e POC, Tutti e Nove, Shorts, Boys e Beyonds. ™ Grazie.

Essere

Magia

L'Universo Sta Cercando di Farti un Regalo!

Immagina di avere due angeli paffutelli che stanno volando sopra di te, sai, come quelli dipinti sulla volta della Cappella Sistina, stanno sbattendo come pazzi le loro alucce perché stanno tenendo una pentola piena di monete d'oro e per loro è molto difficile volare perché quest'oro pesa tantissimo…

Hanno così tanto da darti… e vogliono dartelo… e vogliono dartelo… e vogliono dartelo… e vogliono dartelo e continuano a volertelo dare… e continuano a volertelo dare…

Allora, amico mio, perché continuano a DESIDERARE di dartelo invece di dartelo?

Perché tu non lo hai mai chiesto!

Sono lì sopra di te che pensano: *"Dai stupido! Stai mettendo alla prova i limiti della mia allowance, adesso te la faccio cadere in testa e ti ammazzo! Ti prego, fai una domanda che ci permetta di dartelo!"*

Ti prego, chiedi. Per qualsiasi cosa tu desideri. Il più grande desiderio dell'Universo non è altro che tu chieda e riceva.

(Apparentemente gli piace più di quanto piaccia a te).

— Capitolo 12 —

Fuori le Bacchette!
Tu sei Magia!

Tu, come essere, quando sei davvero te stesso, crei magia! E, verità, lo sai questo, vero?

Quando sei disposto ad essere quella particolare energia che **cambia ogni situazione**, le situazioni che dovrebbero andare in un certo modo, vanno in modo completamente diverso. Si tratta di causa ed effetto o è magia?

Ciò che è interessante è che tu hai SEMPRE la possibilità di essere magia, ma sei disposto a sceglierla solo qualche volta.

Non ti sbagliare, è una scelta, è sempre una scelta. Dunque, che cosa voglio dire quando parlo di magia? Beh, dal mio punto di vista chiedere qualcosa ed essere in grado di riceverla, è magia. Essere in grado di cambiare qualcosa è magia. Per esempio semplicemente essere in grado di cambiare come percepisci la tua vita, è proprio un po' di quella luccicante magia che la maggior parte delle persone non sanno che esiste...

"Oh, Tu Non Puoi Farlo!"

Il mio amico Gary racconta questa storia di quando era un bambino. Lui usciva dal suo corpo, camminava sul soffitto, faceva spuntare energeticamente la testa fuori dalla porta e ascoltava i programmi alla radio che i suoi genitori stavano ascoltando o guardava la televisione.

Semplicemente lo faceva. Usciva dal suo corpo e continuò a farlo fino al giorno in cui lo disse a sua madre. Oh, grande errore!

Lei rispose: *"Oh, tu non puoi farlo!"* e non riuscì a farlo mai più.

Così funziona questa realtà. Questa realtà è come sua madre fu con lui. Questa realtà è come la maggior parte delle nostre madri e dei nostri padri. È lì per dirci cosa non possiamo fare, piuttosto che dirci quello che possiamo fare.

Cerca di capirlo! **Questa è la chiave: puoi creare grandi cose, ben oltre questa realtà, se sei disposto a operare in e attraverso questa realtà, ma senza esserne posseduto.**

Quante volte nel passato hai realmente creato qualcosa che era magico, lo hai detto a qualcuno e ti è stato risposto: "Non puoi farlo!" o sono subito entrati nel giudizio del come e del perché non potevi essere stato in grado di farlo?

A quel punto probabilmente hai deciso: *"Non posso più farlo."*

Vedi, in realtà la magia è quello che tu sei già, non è qualcosa che fai. È qualcosa che, in quanto essere, hai come una naturale capacità ed è qualcosa di cui sei espressione nel mondo. Di solito si manifesta quando non ci pensi troppo, vero? Quando siamo disponibili ad essere consapevoli delle possibilità che sono più grandi di quello che questa realtà lineare ci dice, al di là dell'universo di causa ed effetto.

La cosa buffa, è che questa cosa del "chiedi e riceverai" funziona molto bene quando ci liberiamo delle nostre menti, quando smettiamo di impegnarci tanto duramente e quando non siamo nel giudizio.

Se stai giudicando non stai facendo magia. Se stai giudicando non stai essendo magia. Il giudizio è uno dei maggiori killer delle possibilità magiche che noi possiamo essere.

Quindi, tutta la magia di cui hai fatto l'errore di parlare a qualcuno, che, visto che non la capivano o sono entrati nel giudizio e tu potevi percepirlo energicamente e hai deciso che non l'avresti più potuta fare e che probabilmente non era veramente magia fin dall'inizio, distruggerai e s-creerai tutto ora, per favore? E sarai la magia che realmente sei? Giusto e Sbagliato, Bene e Male, POD e POC, Tutti e Nove, Shorts, Boys e Beyonds.™ Grazie.

⚬⚬ ⚬⚬ ⚬⚬

Come Sarebbe se Considerassi la Magia come la Leggerezza dell'Essere Che Sei?

Pensa all'anno passato, ci sono state tre volte dove sei stato la leggerezza dell'essere che davvero sei, anche quando sembrava che tu non lo dovessi essere? E ti sei reso conto che le situazioni in cui ti trovavi sono cambiate e sono diventate più facili? Questa è magia. Questo è scegliere la TUA REALTÀ, il che è iniziare ad essere la magia che realmente sei.

Saresti disponibile a prenderti del tempo per annotare qui sotto quelle tre volte? Se preferisci puoi anche scriverle su un altro pezzo di carta. Se fai una lista, per favore scrivine il più possibile. Non fermarti fino a quando non avrai scritto tante magie quante ne puoi ricordare.

1. _____

2. _____

3. _____

Ti faccio un esempio: c'era una donna il cui volo era stato cancellato perché stavano chiudendo l'aeroporto di Chicago, lei era diretta a Montreal per partecipare a una mia classe. Chiamiamola Susan. Chiese: *"Quale magia posso essere che cambierà questa situazione?"*

Uno strumento magico: fai una domanda.

Andò all'aeroporto e chiese alla persona al front desk: *"Si può fare qualcosa?"* E l'addetta rispose: *"No, non possiamo fare niente."*

Susan rispose: *"Davvero? Ne è certa? Come può essere meglio di così?"* La donna sembrò ammorbidirsi. Quindi Susan chiese di nuovo: *"Come può essere ancora meglio di così?"*

La donna rispose: *"Ah... mi faccia controllare."*

Susan rispose con una domanda: *"Grazie mille, come può essere ancora meglio di così? La ringrazio per la verifica".*

Quindi l'addetta batté furiosamente sul suo computer, poi la guardò e disse: *"Aspetti un minuto, non mi ero accorta che c'era un volo. Abbiamo un volo che fa una rotta diversa e in realtà arriverà due ore prima, le va bene?"*

Susan rispose nuovamente con una domanda: *"Oh sì, sarebbe perfetto, grazie mille, come può essere ancora meglio di così?"*

La donna delle prenotazioni disse: *"Oh! Sembra che sia piuttosto pieno, però apparentemente si è appena liberato un posto in business class. Le va bene se le cambio la classe gratuitamente?"*

Questa è magia. Ed è una storia vera.

Come può essere ancora meglio di così?

Quindi, il tuo primo strumento è chiedere: *"Quale magia posso essere che potrebbe cambiare questa situazione?"*

Se non fai mai una domanda, non cambierai nulla. Non inizi ad essere la magia che facilmente puoi essere, perché non stai chiedendo che si mostri qualcosa di diverso rispetto a quello che ti sta di fronte.

Ricorda, chiedi e riceverai. Non chiedere, e probabilmente non riceverai nulla di diverso da quello che stai già ricevendo. Fare una domanda è sempre il primo passo per cambiare qualsiasi cosa: la domanda è una delle parti essenziali nell'invitare la magia nella tua vita.

So che suona molto semplice, una domanda, grandioso, grazie, dov'è il profondo significato di tutto ciò? A volte le cose più semplici sono le più profonde. La maggior parte di noi ha imparato molto tempo fa a smettere di fare domande. Così ora eliminiamo le possibilità che sono disponibili oltre questa attuale realtà.

❧❧❧

Camminare Lungo il Corridoio

L'ho menzionato prima… e merita ripeterlo.

Quando stai funzionando dalla risposta o dalla conclusione, è come se stessi camminando in un corridoio molto, molto lungo e hai già deciso dove andrai e questo è quanto! Non ci sono porte e tutte le porte inesistenti sono chiuse a chiave. E ti sei dimenticato la chiave. Di proposito. Siamo così carini!

Quindi, riprendendo l'esempio della signora e dei voli, lei sarebbe arrivata molto tardi a Montreal, forse addirittura il mattino seguente. Questa era la sua direzione. E se non avesse mai fatto una domanda, quella sarebbe stata la direzione che avrebbe seguito e dove sarebbe arrivata.

Questo è ciò che fa la maggior parte di noi.

Siamo rivolti verso una direzione ed è dove finiremo. Quando fai una domanda, invece di proseguire lungo il corridoio con i muri lungo i lati, si aprono delle porte su ogni lato e dietro di esse c'è luce e spazio.

Improvvisamente ci sono possibilità che non avevi mai considerato prima di fare la domanda! Come può ancora essere meglio di così? O ancora più facile?

La domanda è una chiave che permette alla magia di accadere! Questo è come permettiamo all'universo di indicarci la magia che sta cercando di darci!

∽ ∽ ∽

Saresti Disposto a Essere una Vibrazione Diversa?

L'unica cosa che ti allontana dalla magia è il tuo rifiuto di credere che esista.

Oh, e anche tutto ciò a cui ti sei allineato e con cui sei stato d'accordo e quello a cui hai resistito e a cui hai reagito a proposito del fatto che questa realtà sia vera.

E che il paradigma di causa ed effetto sia vero.

E che tutte le limitazioni che hai raccolto lungo il cammino siano vere.

Una volta che avrai tolto di mezzo tutto questo, la magia sarà tutto ciò che avrai! Come può essere ancora meglio di così? Queste sono le basi. Quindi, qual è il punto cruciale?

Viviamo in un pianeta dove circa 6 miliardi e mezzo di persone non credono nella magia. Per molti di voi che leggono questo libro, almeno per gran parte delle vostre vite, questo è stato il vostro stesso punto di vista, amici miei. Vi siete sincronizzati con quel punto di vista. Più e più volte. Questa realtà ti dice: *"Tick-Tock. Tick-Tock. La magia non esiste veramente".*

La sincronizzazione è quando le cose vibrano in modo simile, danzano, per così dire, allo stesso ritmo. È come mettere dei pendoli nella stessa stanza, ad un certo punto tutti i pendoli oscilleranno alla stessa cadenza.

Ti sei mai accorto che quando sei vicino a qualcuno che è molto triste, anche tu diventi triste? E ti sembra di non riuscire più a trovare la felicità della tua realtà che sai dovrebbe esserci? Anche questo è sincronizzarsi. Se ascolti il ronzio di questa realtà, è qualcosa del tipo: *"Tick-Tock. Tick-Tock. La magia non esiste veramente"*. Che cosa ti succede quando ti sincronizzi con la vibrazione di "niente magia" di queste realtà? Ti fa funzionare come se la magia non esistesse e non riesci a trovare la realtà della magia che TU, al di sotto di tutto questo, sei. (Tick-Tock. Tick-Tock. La magia non esiste veramente).

Quante volte, nello sforzo di connetterti con le persone che non sono felici, che non sono gioiose, che non hanno alcuna magia, cerchi di vibrare come loro? Saresti disposto a distruggere e s-creare tutto questo, ora? Giusto e Sbagliato, Bene e Male, POD e POC, Tutti e Nove, Shorts, Boys e Beyonds.™

Se vorrai fare (ed essere) magia, ti dico una cosa: devi essere disposto a vibrare al di là di coloro che non sanno che la magia esiste e che non ci credono.

Devi essere disposto a vibrare ad un ritmo diverso. Come se dicessi: *"Tick-Tock. Tick-Tock. LA MAGIA ESISTE! E IO LO SONO!"*

Che tu ti sincronizzi o meno a qualcun altro è una **tua scelta.**

È una scelta, sempre. Quindi, quando ti trovi a scendere nella tana del Bianconiglio della loro realtà, prova a farti questa domanda:

Se fossi la magia che in realtà sono, quale diversa realtà potrei scegliere proprio adesso? Tutto ciò che blocca questo, saresti disposto a distruggerlo e s-crearlo tutto, ora? Giusto e Sbagliato, Bene e Male, POD e POC, Tutti e Nove, Shorts, Boys e Beyonds.™ *Grazie.*

Tick-Tock. Tick-Tock. LA MAGIA ESISTE! E TU LO SEI!

Illusione o Magia?

Mentre tenevo un corso a Roma, qualcuno chiese alla traduttrice: *"Dain è un illusionista?"* lei rispose: *"No caro, non è un illusionista, è un mago!"* E la persona chiese: *"Cosa intendi?"*

Lei rispose: *"Un illusionista è qualcuno che cerca di farti credere che stia succedendo qualcosa, un mago è qualcuno che fa davvero qualcosa e fa sì che la magia (e il cambiamento) accadano."*

Quante volte hai creduto di essere un illusionista, credendo di perpetrare in qualche modo questa grande illusione su chiunque e di non essere realmente la magia che pensi che dovresti essere? Saresti disposto a s-creare e distruggere tutto questo, ora? Giusto e Sbagliato, Bene e Male, POD e POC, Tutti e Nove, Shorts, Boys e Beyonds.™ Grazie.

Io vedo persone che vengono ai miei corsi e cambiano letteralmente i loro punti di vista su tutto, in poche ore o pochi giorni.

Oppure ricevono il cambiamento che hanno atteso per tutto la loro vita, o da miliardi di vite.

E alcuni di essi credono che: *"Oh, è solo un'illusione. La vecchia roba tornerà presto."*

<u>*Come sarebbe se l'idea che il cambiamento che hai creato è un'illusione, in realtà fosse la bugia che ti sta bloccando?*</u>

Che la consapevolezza è un'illusione, che tu sei un'illusione e che sei un'illuso se usi uno qualsiasi degli strumenti in questo libro e ottieni davvero un qualunque cambiamento, che è solo illusorio, non è reale...

Come sarebbe se TUTTO QUESTO fosse la bugia?

Tu che diventi più te stesso, che diventi più consapevole e più conscio e che hai più disponibilità e capacità di scegliere. Questo funziona.

Funziona veramente. Il te che sei quando sei semplicemente te stesso (come se fosse una cosa facile: è uno dei concetti più interessanti, impegnativi e facili che ci siano) quando lo sei, **sei l'incarnazione vivente della magia.**

Qual è il valore di rifiutare di essere l'incarnazione vivente della magia che tu ed il tuo corpo in realtà siete? Distruggerai e s-creerai tutto questo ora, per favore? Giusto e Sbagliato, Bene e Male, POD e POC, Tutti e Nove, Shorts, Boys e Beyonds.™ Grazie.

 споспоспо

Cambiare Ciò Che è Già Successo

Lasciami fare un esempio. Un paio d'anni fa, io e il mio amico Gary, stavamo camminando lungo una strada di Auckland in Nuova Zelanda. Loro guidano dalla parte sbagliata della strada… Sbagliata per me, ovviamente. Guidano sulla sinistra.

Stiamo attraversando e io guardo a sinistra come avrei fatto a casa mia. Nessuna macchina. Sto per scendere dal marciapiede ed ecco, a sei metri da me, una macchina che arriva da destra a circa 40 chilometri all'ora, il mio piede è già sulla strada e lei sta arrivando.

Gary urla: *"No!"*

Immediatamente il mio piede è di nuovo sul marciapiede e la macchina è tornata indietro di 4 metri e poi prosegue. Gary cambiò completamente l'accaduto. Io forse non me ne sarei accorto, ma un'altra amica era lì con noi e chiese: *"Cos'è successo?"*

Poi ci girammo verso Gary e gli chiesi: *"Che cosa è successo? Hai fatto qualcosa?"*

Gary semplicemente rispose: *"Sì, non avevo intenzione di lasciarti morire."*

Tutti abbiamo questa abilità. Non te ne parlerei se, in un modo o nell'altro, non ce l'avessimo. Chiamami strano. Però so che anche tu hai questa abilità.

Per favore, esamina la tua vita e guarda dove hai cambiato qualcosa in un modo che va oltre questa realtà. Qualcosa che non sei stato disposto a riconoscere che hai cambiato, qualcosa che non è credibile che tu fossi in grado di cambiare... eppure lo hai fatto.

Saresti disposto a scrivere UNA COSA? Solo una. Riconoscendola. Per te stesso.

_____

_____

_____

_____

_____

_____

Questa è magia! E sì, è DAVVERO ACCADUTO! Sei disposto a riconoscere che sei stato tu a farlo? Per favore.

Questo fa parte del rivendicare la magia che veramente sei. É il primo passo per essere in grado di scegliere di generare e creare altra magia nel futuro.

Perché permettiamo che questo tipo di magia accada solo in caso di emergenza? Quante volte sei stato a un passo dalla morte e tutto a un tratto qualcosa si è risistemato e non sei morto?

Ti è successo? E permetti che accada solo in caso di emergenza? Dovrebbe essere qualcosa che puoi attivare ogni volta che lo scegli!

Ogni volta!

Tick-Tock. Tick-Tock. LA MAGIA ESISTE! E TU LO SEI!

Non Esiste un Come

Se sei disponibile ad essere quell'energia di potenza e magia, puoi cambiare tutto. Per quale ragione dovrebbe essere difficile? Come sarebbe se le permettessi semplicemente di accadere? Come sarebbe se permettessi alla magia di mostrarsi sempre, solo perché puoi farlo?

È qualcosa che puoi fare; è qualcosa che puoi essere.

Fa parte di quell'energia alla quale tu, in quanto essere, hai accesso. Quello che viene richiesto è di uscire dai tuoi punti di vista fissi ed entrare nella consapevolezza delle capacità che tu, come Essere, hai veramente, persino quando vanno al di là di questa realtà. E la ragione per cui ti sto raccontando queste storie è per farti sapere che la magia esiste.

Non c'è nessun "come" che posso usare per spiegartelo.

Non è un "come".

È un "che". Che anche tu puoi. Che questo sei TU… chi sei veramente. Riconoscerlo, apre la porta alla magia.

Quante vite, quante centinaia o migliaia o trilioni di anni hai speso cercando il come, come si fa nelle varie tecniche e di quanti gruppi hai fatto parte, hai fondato, o hai scritto libri, cercando di scoprire il "come" rispetto a qualcosa che tu eri già?

Non riguarda un come. Riguarda l'essere. Te stesso. Adesso.

Tick-Tock. Tick-Tock. LA MAGIA ESISTE! E TU LO SEI!

Essere un Contributo

Lascia che ti faccia un altro esempio. Un po' di anni fa un uomo, chiamiamolo Grant, che era andato e venuto ai miei corsi per diversi anni, mi telefonò.

Disse: *"Ehi, non parteciperò a questa classe, ma ho bisogno del tuo aiuto".*

Risposi: *"Va bene, cosa c'è?"*

Grant rispose: *"Ho una nipotina che è nata prematuramente. Puoi suggerirmi qualcosa che posso fare per lei?"*

Dissi: *"Hai fatto molte classi di Access, hai fatto e ricevuto molti processi sul corpo con le mani. Se puoi, toccala e chiedile di prendere dal tuo corpo qualsiasi cosa di cui abbia bisogno, sia che voglia guarire il suo corpo o che voglia lasciarlo. E dille che in qualsiasi caso, la scelta è sua e andrà bene".*

Per molto tempo non seppi quale impatto ebbero quelle poche parole. La volta successiva che vidi Grant, più di un anno dopo, mi si avvicinò e mi diede l'abbraccio più caldo che avessi mai ricevuto da lui, più caldo e con più gratitudine e più presenza di quanto possa descrivere a parole.

Venne fuori che Grant era presente quando sua figlia ebbe un aborto spontaneo. La operarono e insieme a tutto il sangue uscì questo piccolo esserino. La bambina era livida e morta ed era grande come il palmo della sua mano.

Grant chiese alla madre e ai dottori se poteva tenerla. Le disse quello che gli avevo suggerito, dandole la scelta di stare o andare, facendole sapere che l'avrebbe amata e che sarebbe stato grato per lei, qualunque fosse stata la sua scelta e offrendole di poter usare qualsiasi cosa del suo corpo e del suo sapere per fare la scelta che avrebbe funzionato per lei.

Lui aveva gli strumenti e la consapevolezza per permetterle di fare la scelta di vivere. Ed era in grado di essere lì per lei in un modo in cui nessun altro della sua famiglia sarebbe stato in grado di essere. Diede letteralmente a questa piccola bambina "accesso" alla sua vita.

Questa è magia.

Mi disse che grazie a quanto gli dissi e per il fatto che lui scelse di farlo e per quello che aveva imparato dalle classi di Access, la sua nipotina ora è una bambina robusta e "ha più vita di chiunque altro" abbia mai conosciuto. La gratitudine che provava era palpabile.

∽∽∽

Ora, Amico Mio, Per Favore Chiediti:

C'è un qualche impatto che tu stai essendo nel mondo che ti circonda che è molto più grande di quanto tu sia ora in grado di riconoscere? Ed è ancora più grande quando tu, anche solo se per pochi secondi, dici: *"Fanculo le regole di questa realtà, adesso avrò la mia realtà!"*

Perché? Perché in quei 10 secondi sei disposto ad essere magia.

Immagina se estendessi quei 10 secondi a tutta la tua vita e se fossi disposto ad avere la tua realtà e la tua consapevolezza ogni 10 secondi di ogni giorno. Cosa potresti generare? Cosa potremmo generare tutti insieme se fossimo disposti ad essere quella magia, quella potenza, quella consapevolezza, quella presenza e quell'intensità energetica? Cosa potremmo generare tutti quanti se entrassimo in quel livello di presenza e facessimo **Boom!?**

Questo è quello che veramente sei, ed è un regalo fenomenale per te e per chiunque altro intorno a te! È come se fossimo rimasti seduti ad aspettare di essere quello che noi consideriamo sia abbastanza grande o grandioso per poterci vedere come un contributo, piuttosto che riconoscere che siamo un contributo proprio adesso.

Proprio ora.

Tick-Tock. Tick-Tock. LA MAGIA ESISTE! E TU LO SEI! ORA.

Tu pensi: *"Un giorno sarò un contributo, ma oggi non lo sono".*

Ovunque hai deciso che un giorno sarai un contributo e che oggi non lo sei, lo s-creerai e distruggerai ora, per favore? Giusto e Sbagliato, Bene e Male, POD e POC, Tutti e Nove, Shorts, Boys e Beyonds.™

Come sarebbe se tu fossi un contributo di gran lunga maggiore di quanto tu abbia mai riconosciuto, perché non corrisponde alla realtà lineare e definitiva che hai reso più vera della magia che in realtà sei?

Come sarebbe se tu, essendo la magia che sei, fossi esattamente il contributo che il mondo richiede?

Proprio ora.
Boom!

Tick-Tock. Tick-Tock.

LA MAGIA ESISTE! E TU LO SEI!

SCEGLIERAI DI ESSERLO?

Stop!

Qualcuno di voi ha cercato nella sua mente e ha provato a capirlo. Davvero, questo non è comprensibile.

Lo so, hai questa cosa chiamata mente, e per certi versi è utile. Ma questa cosa, amico mio, non puoi capirla con la tua mente cognitiva. Va oltre.

Davvero, se avessi potuto capire la tua vita con la tua mente, non l'avresti già fatto?

Tutto è l'opposto di quello che sembra.
Niente e l'opposto di quello che sembra.

Davvero.

Diario Magico

Come sarebbe se riconoscessi ogni volta che tu sei magia? Invece di dire che è stata una coincidenza, un colpo di fortuna o un caso fortuito? Riconoscerlo DAVVERO.

A te stesso e all'universo.

**Saresti disposto a iniziare un
"Diario del Magico Me?"**

Può essere un bellissimo e costoso libro rilegato a mano, un pezzo di cartaccia, una nota sul tuo iPhone®, una pagina su Facebook® o qualsiasi altra cosa. Non ha importanza!

Quello che importa è che per una settimana, un mese, un anno (o il resto della tua esistenza) tu scriva ogni piccola magia che si è fatta strada nella tua vita.

E dopo aver riconosciuto che era magia, dì GRAZIE e fai la domanda: *Cosa ci vorrebbe affinché più di questo si mostri nella mia vita? E… come può essere ancora meglio di così?*

Quando riconosciamo e siamo grati per le cose nella nostra vita, stiamo dicendo all'universo che ci piacerebbe averne ancora. Gli stiamo dando energia. Stiamo lavorando con gli angeli paffutelli.

(A proposito, loro ne sono molto felici.)

Questa

Terra

Terra, Cosa Richiedi da Me Oggi?

Quando domani ti sveglierai, per favore chiedi:
Terra, cosa richiedi da me oggi?

Richiedi che io sia più patetico? O forse richiedi che oggi io mi detesti di più? Oh, certo, richiedi che io abbia qualche grande trauma, dramma e lacrime per dimostrare che sono vivo?

Mi spiace, amico mio: molto probabilmente non riceverai NESSUNA di queste risposte... Ma non ascoltarmi. Provalo tu stesso. Basta chiedere. *Terra, cosa richiedi da me oggi?*

Poi...

Zitto!

E ascolta...

Ecco!

Hai percepito qualcosa, vero?

È l'energia della terra che sta comunicando con te, dandoti la consapevolezza che hai richiesto.

Ti ha fatto sorridere chiedere e ricevere dalla terra? È stato piacevole prendersi un momento di silenzio e crogiolarsi nell'energia di questo stupendo pianeta?

Hai notato più facilità, più pace, più spazio, più gioia? Il semplice chiedere, ascoltare ed essere presente crea questo.

Se ti sei divertito, assolutamente non farlo domani, o dopodomani!

Assolutamente NON ti è permesso rifarlo domani e per i prossimi 21 giorni per cambiare la tua vita e quella del pianeta.

Anche questo era uno scherzo. :)

— Capitolo 13 —

Il Pianeta ha Davvero Bisogno di Essere Salvato?

Probabilmente per i prossimi minuti potrei sembrarti molto irritante, va bene?

Vedi, sto arrivando al punto dove o cambiamo o non ha più senso. Abbiamo questo bellissimo, incredibile, maestoso, glorioso, fenomenale pianeta sul quale viviamo. Come sarebbe se iniziassimo veramente a riconoscerlo?

O cambiamo il modo in cui noi funzioniamo, o il pianeta… non sarà in grado di sostenere la vita. Preferirei che non accadesse. È solo il mio punto di vista. Il mio punto di vista non deve essere il tuo.

Come Sarebbe se Tu Fossi la Differenza e il Cambiamento che Questo Pianeta Richiede?

Va bene se non sai come arrivarci, o come scegliere qualcosa di diverso. Non devi avere la risposta. Quello che ti chiederei è di iniziare a fare domande come…

Cos'altro è possibile?
Cos'altro posso creare e generare?
Quali altre energie potrebbero essere disponibili che non ho mai considerato?

Come sarebbe se essere e cambiare non fossero un concetto lineare?

Come sarebbe se non dovessi andare da A a Z e la Z fosse la fine della storia? Come sarebbe se andassi da A a Z e ti accorgessi che: *"O mio Dio, ci sono miliardi di altre possibili A? Allora se abbiamo una B questo crea un altro miliardo di altre A combinate con B, il che è completamente diverso da 50 A, e se aggiungessimo le C? O mio Dio, ci sono un miliardo di altre C!"*

Come può essere ancora meglio di così? **Forse siamo infiniti? Forse ci sono infinite possibilità?**

E forse, se lo riconoscessimo, potremmo continuare a giocare su questo pianeta? È una possibilità!

La Terra e Noi

Una cosa su cui riflettere è questa: negli ultimi 2000 anni la Terra ha attraversato meno cambiamenti geologici rispetto a qualsiasi altro periodo della sua storia. Perché? **Grazie a noi.** Avevamo case e oggetti che non volevamo venissero distrutti e bellissimi luoghi, quindi abbiamo richiesto: *"Ehi Terra, per favore, potresti non distruggere la mia casa?"*

E la Terra ha risposto: *"Certo, nessun problema"*. Ma cosa le abbiamo dato in cambio per la sua gentilezza? Mucchi e mucchi di spazzatura sotto forma di rabbia, collera, ira, odio, giudizio, traumi, drammi e amore per la separazione.

Non abbiamo mai fatto una domanda e ricevuto la sua consapevolezza e la sua risposta. Per esempio, una buona domanda da Los Angeles fino a San Francisco potrebbe essere: *"Terra, sarebbe un problema per te se mettessimo diverse centinaia di milioni di tonnellate di cemento in una zona sismica?"*

Ma noi ci rifiutiamo di fare domande alla Terra e ci rifiutiamo di ascoltare la consapevolezza di questo bellissimo pianeta! Una delle ragioni principali, è che convalidiamo la realtà degli altri riguardo al fatto che la separazione sia reale e vera. In altre parole, visto che diverse persone non credono che la Terra abbia una propria consapevolezza e coscienza, non ci permettiamo di crederlo neppure noi.

Ci sono 6,5 miliardi di persone su questo pianeta… Quanti di loro stanno scegliendo la felicità? Quasi nessuno. Quanti di coloro che stanno leggendo questo libro scelgono veramente la felicità? Verità? La maggior parte non la sceglie, quasi mai.

Come lo so? Per due ragioni. Primo, io ero uno di loro. Secondo, perché lavoro con le persone giorno dopo giorno e quando hanno l'occasione di entrare nel trauma e nel dramma, spesso la scelgono, <u>fino a quando capiscono che c'è una possibilità diversa</u>. Scegliere il trauma e il dramma non è come per forza deve essere: *è semplicemente come abbiamo imparato che deve essere.*

Quindi, come sarebbe se fossi disposto a lasciar andare quello che hai imparato che deve essere, in favore di quello che potrebbe essere? Come sarebbe se fossi disposto a smettere di convalidare le limitazioni che vedi intorno a te e considerassi invece altre possibilità? Come sarebbe se sapessi che qualcosa di completamente diverso è possibile?

E, grande domanda: *è questa la vera ragione per cui ora stai leggendo questo libro?*

Energia Assassina

Sei consapevole che in questo preciso istante la Terra, se lo volesse, potrebbe uccidere chiunque? Quanti disastri naturali hai visto negli ultimi anni? Stanno diminuendo o aumentando? Energia assassina. La Terra è disposta ad averla. Come siamo diventati così fortunati che non la usi su di noi molto spesso?

Sappi che la Terra, non usa la sua energia assassina semplicemente perché ne ha facoltà... se l'avesse fatto, probabilmente nessuno di noi sarebbe più qui. *La Terra la usa per facilitare la consapevolezza.* Questo spiega perché la Terra sta facendo quello che fa. Sempre. Saresti disponibile a prendere in considerazione questa possibilità? Che la Terra, attraverso qualunque cosa scelga, stia facilitando la consapevolezza.

Quindi, tutto ciò che hai fatto per avere il punto di vista che i "disastri" siano un'erroneità, saresti disposto a lasciarlo ora? Saresti disposto a esserne consapevole senza dover fare nulla al riguardo? Amici miei, vi sto invitando verso un modo totalmente diverso di guardare il mondo.

Come sarebbe se potessi camminare per il mondo e vedere la guerra e la carestia e pensare: *"Bene, sta succedendo. Quali sono le possibilità qui?"* Cosa posso essere per contribuire a cambiare questo? E veramente ESSERE QUELL'ENERGIA, essere quella domanda, con totale allowance, nessun punto di vista o investimento emotivo che ti faccia vedere la guerra e la carestia come giuste o sbagliate, bene o male. Cosa sarebbe possibile allora?

Stai uscendo dalla polarità di questa realtà... per entrare nel Tutt'Uno dell'Essere.

Verità, questo cambierebbe il mondo?

La Più Grande Scoria Tossica

Come sarebbe se la nostra rabbia, la collera, l'ira, l'odio, il giudizio, e l'amore per il trauma, il dramma e la separazione fossero le peggiori scorie tossiche sul pianeta? Se lo fossero, sarebbero le scorie tossiche che potremmo cambiare più facilmente, se scegliessimo di farlo. Ma SOLO se lo scegliessimo.

Ci sono stati numerosi studi che hanno dimostrato che quando si indirizzano rabbia e giudizio verso una pianta, la uccidi. Quest'informazione non dovrebbe stupire nessuno. La rabbia disgrega a tal punto il campo energetico necessario alla pianta, che essa cessa di essere in grado di mantenere la vita.

Bene, cosa procura alla Terra avere 6,5 miliardi di persone come noi che scelgono di usare la rabbia, la collera, il giudizio, l'erroneità e la separazione come la modalità primaria di funzionare nelle loro vite e gli uni con gli altri?

Se vogliamo cambiare il mondo, dobbiamo fermare la nostra dipendenza da questa modalità crudele e obsoleta dell'essere. A meno che non iniziamo a porci domande diverse, non abbiamo la possibilità per cambiare radicalmente il modo in cui funzioniamo in questa realtà e il modo in cui funzioniamo su questo pianeta fra di noi.

Qual è l'antidoto alla rabbia, alla collera, all'ira, all'odio, al giudizio, alla separazione, al trauma e al dramma?

Consapevolezza. Domanda. Scelta. E possibilità.

E anche la disponibilità a cambiare e ad eliminare la separazione che pensi ti definisca. Tutto ciò che fa, mio bellissimo amico, è limitare te e le possibilità che hai di essere te stesso e cambiare il mondo.

Quindi, tutto ciò che hai fatto per rafforzare la bugia che la rabbia, l'odio, il giudizio, la separazione, il trauma e il dramma sono ciò che davvero ti piacerebbe scegliere… e tutto ciò che hai fatto per credere che non hai altra scelta, per favore, lo distruggerai e s-creerai tutto ora? Giusto e Sbagliato, Bene e Male, POD e POC, Tutti e Nove, Shorts, Boys e Beyonds.™

ॐ ॐ ॐ

Il Pianeta ha Davvero Bisogno di Essere Salvato?

È divertente quando la gente parla di salvare il pianeta. Il pianeta non ha bisogno di essere salvato. Sono le persone che lo abitano che hanno bisogno di salvezza, se vogliono sopravvivere.

La mia domanda è, saresti disposto a facilitare la Terra?

Qualsiasi energia questo richieda? Anche se potrebbe significare dare alla Terra l'energia di cui ha bisogno in modo tale che un numero sufficiente di noi possano svegliarsi? Gli scienziati che stanno studiando gli effetti globali dello tsunami che nel 2003 ha ucciso centinaia di migliaia di persone, hanno scoperto che lo tsunami ha creato un'oscillazione dell'asse terrestre e le cose non potranno più essere le stesse. Mai più. Un'oscillazione simile, ma diversa, fu riportata dopo il terremoto di Fukushima nel 2011.

Le cose devono cambiare. Interessante.

Tieni presente, <u>non essere consapevoli e consci, è veramente una scelta. Così come è una scelta, esserlo.</u>

Durante lo tsunami gli animali, anche quelli legati ai pali da 30 anni, li strapparono per dirigersi verso terreni più elevati. I cani, i gatti, le mucche, gli uccelli… ogni singolo animale in grado di farlo, scappò.

E gli umani andarono in spiaggia per raccogliere i pesci e fotografare quella strana onda che si stava avvicinando…

Vuoi fotografare, o meglio ancora, videoregistrare la tua morte? Vuoi essere portato via da uno tsunami perché sei stato troppo inconsapevole? *O vorresti essere abbastanza consapevole da percepire un tocco leggero sulla guancia che ti fa capire che è venuto il momento di levare le tende?*

Tutto ciò che non ti permette di avere la consapevolezza di come essere il contributo che la Terra richiede…e tutto ciò che ti fa pensare di essere strano anche solo per pensare di esserlo, lo distruggerai e s-creerai tutto, per favore? Giusto e Sbagliato, Bene e Male, POD e POC, Tutti e Nove, Shorts, Boys e Beyonds.[TM] Grazie.

⁓⁓⁓

Sei la Centesima Scimmia?

Hai mai sentito parlare del fenomeno della centesima scimmia? Alcuni scienziati stavano conducendo uno studio sulle scimmie in varie isole. Le scimmie erano separate dall'acqua e non potevano nuotare da un'isola all'altra.

Dato che le scimmie stavano finendo il cibo, gli scienziati iniziarono a gettar loro dei viveri dagli aeroplani. Il cibo era contenuto dentro delle casse che durante l'impatto con il terreno si aprivano, le scimmie lo mangiavano, anche se spesso era sporco.

Un giorno, una scimmia non vincolata dai limiti della realtà corrente, cominciò a risciacquare il cibo caduto. Una scimmia lo fece e lo insegnò a un'altra e poi a un'altra e così via.

Appena 100 scimmie di quell'isola cominciarono a risciacquare il loro cibo, tutte le scimmie, **di tutte le altre isole**, iniziarono a risciacquarlo, senza che gli venisse insegnato o spiegato con alcun meccanismo di apprendimento riconosciuto.

Perché?
Fecero il salto.

Ci fu, per così dire, una massa critica di consapevolezza che divenne accessibile ad ogni scimmia connessa a quella rete di scimmie e la realtà cambiò per tutte loro, simultaneamente.

La consapevolezza di tutte le scimmie cambiò perché si arrivò a un numero sufficiente di scimmie, che avevano abbastanza coscienza e sufficiente consapevolezza di quello che sarebbe stato meglio per tutte loro. *Come sarebbe se questa fosse la possibilità di come il cambiamento può avvenire anche per noi?*

Che cosa richiede? Beh, a livello cognitivo non ne hai idea. Perché non è un processo cognitivo. E non è lineare.

Come sarebbe se qualcosa di COMPLETAMENTE diverso fosse possibile?

Per tutti noi? Con tutti noi? Insieme?

Per questo parlo di smettere di insistere nel credere, e smettere di funzionare in accordo, alle regole di questa realtà, perché questo ha creato quel casino apparentemente impossibile nel quale siamo attualmente. Abbiamo bisogno di qualcosa di diverso.

Ora.
Sei pronto, scimmia?

Sei Ancora Arrabbiato?

Bene.

Ecco una cosa che devi sapere sulla rabbia.

La rabbia è spesso una potenza (potere) che stai sopprimendo.

In altre parole, la rabbia e la potenza (potere) danno la stessa sensazione.

Si "*sentono*" nello stesso modo.

Tu non sarai mai la potenza di te perché l'hai sempre confusa con la rabbia.

Perché uso la parola "potenza" invece di potere? Perché il potere, come è comunemente identificato e usato in questa realtà, significa "potere su qualcuno". **La potenza, d'altro canto, è la tua capacità di scegliere e creare un cambiamento.**

Ogni volta che da piccolo hai detto: "*Sai una cosa? Questo deve cambiare!*" i tuoi genitori e i tuoi insegnanti ti hanno risposto: "*Non essere così arrabbiato, piccolino.*" Ed eccoti lì, bloccato dal punto di vista che: "*Questo è cattivo e non dovrei farlo, non dovrei esserlo, non posso farlo e non posso esserlo.*"

Come sarebbe se persino da bambino, quella rabbia in realtà fosse stata POTENZA? Consideralo per un attimo: quando arrivi a un punto nella tua vita e SAI che qualcosa deve cambiare, **è rabbia o potenza?**

Ed è dove ti trovi ora, in questi 10 secondi?

COME LA RICONOSCI?

(Ecco lo strumento.)

Fai una domanda, mio caro amico. (Sorpreso?)

La domanda è: "*È rabbia o potenza?*"

Qualunque cosa sia leggera per te, quello, è ciò che è.

La riconoscerai. E potrai scegliere consapevolmente cosa essere e cosa fare da quello spazio.

Fai Pure Tutto Assieme!

Qualcuno ti ha mai detto:
"Hai troppe cose in ballo!
Perché non ti concentri su una sola?"

Concentrarti? Calmarti? Una cosa alla volta?

È veramente leggero per te?
È vero per te?

Posso invitarti a guardarlo da un'angolatura completamente diversa?

Ti viene **insegnato e sei addestrato** a desiderare di fare il meno possibile. Il massimo ideale in questa realtà è avere finalmente abbastanza soldi in modo da non dover fare più nulla.

La mia domanda per te è: **non ti annoieresti?**

Hai delle capacità che vanno oltre i tuoi sogni più sfrenati, amico mio. Giocaci!

Quanti di voi hanno bevuto la bugia che desiderano fare di meno, non di più e che sei più te stesso quando hai meno da fare? Saresti dispostoa s-creare e distruggere tutto questo, ora? Giusto e Sbagliato, Bene e Male, POD e POC, Tutti e Nove, Shorts, Boys e Beyonds.™ Grazie.

Come sarebbe se scegliessi di vivere in modo esuberante, invece di avere semplicemente una vita con il conto alla rovescia fino alla morte?

Come sarebbe se scegliessi di giocare, creare, generare, divertirti, godere il tuo corpo e sperimentare il mondo pienamente e totalmente in ogni momento?

Come sarebbe se questo fosse lo spazio dove ti senti in pace?

Come sarebbe se VIVERE INTENSAMENTE per te fosse riposante?

Come sarebbe se tu fossi davvero felice solo quando devi fare almeno cinque (o 25) cose contemporaneamente??? E come sarebbe se questa non fosse più un'erroneità?

Il Regno ——

dell'Essere

Le Porte sul Retro

Quanti di voi non hanno ancora realmente compreso che il vostro lavoro qui è di facilitare la consapevolezza e il cambiamento? Quante porte spalancate sul retro hai per poter scappare? Così non devi mai sceglierlo veramente? O scegliere te stesso?

La maggior parte delle persone non sanno nemmeno cosa sia la consapevolezza.

Credono che se i loro occhi sono aperti significa che sono consapevoli.

Saresti disposto a riconoscere che nemmeno tu hai idea di cosa sia? E che sai anche perfettamente cosa sia? Saresti disposto a esigere di percepire, sapere, essere e ricevere esattamente ciò che è la consapevolezza e cosa esattamente esige da te?

Tutto ciò che blocca questo, lo s-creerai e distruggerai tutto ora, per favore? Giusto e Sbagliato, Bene e Male, POD e POC, Tutti e Nove, Shorts, Boys e Beyonds™ Grazie.

Puoi lasciare lì le uscite posteriori, se ti piace. La consapevolezza include tutto, anche le uscite sul retro. Ma come sarebbe se permettessi alla tua consapevolezza di percepire le porte della possibilità CHE TU SEI? Interamente?

E aprirle?

Come sarebbe se essere te stesso È cambiare il mondo?

Proprio ora.

In questi 10 secondi.

— Capitolo 14 —

Il Regno del Noi

So che abbiamo già parlato della scelta… e a te non piace fare le cose due volte, vero amico mio? Questa è la Scelta, parte seconda. La continuazione sul Regno del Noi.

Hai notato che alla sola parola SCELTA alcune persone si fanno piccole piccole? *Io non posso scegliere. Io non voglio scegliere. Perché devo scegliere? Ti prego, ti prego, ti prego scegli tu per me!* E, ancora più strano, la maggior parte delle persone non capisce davvero cosa significhi scelta.

Tuttavia, la disponibilità a scegliere è l'inizio del prendersi l'impegno della propria vita. Essere te stesso e cambiare il mondo è qualcosa che **scegli**.

Tu hai scelta. Hai sempre scelta

Una delle cose che cerchiamo di credere è che siamo soli nel nostro universo. Come se fossimo isolati, fossimo nel nostro regno e potessimo scegliere solo per noi stessi. Oppure pensiamo che se stiamo scegliendo qualcosa che funziona anche per qualcun altro, allora stiamo scegliendo contro di noi e crediamo che l'unico modo per scegliere per noi stessi sia scegliere in opposizione a qualcun altro.

Come sarebbe se tu fossi di più come un animale? Una delle cose degli animali è che hanno un istinto di sopravvivenza, non solo per sé stessi, ma per l'intero pianeta e tutto ciò che lo abita. Contrariamente a quanto si crede, non funzionano solo dalla sopravvivenza, ma dalla PROSPERITÀ. Ad esempio, quando i conigli sanno che l'anno successivo ci sarà siccità, diminuiscono enormemente la loro riproduzione. E normalmente, si riproducono come… conigli! Questo contribuisce solo a loro o a tutti?

Quando gli umani si rendono conto che non avranno acqua a sufficienza per sostenere la popolazione in una determinata area, cosa fanno? Costruiscono PIÙ CASE! Quando stanno passando un brutto periodo finanziariamente, o nella relazione, cosa fanno? Fanno più figli! A qualcun altro sembra folle? Come sarebbe se imparassimo dai conigli? E dai cavalli? E da ogni altro animale sul pianeta?

Cerchiamo di credere di essere soli e che dobbiamo scegliere solamente per noi stessi. Altrimenti non scegliamo per noi, ma scegliamo contro di noi. Come sarebbe se questa fosse un'altra di quelle ENORMI BUGIE che ti sei bevuto? Come sarebbe se quando scegli consapevolmente, questo includesse te stesso, l'intero pianeta e i suoi abitanti? E come sarebbe se ciò che è premiante, fosse premiante per te e per tutti gli altri?

O crei il regno del me (solitudine) o crei il regno del Noi (Tutt'Uno).
Quale preferiresti scegliere?

෨ ෨ ෨

Sei Ben Connesso

Ti è stato venduto che per poter scegliere per te stesso devi essere solo. Ma una volta che hai cercato di creare quella solitudine, non puoi fare una scelta davvero consapevole… **Un essere infinito potrebbe mai essere davvero solo? No!**

Strano eh? Sei infinito. Sei connesso con chiunque e con qualsiasi cosa. Nel momento in cui cerchi di creare la bugia della solitudine, ti separi da tutto ciò che potrebbe permetterti di fare una scelta premiante per te e per chiunque altro. In altre parole, cercando di credere alla bugia che per scegliere per te stesso devi essere solo, ti escludi da tutta la consapevolezza che potresti avere e che ti permetterebbe di fare una scelta che andrebbe nella direzione da te voluta.

Ti tagli fuori dalla cura amorevole che hai per te stesso e per gli altri. Per te, quella cura amorevole, deve essere un fattore in tutte le tue scelte. Quando cerchi di scegliere solo per te stesso, ti escludi anche dalla potenza che hai in virtù della tua connessione con gli altri, con la loro consapevolezza, la loro cura amorevole e il loro contributo.

Ti separi da tutto ciò che ti rende brillante per entrare in quella mancanza artificiale di spazio che hai creato e che pensi sia l'unico luogo dal quale puoi scegliere.

Ora.

Ti sto invitando a una scelta che non parte dalla prospettiva delle limitazioni tue o degli altri. È il muoversi dalla scelta che include realmente tutto e tutti, ma non è limitata da questo e nemmeno dai giudizi delle altre persone.

È venire abbracciati dal Tutt'Uno che è l'universo, il dono che sono per te il sole, i pianeti, tutti gli animali, le piante e gli alberi: il dono che l'Universo è per te. E che tu sei per lui.

Saresti disposto a scegliere includendo l'interezza della consapevolezza del mondo che desidera essere un dono per te nelle tue scelte? *S-creerai e distruggerai ora qualsiasi cosa non permette tutto questo, per favore? Giusto e Sbagliato, Bene e Male, POD e POC, Tutti e Nove, Shorts, Boys e Beyonds.*™ *Grazie.*

Quindi, cosa sai in realtà che hai fatto finta di non sapere o hai negato di sapere, che se ti permettessi di sapere ti permetterebbe di avere la scelta totale che creerà unità in ogni momento di qualsiasi situazione?

S-creerai e distruggerai tutto ciò che non permette tutto questo, per favore? Giusto e Sbagliato, Bene e Male, POD e POC, Tutti e Nove, Shorts, Boys e Beyonds. ™ *Grazie.*

∽∞ ∽∞ ∽∞

L'Esclusione Non è il Tutt'Uno

Sei consapevole che hai rifiutato il regno del Tutt'Uno (il Regno del Noi)? E quando parlo del Tutt'Uno, mi riferisco a tutta una serie di cose che hai fatto nelle vite passate, tutta una serie di cose spirituali, dove l'idea era: *"Andiamocene e creiamo un culto tutti insieme e questo sarà unità".*

Ma questa non era unità, perché ti sei dovuto ritirare da qualche parte in una foresta e c'erano 50, 100 o 200 persone che stavano cercando di creare unità, isolandosi. Questa **non** è Tutt'Uno.

Il Tutt'Uno è includere <u>tutto</u> e <u>tutti</u> senza assolutamente <u>alcun giudizio.</u>

In quelle vite passate volevi così tanto negare la tua conoscenza, volevi così tanto credere in quello che gli altri dicevano, perché sapevi che da qualche parte il Tutt'Uno esisteva, ma hai negato il tuo sapere per acquisire il punto di vista il qualcun altro su cosa dovesse essere. Quindi hai seguito quella persona e quando le cose non sono andate bene hai dichiarato: *"Il Tutt'Uno non esiste davvero. Non lo farò mai più!"*

A quel punto sei entrato nella resistenza e nella reazione e adesso quando si parla di Tutt'Uno, pensi: *"Niente da fare. Non lo farò mai più, l'ultima volta mi hanno fregato."*

Mi piacerebbe che tu seguissi il tuo sapere.

Mi piacerebbe che seguissi il tuo sapere senza giudizio, comunque. La maggior parte delle persone sul pianeta non ha idea di cosa sia il sapere perché ha sempre pensato che fosse una *conclusione.*

∽ ∽ ∽

Conclusione Come Cartina di Tornasole

A proposito di scegliere, la cosa che ti blocca maggiormente è pensare che scegliere significhi arrivare ad una conclusione, ma non lo è. Ogni volta che giungi a una conclusione su qualcosa, elimini la tua consapevolezza di tutto ciò che non coincide con quella conclusione. Ti piacerebbe che lo ripetessi in italiano?

Quando trai una conclusione, essa diventa la risposta, il punto di arresto, dal quale tutti gli input successivi (sia dalla consapevolezza che dalla conclusione) vengono misurati. Quella conclusione diventa la cartina di tornasole alla quale tutto deve corrispondere. E se non collima con quella conclusione, la butti via.

Ci sono arrivato! (Sfortunatamente dopo un sacco di esperienza personale nella quale ho fatto esattamente questo) lo facciamo quasi sempre... come possiamo smettere?

La risposta è: SCEGLI DI SMETTERE. Scegli di fare qualcosa di diverso.

Come risultato di questa semplice scelta, continuerai a vivere la tua vita e quando sceglierai qualcosa basato sul vecchio paradigma, per un attimo balbetterai: "*Aspetta, aspetta, aspetta un attimo, aspetta, non devo farlo, vero?*"

Questo per te sarà l'inizio della libertà. La libertà di scegliere qualcosa di completamente diverso.

Una volta una donna venne da me per una sessione dicendomi che aveva impostato tutta la sua vita in modo tale da non dover scegliere. Persino continuare a fare un lavoro che non le piaceva era un modo per evitare di dover scegliere. Mai. Mi disse: *"Sono troppo spaventata di scegliere una carriera che mi metta nella posizione di dover scegliere ogni giorno per me stessa".*

Osserva di cosa stiamo parlando veramente: impostare una struttura nella vita in modo da non dover più scegliere. Sono sicuro che non l'hai mai fatto, vero? Certamente no! Ma nel caso: *Quante strutture hai impostato nella tua vita per eliminare la scelta? Tutto ciò che è, lo s-creerai e distruggerai tutto, per favore? Giusto e Sbagliato, Bene e Male, POD e POC, Tutti e Nove, Shorts, Boys e Beyonds.*[TM] *Grazie.*

✿ ✿ ✿

Se Avessi a Disposizione la Scelta Totale, Cosa Creeresti?

Tutti scelgono, sempre. Tutti scelgono la loro vita e la loro esistenza. Consapevolmente o meno.

Quando emerge una nuova possibilità, potresti scegliere di avere la prospettiva limitata di: *"Oh mio Dio, è una cosa terribile e io morirò..."* oppure potresti scegliere di avere l'altra prospettiva di cui sto parlando: *"Però, mi chiedo cos'altro possiamo creare ora!"*

Come sarebbe se fossi disposto a creare il Regno del Noi, che include tutti, ma non include i nostri punti di vista limitati, solo la consapevolezza?

Come sarebbe se di tutti i punti di vista limitati delle persone intorno a te, ne fossi soltanto consapevole? Come sarebbe se questi punti di vista limitati non dovessero avere rilevanza nelle scelte che fai?

Come sarebbe se i punti di vista limitati, per te non fossero rilevanti? Se avessi a disposizione la scelta totale, e scegliessi di generare il Regno del Noi, cosa sceglieresti? Tutto ciò che non permette a questo di mostrarsi, lo distruggerai e s-creerai tutto, per favore? Giusto e Sbagliato, Bene e Male, POD e POC, Tutti e Nove, Shorts, Boys e Beyonds.™

Se fai questa domanda e ti muovi da questa domanda, non guarderai più alle tue interazioni con la gente dal punto di vista: *"Devo separarmi da loro e scegliere per me!"* oppure *" Devo scegliere per loro e separarmi da me!"* Per la maggior parte delle persone queste sono state le uniche due scelte. Ti muoverai da uno spazio diverso che include tutti noi.

Sta a noi creare questo Regno del Noi.

E se un numero abbastanza sufficiente di noi lo farà, lo creeremo come una possibilità nel mondo. Qualcosa di completamente diverso!

Sei pronto? Cosa scegli?

Sto Scegliendo o Concludendo?

Ti ricordi che abbiamo parlato della differenza tra un giudizio e una consapevolezza? La consapevolezza non ha carica emozionale e tu sei disponibile a rinunciarvi e a cambiarla in qualsiasi momento.

Molte persone confondono la SCELTA con il *decidere* o il *concludere*.

Sono cose completamente diverse!

Come le riconosci? Come fai a sapere se stai veramente scegliendo qualcosa e non decidendo o concludendo che questo è quello che devi essere, fare o avere?

Di nuovo, è l'assenza di carica emotiva e il movimento dell'energia.

Quando scegli non c'è carica. Tu scegli e, se serve, scegli qualcosa di diverso dopo 10 secondi, senza giudicare la scelta o te stesso. Sei disposto ad essere consapevole e a seguire l'energia ovunque è richiesto.

La scelta non è mai definitiva. La scelta è un processo continuo. Scegli e poi scegli di nuovo. E di nuovo. E di nuovo.

O, come un teenager ha riassunto brillantemente in una mia classe: **"La scelta è fighissima! La conclusione fa schifo!"**

I Tuoi Punti di Vista Creano la Tua Realtà

Sei un risolutore di problemi? Anche molto bravo?

Congratulazioni!

Quante volte hai cercato di risolvere il problema
di sistemare questa realtà?

E poi ce la fai! Per 10 gloriosi secondi non hai assolutamente
problemi.

E poi, per qualche ragione, compare un altro problema.

**Quando sei un risolutore di problemi, devi sempre, sempre,
SEMPRE creare nuovi problemi da risolvere.**

Ora, osserva il mondo.

Se vediamo un mondo pieno di problemi, che mondo stiamo
creando?

Se invece scegliamo di vedere TUTTO senza giudizio, un mondo
pieno di possibilità, che mondo creeremo?

Riflettici. E sappi questo:

*I tuoi punti di vista creano la tua realtà,
la realtà non crea i tuoi punti di vista.*

Quali punti di vista ti piacerebbe scegliere?

Condurre

senza Seguaci

Arriveresti in Ritardo al Tuo Stesso Party?

Hai creduto alla bugia che è troppo tardi? Troppo tardi per cambiare tutto quello che sai che deve essere cambiato perché non sta funzionando per nessuno di noi?

Veramente, amico mio, pianificheresti un party (la più grande festa delle nostre vite) e sbaglieresti la data?

Non credo proprio. Anche tu, l'umanoide più incasinato, non programmeresti una festa per così tanto tempo, per poi sbagliare la data.

Se fosse troppo tardi, non saresti qui adesso!

Saresti arrivato molto prima per cambiare le cose, perché tu sai, e lo hai saputo da 4 trilioni di anni, esattamente quando sarebbe stato il momento cruciale per risvegliare la consapevolezza e le coscienze.

Quindi, ovunque hai bevuto la bugia che è troppo tardi e che non puoi essere abbastanza e che potresti anche rinunciare ora, s-creerai e distruggerai tutto? Giusto e Sbagliato, Bene e Male, POD e POC, Tutti e Nove, Shorts, Boys e Beyonds.^{TM} *Grazie.*

Sappilo, hai scelto il pianeta e hai scelto il tempo. Lo sapevi e ancora lo sai.

Siamo giusto in tempo.

(E, come fai sempre, ovviamente hai aspettato fino all'ultimo momento possibile, quindi mettiti al lavoro!)

— Capitolo 15 —

Sei Disposto
ad Essere un Leader?

Io considero l'essere un leader da uno spazio completamente diverso rispetto alla maggior parte delle persone. Dal mio punto di vista, essere un leader è quando sei in grado di sapere quello che sai e seguire ciò che sai, indipendentemente dal fatto che qualcuno venga con te. Questo non esclude nessuno, perché tutti possono venire, SE LO SCELGONO.

Questo è quello che significa essere un leader dal mio punto di vista.

In questa realtà per essere un leader devi avere dei seguaci. Sono in completo disaccordo. Il mio punto di vista è che per essere un leader devi condurre te stesso e se qualcun altro ti segue, perché hai avuto un'idea brillante, non c'è problema. Ma se sei davvero un leader, li potenzierai nel sapere ciò che sanno, non semplicemente nel cercare di farti seguire.

Questa è una concezione completamente diversa della leadership. Per me è ciò che serve se vogliamo cambiare la rotta del pianeta. Essere un leader significa essere disposti ad entrare in quello che sai e seguirlo. È davvero molto semplice. Ha a che fare con l'avere un senso di fiducia in te stesso e nel tuo sapere, anche quando questo sapere non corrisponde con i punti di vista delle altre persone.

∽ ∽ ∽

Un Chilometro e Mezzo in Quattro Minuti

Facciamo un esempio, oggi per i corridori agonistici è normale percorre i 1500 metri in meno di quattro minuti. Infatti, se non corri i 1500 sotto i quattro minuti, al college non puoi nemmeno essere considerato un corridore, per non parlare degli atleti internazionali.

Per molto, molto, molto, molto tempo, per centinaia di anni, beh, diciamo un centinaio di anni dal momento in cui siamo stati in grado di cronometrare il tempo, non esisteva qualcosa come correre i 1500 metri in quattro minuti. Era considerata una barriera impossibile da infrangere.

Un giorno un tizio disse: *"Sapete una cosa? Io posso farlo!"* Letteralmente, tutti suoi amici e le persone attorno a lui dissero: *"Non puoi farlo, nessuno può farlo!"* eppure, il suo punto di vista era: *"Sì, io posso!" "No, non puoi, non si può fare, non ce la farai mai"* dicevano le persone intorno a lui.

"Guardatemi!" disse.

E lo fece. Nel 1954 Roger Bannister infranse la barriera dei quattro minuti. Da allora, dopo che tutti videro che era possibile, tutti corrono i 1500 metri in meno di quattro minuti. Ora dicono: *"Bene, riusciamo a raggiungere i 3 minuti e 55? E i 3 e 45? Arriviamo fino a 3 e 40?"* Grazie a una persona disposta ad essere un leader si è creato uno standard completamente diverso.

Come sarebbe se sapessi che anche nelle scelte più piccole della tua vita potresti essere esattamente quel contributo per le persone?

Un Giorno Senza Giudizio

Mettiamo il caso che ci siano delle persone intorno a te con un sacco di giudizio sulla giustezza o sull'erroneità di alcune filosofie politiche. Tu sai che potresti giudicarlo giusto o sbagliato o potresti vederlo come l'interessante punto di vista di qualcun altro.

Cosa?

Beh… quando giudichi qualcosa come giusto, o lo giudichi come sbagliato, in realtà stai contribuendo a tenerlo in vita, dandogli più energia, rendendolo più solido e meno in grado di cambiare.

Come sarebbe se potessimo uscire dalla necessità di avere la giustezza del nostro punto di vista e l'erroneità del punto di vista di chiunque altro e capissimo invece che tutti abbiamo punti di vista e che alcuni dei punti di vista che le altre persone hanno, e che non ci piacciono affatto, potrebbero contribuire a cambiare il pianeta?

Come sarebbe se il primo passo per diventare leader fosse uscire dal giudizio?

Dal mio punto di vista, la consapevolezza è dove tutto esiste e niente viene giudicato. Dove ci può essere qualsiasi cosa, esattamente come è e non devi giudicarla in alcun modo.

Riesci a immaginare se ti svegliassi e non avessi giudizi in testa, nessun giudizio durante la giornata, non importa quello che fai? Come sarebbe quel giorno? *Riesci a immaginare un giorno senza giudizio?*

Sai una cosa? È possibile, semplicemente non ci è stato insegnato ad accoglierlo. Non siamo stati abituati a vederlo come un prodotto di valore. Se un numero sufficiente di persone riuscisse a uscire dal giudizio e a esigere che "non importa cosa ci vorrà, non giudicherò più" il mondo cambierebbe il giorno stesso. Saresti disponibile? Adesso?

Chiedere il Cambiamento

Riassumiamo… la prima parte dell'essere un leader consapevole è fidarti di te stesso e seguire il tuo sapere. La seconda parte è uscire dal giudizio di te stesso, di chiunque o di qualsiasi cosa. Perché allora potrai veramente essere presente in ogni cosa, senza punti di vista…

La terza parte è iniziare a fare delle domande nella tua vita. Quindi, come funziona?

Mettiamo che tu assista a qualcosa come la perdita di petrolio del Golfo del Messico nel 2010. Quello che ho sentito dire da molte persone era: *"È un disastro, è una cosa terribile, è un disastro, è una cosa terribile, è un disastro, è una cosa terribile…"*

Quello che chiedevo alle persone abbastanza aperte per sentirlo, era: *"Bene, sei consapevole del fatto che continuando ad avere quel punto di vista, crei più devastazione? La tua energia e i tuoi punti di vista fissi contribuiscono a crearne altra".*

È quello che ci dice la scienza: quando osserviamo una molecola, la modifichiamo. La ragione per cui la cambiamo è dovuta al fatto che le imponiamo il nostro punto di vista! Come sarebbe se potessimo essere così tanto senza giudizio e senza punti di vista fissi, da poter osservare la molecola e invitarla a cambiare, piuttosto che imporle il punto di vista che deve cambiare per poter coincidere con le nostre conclusioni?

Come sarebbe se fossimo talmente connessi con le molecole intorno a noi, che grazie al fatto di non avere giudizi, potessimo invitarle a cambiare a nostro piacimento?

Un'altra cosa che domandavo era: *"Ti piacerebbe cambiare la situazione?"* Mi guardavano come se li avessi colpiti in testa con una mazza: *"Cosa intendi con cambiarla?"*

Io rispondevo: *"Perché non fai semplicemente una cosa, perché non fai questa domanda? Cosa ci vorrebbe per cambiare questo? Cosa ci vorrebbe per disfare il disastro ecologico?"*

E loro mi guardavano come se dicessero: *"Mio Dio, non ci ho mai pensato. Mi stavo solo lamentando che era un grosso problema"*.

Come sarebbe se per qualsiasi cosa volessimo cambiare, il punto iniziale del cambiamento fosse semplicemente fare una domanda?

In Access continuavamo a fare questa domanda: *"Possiamo fare qualcosa per il Golfo oggi? C'è qualcosa che possiamo contribuire oggi?"* Ci sono voluti due mesi e mezzo in cui ogni mattina chiedevamo: *"C'è qualcosa che possiamo fare per cambiarlo? C'è qualcosa che possiamo fare per cambiarlo?"* Continuavamo a ricevere un no. E poi un giorno ricevemmo un sì. Fu il giorno in cui coprirono il pozzo.

Quindi mandammo un'email a tutte le persone di Access Consciousness® chiedendo loro di contribuire la loro energia a una data ora in un dato giorno per cambiare il disastro ecologico del Golfo. Tre giorni dopo, in un articolo del *New York Times* del 27 luglio, veniva riportato che gli scienziati erano sorpresi da quanto velocemente il petrolio stesse scomparendo.

Il 4 agosto il *New York Times* scriveva che la maggior parte del petrolio si era dissipata e quella restante era una minaccia all'ecosistema notevolmente inferiore rispetto a quanto si era pensato.

Quello fu un luogo nel quale tutti noi potevamo mettere la nostra energia senza che ci fosse giudizio, c'era solo domanda come: *"Non sappiamo quello che può succedere, ma facciamo qualcosa e usiamo la potenza che abbiamo a disposizione"*. Tieni presente che l'unica cosa che chiedemmo fu un cambiamento del disastro ecologico. Non chiedemmo che avesse un aspetto specifico.

Fummo tutti noi di Access Consciousness® a cambiarlo? Forse. *Ma sai una cosa?* Forse furono tutti quelli che avevano il desiderio di cambiare quella possibilità nel Golfo e che avevano il punto di vista che ciò fosse possibile.

La cosa importante non è CHI lo ha cambiato, ma che è cambiato e che, insieme, ne abbiamo la capacità. Forse furono i batteri che dissero: *"Ehi, noi possiamo dare una mano"*, come gli animali nel film Avatar che arrivarono in soccorso. La cosa eccitante è che quel livello di cambiamento è possibile! Non solo è possibile, è successo!

⁊⁊⁊⁊ ⁊⁊⁊⁊ ⁊⁊⁊⁊

Una Versione Di Te a Tre Teste

Ora, amico mio, se tu dicessi: *"Sapete una cosa? Contribuirò energia per cambiare la perdita di petrolio del Golfo!"* La gente intorno a te farebbe un applauso? O scuoterebbe la testa?

Probabilmente ti guarderebbero come se avessi tre teste e venissi da Marte, vero? Ti guarderebbero come se fossi pazzo e dovessi essere rinchiuso. Quanti di voi si sono sentiti così per la maggior parte della loro vita? Ti sei mai chiesto: *"Perché la gente continua a guardarmi come se avessi tre teste?"*

Perché, per loro, tu le hai!

Perché tu vuoi qualcosa di diverso rispetto a quello che vogliono loro, tu desideri veramente il cambiamento. Questo spiega perché, se vorrai creare quel cambiamento, è davvero necessario che tu sia disposto a diventare il leader che sei e che non sei stato disponibile ad essere. Ti guarderanno come se avessi tre teste. Riceverai i loro giudizi e la loro idea che cambiare è impossibile. E poi andrai e contribuirai al cambiamento comunque.

Questo è essere un leader.

Sii Quello Che Dici.

Devi ESSERLO. Non esibirlo o cercare di condividerlo. Quando condividi, devi ridimensionarti agli altri per cercare di portarli alla tua dimensione. Tranne, che non saranno mai della tua dimensione, perché per definizione, sarai tu ad adattarti a loro per creare una comunanza che ti permetta di avere una connessione.

Molto semplicemente: CONDIVIDERE significa RESTRIN-GERSI!

DIMOSTRA, invece, cosa è possibile.

Sceglieranno tutti di essere quello che tu dimostri che è possibile essere? No. Solo <u>qualcuno</u> lo vedrà come una possibilità e sceglierà di diventarne una parte. O completamente, se lo scelgono. Tu stai dimostrando cosa è possibile. Loro possono saltarci dentro o meno. Non ti riguarda più.

Ciò che è richiesto ora sono persone che fanno veramente un piccolo passo nella consapevolezza e che mostrino ad altri che può essere fatto. Sono le scelte che fai che aprono più consapevolezza per te, e per tutti noi.

Osserverai qualcosa, che nel passato credevi dovesse essere in un certo modo e vedrai una possibilità diversa, e la sceglierai! Vedrai come ciò influenza la tua vita e come quella scelta sia accaduta per te; questa è esattamente l'informazione che le persone richiedono e che al momento non hanno. Ma tu dirai: *"Io sto solo vivendo la mia vita. A nessuno interessa ascoltare queste cose."*

Ti sbagli di grosso. Le persone intorno a te che desiderano la consapevolezza sono molto interessate ad ascoltare tutto questo, anche se non sanno che stanno cercando più consapevolezza. Tu sei già quel regalo fenomenale, eppure così pochi di noi sono disposti a riconoscere sé stessi come i leader della consapevolezza che realmente sono. È più facile e più premiante di quanto tu creda!

Sei una di quelle poche persone sul pianeta che davvero desiderano cambiare quello che sta accadendo! E sei l'unica persona in grado di generare, creare e istituire ciò che vorresti nella tua vita.

Se non riesci a onorarti abbastanza da essere questo per te stesso, come puoi creare quello che ti piacerebbe creare nella tua vita? Dovrai sempre bloccare qualsiasi cosa che creerebbe un giudizio o ti renderebbe giudicabile, o un nemico, nell'universo di qualcun altro.

Ti mostro due possibilità per barcamenarsi nel campo minato chiamato realtà:

1. Continuare a camminare nella tua vita in punta di piedi, cercando di evitare di mettere il piede sulla mina che ha piazzato qualcun altro, evitando di farti nemici, soccombendo ai punti di vista limitati degli altri e poi BOOOM, metti un piede in fallo ed esplodi... dolorosamente ancora e ancora, ogni volta che provi a camminare in punta di piedi attorno ai giudizi altrui...

2. Adesso, immagina che ci sia un altro modo per stare nel mondo, dove dici: *"Oh, c'è una mina!"* e, <u>se è giunto il momento di calpestarla</u>, ci salti sopra allegramente. Mentre esplode, noti semplicemente: *"Però, questa cosa ha fatto un sacco di rumore ed era fighissima, come può essere ancora meglio di così?"*

E non salti in aria, non vieni distrutto e in realtà cammini attraverso la vita mettendo il piede su qualsiasi mina serva calpestare per cambiare l'aspetto del pianeta. Se quella mina faciliterà la consapevolezza, tu ci camminerai sopra! E così sia!

Diventi l'energia dell'essere che non chiede scusa per ciò che è. È come dire: *"Eccomi"*.

Tutto ciò che non permette a questo di mostrarsi, lo distruggerai e s-creerai, per favore? Giusto e Sbagliato, Bene e Male, POD e POC, Tutti e Nove, Shorts, Boys e Beyonds.™ *Grazie.*

Reclamare La Tua Potenza

Dopo un anno che iniziai Access, Gary Douglas mi chiese se ero disposto a reclamare la mia potenza. In quel momento stavo dietro una parete divisoria... sporsi fuori solo testa, non avevo nemmeno il coraggio di stare interamente di fronte a lui.

Dissi: *"Beh, cosa significherà questo?"*

Rispose: *"Non posso dirtelo".*

Nascosi di nuovo la testa dietro la parete: *"Come sarà?"*

"Non posso dirtelo".

"Cosa succederà?"

"Neanche questo posso dirti. Se sei disposto ad averla, devi solo reclamarla".

Mi ci vollero letteralmente circa 45 minuti di tentennamenti, durante i quali mi chiedevo se avrei potuto sceglierla anche senza sapere come sarebbe stata e pensando continuamente: *"Cosa accadrebbe se lo facessi?"*

Poi lo feci. Scelsi di reclamare la mia potenza. Fu come: *"Ecco ciò che è vero, non continuerò a mentire a me stesso. Sarò qualsiasi cosa sia realmente vera per me, perché sai una cosa? La mia esistenza è troppo preziosa per continuare a nasconderla."*

Scelsi di essere un leader. E continuo a farlo. Ogni dieci secondi. Non cerco seguaci. Sono semplicemente disponibile ad essere l'invito per qualcosa di totalmente diverso.

E tu lo sei?
È ora il momento?
Se lo è, tu lo sai. E se non lo è, è perfetto così.

Quindi, la domanda è: "Reclamerai e possiederai ora la potenza e la consapevolezza che sei veramente?"

Se è così, tutto ciò che non permette a questo di mostrarsi con totale facilità, lo distruggerai e s-creerai e lo cambieremo insieme al tre? Uno... due... tre! Giusto e Sbagliato, Bene e Male, POD e POC, Tutti e Nove, Shorts, Boys e Beyonds. ᵀᴹ Grazie.

Come sarebbe se fosse possibile un'esistenza che va oltre qualsiasi cosa abbiamo mai immaginato?

Come sarebbe se quello che la Terra richiede da noi fosse lasciare andare tutte le nostre limitazioni autoimposte, per abbracciare la magia che davvero siamo?

Cosa potresti scegliere che creerà il risultato che TU desideri creare nel mondo?

Tutto ciò che non permette a questo di mostrarsi, lo distruggerai e s-creerai tutto, per favore? Giusto e Sbagliato, Bene e Male, POD e POC, Tutti e Nove, Shorts, Boys e Beyonds.ᵀᴹ Grazie.

Cos'Altro Posso Aggiungere alla Mia Vita?

Hai letto i primi 15 capitoli di questo libro.
Come può essere ancora meglio di così?

Ora.

Controlla, per favore. È leggero per te?

Riesco a sentire la tua testa che gira.
Come sarebbe se non traessi una conclusione ma entrassi nella
domanda?

Ricorda, questo non è un libro di risposte.
È un libro di domande.

Come sarebbe se non ci fosse giusto e sbagliato?

*Come sarebbe se non dovessi rendere giusto niente di ciò che hai letto in questo
libro per poter ricevere qualsiasi parte potrebbe funzionare per te?*

*E come sarebbe se per ricevere quello a cui ti sto invitando, non dovessi
rendere sbagliato nulla di ciò che hai imparato nel passato?*

*Come sarebbe se potessi tenere tutto quello che già sai e aggiungere semplicemente
le nuove cose che funzionano per te?*

Come sarebbe se il tuo punto di vista fosse:

"Cos'altro posso aggiungere alla mia vita?"

Grazie, Per Te

Fermati un momento e porta l'attenzione su Te stesso

Eccoti qui, mentre leggi le ultime pagine di questo libro.

Essere te stesso.

Saresti disposto ad essere grato per te stesso, proprio ora? Grato per qualsiasi cosa porti questo momento, ovunque tu sia, grato per chi è con te e per il dolce corpo che hai?

Non è questo ciò che hai sempre cercato per tutta la vita?

Sono certo che hai letto molti libri prima di questo. Libri sulla spiritualità, su come fidarti di te stesso, su come essere una persona migliore, su come far sì che la luce purpurea crei spirali d'amore mentre ti reggi sulla testa e canti alleluia….(Beh, forse non quest'ultima).

Non è questo ciò che hai sempre cercato? Essere grato per la tua vita, grato per te e grato per essere vivo?

Se ci fosse una grande, enorme chiave per il regno, sarebbe questa…

La Gratitudine.

Quindi, solo per dieci secondi, saresti disposto semplicemente a immergerti nella gratitudine per te e il tuo corpo? Lascia che sia tutta intorno a te, in te, sopra e sotto di te, come se fosse un abbraccio infinito.

Totale gratitudine. Come sarebbe questo per il tuo corpo?

Quali possibilità si aprirebbero per vivere? Che cosa inviterebbe la gratitudine nella tua esistenza?

Gratitudine. In ogni momento. Per te e il tuo corpo.

Dopo ti racconterò un segreto.

Ora, per favore, immergiti.

∽

∽

∽

Ok, il dopo è arrivato.

Il segreto è che quando provi gratitudine per te stesso, non puoi fare a meno di provare gratitudine per chiunque altro.

Eccolo, è proprio qui.

Tu lo sei. Gratitudine.

La Fine… e
L'Inizio

Festeggiare l'Essere Bloccati

Per favore sappi, che dopo aver letto questo libro ci sarà un altro modo di Essere del quale diventerai consapevole.

Di quando in quando, potresti sentirti bloccato.

Quello è il momento di festeggiare!

Perché quello di cui diventerai consapevole è che quel blocco che hai sempre *creduto* di essere, non sei tu.

Stai ricevendo la consapevolezza che quel luogo in cui ti blocchi è DIVERSO da te. Non è più te! Questo è precisamente il motivo per cui riesci a percepirlo: perché ne stai uscendo.

Sei sul punto di passare dalla resistenza e dalla reazione di: *"Come posso dis-fare tutto per avere qualsiasi cosa?"* a: *"Cosa mi piacerebbe essere, fare, avere, creare e generare adesso al di là di tutto questo?"*

Stai per prendere il volo. Quindi festeggia il fatto che ora puoi percepire il blocco così chiaramente: ti mostra che cosa lasciare andare che non sei tu.

Mio caro amico, alza i piedi e impara a volare.

Ora è il momento.

— Capitolo 16 —

L'Inizio

Siamo quasi alla fine del libro e all'inizio di qualcosa di completamente diverso. Se lo sceglierai. Per favore, sappilo, nessuno può scegliere per te. Tu sei il creatore della tua vita. L'unica cosa che ti ostacola... sei Tu.

In questo libro abbiamo esaminato diverse aree. E abbiamo ripulito molto di quello che potrebbe intralciarti nell'essere Te Stesso.

La tua consapevolezza è aumentata, che tu lo capisca cognitivamente o meno. Il tuo potenziale è cresciuto, che tu lo capisca cognitivamente o meno. La tua capacità di ricevere si è ingrandita, che tu lo capisca cognitivamente o meno.

Se lo permetterai, continuerà a farlo. Se lo chiederai. E se userai gli strumenti che hai così generosamente posto sul tuo cammino.

E non ti sbagliare al riguardo. È un processo. È:

ESSENDO TE STESSO, CAMBI IL MONDO.

Verbo: Forma al gerundio.

L'energia continua a muoversi, a spostarsi e a cambiare, è incessante: l'Essere. Quello che eri 10 secondi fa, non c'è più. Sei un nuovo te. Ed è in continuo cambiamento. Quello che ti veniva richiesto di cambiare, quando hai iniziato a leggere questo libro, potrebbe non essere più rilevante.

Quando racconto la storia di come Access Consciousness® mi ha salvato e cambiato la vita, alcune persone pensano che tutto il mio cambiamento sia accaduto nel 2000. Lascia che te lo dica: il processo è ancora in corso! Uso gli strumenti che ti ho presentato in questo libro con gioia, curiosità, entusiasmo e per necessità ogni giorno! Quasi ogni momento della giornata.

A volte mi sento davvero scomodo. Mi sento bloccato. Entro nell'erroneità di me. La differenza sta nel fatto che se prima, per uscirne, ci volevano mesi, settimane o giorni, ora basta un'ora, o addirittura pochi minuti. Semplicemente facendo domande. Usando gli strumenti (come le domande e POD POC). Ricevendo dall'universo. Scegliendo qualcosa di diverso.

Oggi vedo ogni piccolo dolce blocco come un regalo, sebbene qualche volta con riluttanza. È un altro strato di questa realtà che sta emergendo per essere ripulito e cambiato.

Ma, cosa più importante, uso gli strumenti per generare e creare il cambiamento che mi piacerebbe vedere nel mondo e per generare e creare la vita che desidero! Anche tu puoi farlo. Questi strumenti sono nati per essere usati. Tanto. Non si consumano. Sono semplici. Sono tuoi! Non hai bisogno di alcun guru, eccetto te stesso. Con questi strumenti puoi essere il signore del tuo universo. E ci sono molti altri strumenti disponibili, oltre questo libro.

Le aree dell'essere che abbiamo preso in considerazione in questo libro (il giudizio, il corpo, il sesso, le relazioni, il ricevere, la cura amorevole, l'abuso, la famiglia, la magia, la scelta, la leadership) sono argomenti che emergono ripetutamente nelle mie classi. Uso proprio questi strumenti per facilitare il cambiamento negli universi delle persone. Coloro le cui vite cambiano veramente, sono quelli che vanno a casa e continuano ad usarli, continuano a entrare nell'energia dell'Essere (qualunque cosa ciò significhi per loro) e continuano a porsi delle domande.

Fin da quando ero bambino, tutto ciò che volevo era cambiare il mondo. La mia gioia più grande è sentire quanto cambiano le vite delle persone dopo un corso e come questo cambiamento continui a crescere. Come i loro corpi non scelgano più il dolore. La facilità che hanno con sé stessi. La differenza che sono in grado di essere con i loro bambini e con i loro cari. Il contributo che sono per le persone intorno a loro. La potenza che stanno essendo nel mondo.

A volte quelli che prima sembravano rocce, dopo una classe mi vengono incontro e mi abbracciano da uno spazio di tale vulnerabilità e accoglienza, che entrambi ci sciogliamo in lacrime e unione. Come sono diventato così fortunato da essere un contributo per il cambiamento? Sono più grato di quanto possa mai esprimere a parole.

In tutti questi ambiti, la mia vita e il mio essere sono qualcosa di completamente diverso da quello che erano undici anni fa… e cinque anni fa… e tre anni fa e un anno fa. Eppure, continuo a cercare, continuo a chiedere, in totale estasiata gratitudine per ciò che ho ricevuto e generato, cos'altro è possibile qui? Cosa posso generare e creare diversamente che non ho ancora riconosciuto? E cosa possiamo NOI generare e creare diversamente?

È la più grande avventura alla quale io abbia mai immaginato di poterti invitare: *L'esplorazione della Consapevolezza: Sii te stesso, Cambia il mondo e Oltre.*

La maggior parte delle modalità con le quali entri in contatto, spirituali o meno, ti mostrano come adattarti meglio a questa realtà. Come funzionare, beneficiare, vincere e non perdere, basandosi su quelle che tutti concordano siano le regole dell'esistenza. Access è diverso. Completamente diverso. Ti mostra come andare oltre questa realtà.

Ecco i Tuoi Ordini di Marcia, Amico Mio.

Tu sei un dono, il genere di dono che il mondo non ha mai visto prima.

È irrilevante chi pensavi di essere prima di arrivare a questo punto. Tu sei tu, qualcosa di più grande rispetto a ciò che chiunque abbia mai visto.

Ora è il momento.

⸱⸱⸱

Puoi combatterlo, puoi nasconderti, ma non sarai più in grado di evitarlo.

Anche se il mondo non dovesse mai cambiare, non sai che hai una vita diversa da vivere?

Ora è il momento.

Da qualsiasi cosa tu ti sia mai sentito escluso... sappi che non sei escluso da questo!

Hai richiesto il cambiamento e contemporaneamente lo hai rifiutato, quindi hai fatto piccoli passetti alla volta, invece di fare salti quantici.

Ora è il momento per fare la differenza.

⸱⸱⸱

Tutto ciò che pensavi di essere non è abbastanza.

Sei più grande di qualsiasi cosa tu possa pensare.

Sei un'energia dell'essere che non è mai stata vista prima.

Ora è il momento per essere quest'energia, per incarnarla, per ricevere le possibilità che vanno oltre questa realtà.

Per entrare in una tale allowance di te e di tutto, una tale potenza, una tale gioia, che diventerai la differenza che il mondo sta chiedendo.

Ora è il momento.

∽ ∽ ∽

Abbiamo una Terra intorno a noi che si sta ammalando sempre di più. Abbiamo un mondo che ha bisogno di noi. Non solo le nostre famiglie, o i nostri amici, o le nostre città, i nostri stati o i nostri paesi: il mondo richiede ciò che sappiamo.

Ciò che ognuno di noi sa, che abbiamo nascosto a tutti, incluso noi stessi.

Ora è il momento che la tua conoscenza si risvegli. Il tuo sapere che va oltre quello che è questa realtà, verso l'essere che tu sai è possibile.

Ora è il momento in cui sblocchiamo il sapere che hai nascosto a chiunque, incluso te. Adesso è il momento nel quale sblocchiamo la consapevolezza di te come veramente sei.

∽ ∽ ∽

Sapevi che saremmo arrivati a questo punto, a questo momento e a questo giorno. Lo sapevi.

Lo riconosceresti?

Sapevi che sarebbe giunto il tempo di entrare nell'essere il te acustico. L'essere che va oltre le definizioni e oltre i giudizi, che non si cura dei punti di vista limitati di questa realtà.

L'essere che hai cercato di nascondere per quattro trilioni di anni.

Ora è il momento, e noi siamo le chiavi.

Sblocchiamo ora tutto ciò che ti permetterà di Essere.

Come sarebbe se essere fosse qualcosa di completamente diverso da quello che gli altri hanno deciso che dovrebbe essere?

Come sarebbe se potessi lasciare andare la tua definizione del sé, la tua definizione di separazione, la tua definizione del giudizio e di tutto ciò che ti definisce inferiore, rispetto al Tutt'Uno che sei?

∽ ∽ ∽

Quanti di voi sanno di volere una versione leggermente migliore di questa realtà? Come sarebbe se questo per te non fosse abbastanza?

Come sarebbe se sapessi che TUTTO deve cambiare?

Ma come sarebbe se fosse facile e spazioso? Come sarebbe se non ci fosse nessun cambiamento come quelli che questa realtà ritiene necessari? Come sarebbe se ci fosse un cambiamento da uno spazio completamente diverso?

Cosa sai che per molto tempo hai fatto finta di non sapere?
Cosa sei che per molto tempo hai fatto finta di non essere?
Saresti disposto a esserlo ora?

Perché, amico mio, richiede tutti noi.

∽ ∽ ∽

Tutti noi abbiamo la storia della nostra vita, i motivi per cui dai nostri giustificati punti di vista, possiamo o non possiamo scegliere…

Come sarebbe fossero tutte cazzate?

Come sarebbe se creassimo una fonte completamente diversa per la realtà? Come sarebbe se sapessi di cosa si tratta e l'avessi saputo da molto, molto, molto tempo?

Ora è il momento per risvegliarla.

Eccoci qua, di nuovo insieme, in corpi diversi, in creazioni diverse che chiamiamo le nostre vite. Siamo ancora qui, insieme, per cambiare.

Per creare il cambiamento. Per generarlo e istituirlo. Qualcosa che sappiamo fare molto, molto bene.

Ora è il momento di sbloccare quelle porte che tu personalmente sei venuto qui a sbloccare. Ora è il momento di sbloccare le porte che noi insieme siamo venuti qui a sbloccare, qualsiasi esse siano.

Ora è il momento di aprire le porte all'essere totalmente acustico. Di riconoscere le nostre capacità, le nostre abilità e che il nostro vero essere è la distruzione di ogni limitazione.

Ora è il momento.

∽∽∽∽∽∽

Hai fin troppa gioia da portare nel mondo per permetterti di essere impantanato nella tristezza... E, se ancora non lo sapessi, è solo perché hai percepito molta della tristezza che il mondo intorno a te sceglie.

Solo perché il mondo che ti circonda rende la tristezza più reale della gioia che tu sai che è possibile. Solo perché l'hai nascosta sotto i mucchi di realtà delle altre persone, credendo che se avessi permesso che fosse vista sarebbe stata distrutta o schiacciata.

Ma nulla o nessuno potrebbe distruggerla, perché tu sei qui, proprio adesso.

Ora è il momento di risvegliare quella gioia. Noi la richiediamo, la Terra la richiede, l'universo la richiede e ci prega di avere il coraggio di aprirci alla differenza chiamata gioia che noi siamo.

Ora è il momento.

Quale cambiamento ci richiederà la Terra?

Entra in tutta la potenza che hai radunato o considerato possibile e vai oltre e regala il cambiamento alla Terra qualsiasi cosa essa richieda, perché, proprio come te, lei sa.

Sei disposto ad essere lo tsunami della consapevolezza? Un'onda acustica che sul suo percorso cambia ogni cosa?

Che va ovunque sceglie, che sa esattamente dove deve andare e non permette a niente e a nessuno di fermarla?

Mai più?

Ora è il momento.

∽ ∽ ∽

È tempo per la gentile potenza che siamo, l'intensità della potenza che siamo, la differenza chiamata potenza che noi siamo, che è il cambiamento che il mondo sta chiedendo.

Tu sei ciò che permetterà alla consapevolezza di esistere.

Lo sapevi e hai chiesto a te stesso di esigerlo. Infatti hai posto quell'esigenza su te stesso come una richiesta, con insistenza.

Ora è il momento, così come avevi richiesto.

Permetti a tutto ciò che sai di venire in essere.

Amico mio, io non so esattamente cosa esiste in un mondo completamente diverso.

So solo che è totalmente diverso.

Benvenuto nel tuo mondo completamente diverso.

Epilogo

Chi Sei?

*1. Pensa a qualcuno la cui energia era simile alla tua
prima che iniziassi a leggere questo libro.*

Qualcuno di cui avresti detto: "Oh, è proprio come me."

Adesso percepisci l'energia di quella persona.

La percepisci diversamente?

Sei diverso?

2. Pensa a qualcuno con cui ti senti a tuo agio.

Qualcuno che non ti giudica (non troppo) e che ha totale cura
amorevole per te.

Ora, _____ guarda te stesso attraverso i suoi
occhi.

Cosa percepisci di diverso?

3. Saresti disposto ad essere quella persona?

Saresti disposto a sentirti a tuo agio con te stesso, senza giudicarti e
avendo totale cura amorevole per te?

Ora, _____ stai con te stesso.

Chi sei?

Spiegazione della Frase di Pulizia di Access

La frase di pulizia che usiamo in Access Consciousness® è:

Giusto e Sbagliato, Bene e Male, POD e POC, tutti e 9, Shorts, Boys e Beyonds.

Giusto e Sbagliato, Bene e Male
È la forma abbreviata di:
Cosa è buono, perfetto e corretto di questo?
Cosa è sbagliato, cattivo, maligno, terribile, male e orribile di questo?
Cosa è giusto e sbagliato, bene e male?

POC
È il punto di creazione dei pensieri, sentimenti ed emozioni immediatamente prima di qualsiasi cosa tu abbia deciso.

POD
È il punto di distruzione immediatamente dopo qualsiasi cosa tu abbia deciso. È come tirar via l'ultima carta da un castello di carte. L'intera struttura crolla.

Tutti e Nove
Indica i nove strati di merda che vengono tirati via. Da qualche parte, sai che in quei nove strati ci deve essere un pony, perché non potresti mai mettere così tanta merda in un unico posto se non ci fosse un pony a farla. È la merda che stai generando tu stesso, il che è la parte brutta.

Shorts
È la versione corta di: Che cosa è significativo di questo? Che cosa è insignificante? Qual è la punizione per questo? Qual è il premio?

Boys
Sta per sfere nucleate. Ti è mai stato detto che devi pelare gli strati

della cipolla per raggiungere il nucleo di un problema? Bene, questo è il Boys, solo che non è una cipolla. È una struttura energetica che sembra una cipolla. Sono forme pre-verbali. Hai mai visto una di quelle pipette dei bambini per fare le bolle di sapone? Quando ci soffi crei una massa di bolle. E quando ne fai scoppiare una, altre si riformano. Fondamentalmente hanno a che fare con quelle aree della nostra vita dove abbiamo cercato di cambiare continuamente qualcosa senza effetto. Questo è ciò che fa ripetere qualcosa all'infinito.

Beyonds
Sono le emozioni o le sensazioni che provi e che ti fanno fermare il cuore, ti bloccano il respiro, o bloccano la tua disponibilità di vedere altre possibilità. È come quando il tuo conto è in rosso e ricevi un ultimo avviso e dici "argh!". In quel momento non te l'aspettavi proprio.

A volte diciamo semplicemente "POD e POC a questo".

L'Autore

Il dott. Dain Heer
Access Consciousness®

Il dott. Dain Heer lavora a livello internazionale, è uno scrittore e viaggia in tutto il mondo facilitando le classi avanzate di Access Consciousness®. I suoi punti di vista unici e trasformativi sul corpo, il denaro, il sesso e le relazioni trascendono qualsiasi cosa venga insegnata attualmente.

Invita e ispira le persone verso più consapevolezza da uno spazio di totale allowance, cura amorevole, umorismo e da un sapere fenomenale.

Dain Heer ha iniziato nel 2000 a lavorare in California come chiropratico. Ha lavorato sul corpo da quando era al college. Incontrò Access Consciousness® in un momento della sua vita nel quale era profondamente infelice e stava persino programmando il suicidio.

Access Consciousness® cambiò ogni cosa. Mentre nessuna delle altre modalità e tecniche che aveva studiato erano riuscite a dargli risultati o cambiamenti durevoli, con Access la vita di Dain iniziò ad espandersi e a crescere più facilmente e velocemente di quanto avesse mai potuto immaginare.

All'interno di Access, Dain Heer ha sviluppato un processo unico di cambiamento energetico per individui e gruppi, chiamato La Sintesi Energetica dell'Essere (ESB). Dain Heer ha un approccio completamente diverso riguardo il cambiamento. Insegna alle persone ad attingere e a riconoscere le proprie capacità e il loro sapere. La trasformazione energetica possibile è veloce... e veramente dinamica.

Access Consciousness®

Access Consciousness® è un sistema di trasformazione dell'energia che unisce saggezza arcaica, antiche conoscenze ed energie canalizzate, con strumenti motivazionali altamente contemporanei. Il suo scopo è di liberarti dandoti l'accesso al tuo più vero e alto sé.

La priorità di Access è creare un mondo di consapevolezza e unità. La consapevolezza include tutto e non giudica niente. Il nostro obiettivo è farti arrivare al punto dove ricevi da Access la consapevolezza di tutto, senza il giudizio su nulla. Se non hai giudizi, puoi osservare qualsiasi cosa per ciò che è, non per quello che vorresti che sia o come dovrebbe essere, ma semplicemente per quello che è.

La consapevolezza è l'abilità di essere presente nella tua vita in ogni istante, senza giudicare te stesso o gli altri. È l'abilità di ricevere tutto, non rifiutare nulla e creare tutto ciò che desideri nella vita, più grande di ciò che hai attualmente e più di quello che tu possa immaginare.

Come sarebbe se fossi disposto a nutrirti e prenderti cura di te?
Come sarebbe se aprissi le porte per essere tutto quello che hai deciso non è possibile essere?
Cosa ci vorrebbe per capire quanto tu sia cruciale per le possibilità del mondo?

Le informazioni, gli strumenti e le tecniche presentate in questo libro sono solo un piccolo assaggio di quello che Access Consciousness® può offrirti. C'è un intero universo di processi e di corsi.

Se ci sono degli ambiti dove non riesci a far funzionare le cose della tua vita come sai che dovrebbero, allora potresti essere interessato a partecipare a una classe di Access Consciousness®, un workshop o a contattare un facilitatore locale. I facilitatori certificati possono lavorare con te per darti maggiore chiarezza su tematiche che non riesci a superare.

I processi di Access Consciousness® sono eseguiti con un facilitatore certificato e si basano sulla tua energia e quella della persona con la quale stai lavorando.

Per maggiori dettagli visita il sito:

www.accessconsciousness.com
o
www.drdainheer.com.

Seminari, Workshop e Classi di Access

Se ti è piaciuto quello che hai letto in questo libro e sei interessato a frequentare i seminari, i workshop o le classi di Access, per avere un diverso punto di vista, ulteriori letture e un assaggio di quello che è disponibile. Queste sono le classi principali di Access Consciousness®

Sii Te Stesso, Cambia il Mondo. La classe
Facilitata esclusivamente dal dott. Dain Heer

Sei un sognatore? SAI che c'è qualcosa di più? Come sarebbe se quel "qualcosa" fossi TU? Come sarebbe se essere te stesso fosse tutto ciò che occorre per cambiare QUALSIASI cosa nella tua vita, in chi ti circonda e nel mondo? Non ha a che fare con l'avere successo, o con fare tutto al meglio... Riguarda l'entrarare nell'incredibile possibilità di TE. È ora il momento per iniziare a creare la vita che veramente desideri?

Sei invitato a una classe intensiva di tre giorni e mezzo "Sii Te Stesso, Cambia il Mondo", facilitata dal dott. Dain Heer. Sappi che questo workshop può cambiare completamente il modo in cui funzioni nel mondo e darti una prospettiva completamente diversa sull'ESSERE.

Ciò accade dandoti accesso al tuo sapere, incrementando dinamicamente la tua consapevolezza che include ogni cosa tu sei... e non ne giudica nessuna. Ti fornisce una serie tangibile, pratica, dinamica di strumenti che possono cambiare qualsiasi cosa non sta funzionando per te, inclusi i soldi, la tua realtà, le relazioni e la salute.

Prova a fare queste domande per provare a pensare in modo diverso riguardo all'essere:
* Come sarebbe se potessi parlare con il tuo corpo e chiedergli di guarire?

* Come sarebbe se i soldi in realtà riguardassero il ricevere?
* Come sarebbe se ci fosse un paradigma completamente diverso per le relazioni basato sulla gioia, la gratitudine e l'allowence?
* Cosa sarebbe possibile se creassi il tuo futuro sapendo cosa è realmente vero per te?

Questo workshop ti aprirà verso una consapevolezza espansa, verso il sapere che una vita senza giudizio è disponibile e che puoi creare la vita che tu davvero desideri, se lo scegli!

Verrai introdotto agli strumenti di Access Consciousness®, insieme all'unico e trasformativo processo chiamato la Sintesi Energetica dell'Essere. Durante le giornate di questo seminario intensivo, riceverai l'esperienza di essere te stesso in un modo che è impossibile da descrivere, qualcosa che non troverai da nessuna altra parte e che resterà con te per tutta la vita.

Imparerai anche Access Bars, un processo sul corpo nutriente, dinamico e rilassante che va in profondità ogni volta che si fa scorrere e aiuta facilmente il corpo a rilasciare le limitazioni. Quando Dain Heer è venuto in contatto con Access per la prima volta, questo processo ha cambiato completamente la sua vita. Dopo il seminario sarai un praticante Bars e potrai iniziare a offrire sessioni alle persone!

Sappi che può cambiare radicalmente il tuo modo di funzionare nel mondo. Sei pronto per questo?

Insieme al gruppo di partecipanti esplorerai l'energia stessa dell'esistenza. La verità è che tu sei il solo che sta creando la tua realtà. Come sarebbe se potessi finalmente lasciare andare il pilota automatico che guida la tua vita? C'è molto di più disponibile per te, e di te, che va oltre ogni tuo sogno più sfrenato.

Benvenuto a una classe completamente diversa.

Durata: 3 giorni e mezzo.
Prerequisiti: nessuno

Access Bars
Facilitata da Facilitatori Certificati di Access Bars presenti in tutto il mondo

I Bars sono uno degli strumenti fondamentali di Access. In questa classe di una giornata, imparerai un processo energetico eseguito con le mani che riceverai e donerai durante la classe. I Bars sono 32 punti sulla testa, che quando vengono toccati leggermente, liberano tutte le limitazioni che hai in diverse aree della tua vita e del tuo corpo. Queste aree includono i soldi, l'invecchiamento, il corpo, la sessualità, la gioia, la tristezza, la guarigione, la creatività, la consapevolezza, il controllo e molte altre. Come sarebbe avere più libertà in tutti questi ambiti?

In questo corso imparerai gli strumenti base di Access Consciousness® e riceverai e donerai due volte una sessione di Bars. Nel peggiore dei casi ti sentirai come se avessi ricevuto un massaggio fantastico e nel migliore, tutta la tua vita cambierà!

Durata: una giornata
Prerequisiti: nessuno

Access Fondazione
Facilitata da Facilitatori Certificati di Access presenti in tutto il mondo

Dopo la classe Access Bars, questa classe di due giorni, ti darà lo spazio per guardare la tua vita come una diversa possibilità. Sbloccherà le tue limitazioni sull'*embodiment* (incarnazione), le finanze, il successo, le relazioni, la famiglia, TE stesso, le tue capacità e molto altro!

Potrai avere maggiori possibilità per avere tutto quello che davvero desideri nella vita ricevendo strumenti e domande per cambiare tutto ciò che non sta funzionando per te. Imparerai anche un processo sul corpo con le mani chiamato Memoria Cellulare, che lavora magnificamente sulle cicatrici e i dolori nel corpo. Se potessi cambiare qualsiasi cosa nella tua vita, cosa sarebbe?

Durata: due giornate
Prerequisiti: Access Bars

Access Livello 1

Facilitata da Facilitatori Certificati di Access presenti in tutto il mondo

Successiva alla Fondazione, il Livello 1 è una classe di due giorni che ti mostra come essere più consapevole in ogni area della tua vita, ti fornisce strumenti pratici che ti permetteranno di espandere la tua consapevolezza giorno per giorno! Creare una vita fenomenale piena di magia, di gioia e di facilità e sgombrare le tue limitazioni su ciò che è davvero disponibile per te.

Scopri i 5 elementi dell'intimità, crea flussi di energia, inizia a ridere e a celebrare la vita e a praticare un processo sul corpo che ha creato risultati miracolosi in tutto il mondo.

Durata: due giornate
Prerequisiti: Access Bars, Access Fondazione

Access Livello 2 e 3

Facilitata Esclusivamente da Gary Douglas (Fondatore di Access Consciousness®) e dal dott. Dain Heer

Una volta completato il Livello 1 ed esserti aperto a più consapevolezza di te stesso, inizierai ad avere più scelte nella vita e a diventare consapevole di cosa sia davvero la scelta. Questa classe di quattro giorni copre vaste aree inclusi la gioia del business, vivere la vita per il suo divertimento, nessuna paura, il coraggio e la leadership, cambiare la struttura molecolare delle cose, creare il tuo corpo e la tua realtà sessuale e come smettere di trattenere ciò di cui ti vorresti liberare! È il momento di iniziare a ricevere il cambiamento che aspettavi?

Durata: quattro giornate
Prerequisiti: Access Bars, Fondazione e Livello 1

La Sintesi Energetica dell'Essere (ESB)
Facilitata Esclusivamente dal dott. Dain Heer

Questa classe di tre giorni è un modo unico di lavorare simultaneamente con l'energia, i gruppi di persone e il loro corpo, creata e facilitata dal dott. Dain Heer.

Durante la classe, il tuo essere, il tuo corpo e la terra sono invitati a sintetizzarsi energeticamente in un modo che crea una vita e un pianeta più consapevole. Cominci ad accedere e ad essere energie che non sapevi fossero disponibili. Essendo queste energie, essendo te stesso, cambi tutto: il pianeta, la tua vita e chiunque entri in contatto con te. Cos'altro sarà possibile?

Durata: tre giornate
Prerequisiti: Access Bars, Fondazione e Livello 1, Livello 2 e 3

Access Body Class
Facilitata da Facilitatori di Access Body Class presenti in tutto il mondo

Durante queste classi, imparerai processi verbali e lavori sul corpo che sbloccheranno le tensioni, le resistenze e le malattie del corpo. Hai un talento e un'abilità a lavorare con il corpo che ancora non hai sbloccato? Lavori con il corpo (come massaggiatore, chiropratico, dottore, infermiera) e stai cercando un modo per accrescere la guarigione che puoi apportare ai tuoi clienti? Vieni a giocare con noi e inizia a esplorare in una maniera del tutto nuova, come comunicare e relazionarti ai corpi, incluso il tuo.

Durata: tre giornate
Prerequisiti: Access Bars, Fondazione, Livello 1

Altri Libri di Access

I Soldi non sono il Problema, il Problema sei Tu
Gary Douglas e Dain Heer

Per chi è in costante difficoltà con il denaro, per chi ne spende troppo, per chi ne ha troppo, per chi ne ha troppo poco.

Embodiment:
Il Manuale Che Avresti Dovuto Ricevere Quando Sei Nato
Dain Heer

Le informazioni che avresti dovuto ricevere alla nascita sul corpo, sull'essere te stesso e su ciò che è veramente possibile se lo scegli... Come sarebbe se il tuo corpo fosse una fonte infinita di gioia e grandezza? Questo libro introduce alla consapevolezza che davvero c'è una scelta diversa per te, e il tuo dolce corpo.

Sesso non È una Parolaccia, Ma Spesso Relazione Lo È
Gary Douglas e Dain Heer

Divertente, schietto e deliziosamente irriverente, questo libro offre ai lettori una prospettiva completamente nuova su come creare grande intimità e sesso eccezionale. Come sarebbe se smettessi di immaginare e scoprissi REALMENTE cosa funziona?

The Place
Best Seller di Gary Douglas
(di prossima pubblicazione in italiano)

Durante un viaggio attraverso l'Idaho sulla sua classica Thunderbird
'57, Jake Rayne ha un incidente devastante che sarà il catalizzatore di
un viaggio inaspettato. Solo, nella fitta foresta, con il corpo malconcio
e ferito, Jake chiama aiuto. L'aiuto che troverà cambierà non solo la
sua vita, ma tutta la sua realtà. Jake si aprirà alla consapevolezza delle
possibilità; possibilità che sapevamo avrebbero sempre dovuto esistere,
ma che ancora non si sono mostrate.

Parlare agli Animali
Gary Douglas
(prossima pubblicazione in italiano)

Sapevi che ogni animale, ogni pianta, ogni struttura su questo pianeta
ha una consapevolezza e desidera essere un dono per te? Gli animali
hanno un'enorme quantità di informazioni e incredibili doni che
vogliono regalarci, se saremo disposti a riceverli.

Right Riches for You
Gary Douglas e Dain Heer

Come sarebbe se generare soldi e avere denaro fosse divertente e
gioioso? Come sarebbe se, avendo divertimento e gioia con i soldi, ne
ricevessi di più? Come sarebbe? I soldi seguono la gioia, la gioia non
segue i soldi.

Conscious Parents Conscious Kids
Gary Douglas e Dain Heer
(disponibile in inglese)

Questo libro è una raccolta di racconti di bambini immersi in una vita consapevole. Non sarebbe grandioso se potessi creare lo spazio che permetterebbe ai tuoi figli di rilasciare il loro potenziale e sfondare le limitazioni che li stanno trattenendo? Per creare la facilità, la gioia e la gloria in tutto quello che fanno e per farsi consapevolmente carico delle loro vite?

Conscious Leadership
Chutisa e Steve Bowman
(disponibile in inglese)

Il libro *Conscious Leadership* è un regalo per ogni individuo, leader e organizzazione dedicati a creare una vita più grande di quella che attualmente hanno e per fare una differenza nel mondo. È un invito per quelle persone che scelgono di essere più consce nella loro leadership, con un'enfasi sul fatto che nessun modo in particolare è giusto o sbagliato.

Access online

www.AccessConsciousnes.com

www.GaryMDouglas.com

www.DrDainHeer.com

www.BeingYouChangingtheWorld.com

www.YouTube.com/drdainheer

www.Facebook.com/drdainheer

www.Twitter.com/drdainheer

www.Facebook.com/accessconsciousness

www.RightRecoveryForYou.com

www.AccessTrueKnowledge.com

Un invito...

Se ti è piaciuto questo libro, ti piacerebbe ricevere altro?

Unisciti a me online!

Ho creato questa serie di video gratuita per invitarti a scoprire cosa significa essere davvero te stesso... Saresti interessato a creare una realtà totalmente nuova? Ti piacerebbe avere gli strumenti per farlo? Allora, per favore, registrati per la serie di video. Come sarebbe se tu, essendo veramente te stesso, fossi il regalo e il cambiamento che il mondo richiede?

www.beingyouclass.com

Ti piacerebbe unirti a me per un'avventura completamente diversa? Il Tour della Consapevolezza è una serie di video continua e gratuita, con possibilità, ispirazioni e strumenti, da tutta la nostra bellissima Terra. Vieni anche tu, permetti a queste video-cartoline di potenziarti nel sapere ciò che sai! Questo è il mio regalo per te.

www.travelwithdain.com

Finito di stampare nel mese di febbraio 2013 da Lightening Source

Lightning Source UK Ltd.
Milton Keynes UK
UKOW06f1434090315

247554UK00002B/256/P